海外投资项目后评价
理论与实践

中国石油天然气股份有限公司 编

石油工业出版社

内 容 提 要

本书从项目后评价的概念、理论等内容入手,在中国石油海外投资项目后评价工作实践的基础上,结合典型项目后评价案例,对海外投资项目后评价管理、评价内容及后评价的学术前沿进行了系统论述和分析。

本书可为企业和机构开展后评价工作、改进管理提供参考,又可为开展管理科学研究和教学提供现实例证。

图书在版编目（CIP）数据

海外投资项目后评价理论与实践／中国石油天然气股份有限公司编．—北京：石油工业出版社，2024.5
ISBN 978-7-5183-4262-4

Ⅰ.①海… Ⅱ.①中… Ⅲ.①海外投资-项目评价-研究-中国 Ⅳ.①F832.6

中国版本图书馆 CIP 数据核字（2020）第 190131 号

出版发行：石油工业出版社
　　　　　（北京安定门外安华里 2 区 1 号　100011）
　　　　　网　　址：www.petropub.com
　　　　　编辑部：（010）64523825　图书营销中心：（010）64523633
经　　销：全国新华书店
印　　刷：北京中石油彩色印刷有限责任公司

2024 年 5 月第 1 版　2024 年 5 月第 1 次印刷
787×1092 毫米　开本：1/16　印张：14.5
字数：358 千字

定价：80.00 元
（如出现印装质量问题，我社图书营销中心负责调换）
版权所有，翻印必究

《海外投资项目后评价理论与实践》
编 写 组

主　　编：陈元鹏　葛雁冰
副 主 编：安丰春
成　　员：邵　阳　赵连增　齐志斌　付定华　胡　滨
编写人员：宋国光　张书通　沙锦南　林清安　蒋文学
　　　　　郝立新　郑　爽　董思学　张立宗　吕　杨
　　　　　武　超　陈晓平　王世洪　李军诗　许　坤
　　　　　王金站　李　凌　何　英　任立新　杨玉玲
　　　　　闫若冰　高　尚

前　　言

　　20 世纪 90 年代初，中国石油坚决贯彻党中央、国务院利用"两种资源、两个市场"战略方针，实施"走出去"国际化经营，经过 27 年的艰苦创业和快速发展，2019 年中国石油油气权益产量规模已突破了 1 亿吨，实现了跨越式增长。中国石油海外油气业务实现了从无到有、从小到大、从弱到强的历史跨越，发展规模和发展质量不断提升，目前已建成了五大油气合作区，构筑了四大油气战略通道，形成了以油气勘探开发为核心，集管道运营、炼油化工、油品销售于一体的完整油气产业链，取得了良好的经济效益和社会效益，为推动"一带一路"油气合作、建设世界一流综合性国际能源公司、保障国家能源安全做出了突出贡献。

　　通过多年深耕，中国石油海外业务取得了辉煌成绩，海外油气产量不断提高、国际化管理亮点突出、国际影响力持续提升，积累了丰富的海外项目运作管理经验。然而随着资源国对其主导地位诉求不断增强、能源对外合作政策日益严苛、国际商务运作模式日渐规范，资源、资本、市场和油价等发生变化，导致近年来中国石油部分海外投资项目效益未达预期。海外项目投资大、风险高，在投资前期做好风险应对措施和退出机制、实施中做好后评价，是海外项目规避风险、提高收益的重要手段。就中国石油海外业务而言，海外投资项目受到资源国政策、风俗信仰、安全环保、商务模式和国际化管理等因素影响，因此海外投资项目在后评价过程中，除了要兼顾国内项目后评价的常规内容，还需要重点结合海外项目特点进行分析和研究。

　　近年来由于国内外宏观经济环境的变化，后评价作为投资活动全过程监管和效益监督考核的重要手段，越来越受到重视。中国石油是中央企业中较早开展项目后评价工作的单位，尤其是 2005 年以来，中国石油成立了后评价管理机构，从项目后评价管理制度和方法体系建设入手，制度先行、规则先定，在后评价规范体系建设方面做了大量开创性的工作，卓有成效地推动了项目后评价工作的全面深入开展，在中央企业项目后评价工作中持续走在前列，得到了国资委的充分肯定。经过多年的探索实践，中国石油投资项目后评价工作逐步进入专业化发展新阶段，后评价工作已经由单纯的总结经验教训，为投资决策提供借鉴，向实现投资活动全过程监管和开展投资效果跟踪评价发展转变。在海外业务方面，经过十几年海外项目后评价工作的开展，中国石油积累了丰富的后评价工作成果和经验，形成了完整的海外项目后评价工作组织管理体系、完善的海外项目后评价编制规定，并以典型后评价为依托，形成了多项海外项目后评价研究成果。

　　本书是中国石油十余年海外项目后评价工作实践与后评价理论的深入融合，全书共分四篇十五章。第一篇为总论部分,共四章,简要叙述了海外项目后评价概念及研究进展、海外项目后评价内容和方法,系统介绍了中国石油后评价组织管理要求和工作程序。第二篇为海外投资项目自评价部分,共三章,重点梳理了海外项目自评价特点和工作要求、海外管道和炼化项目自评价案例,并说明自评价工作重点。第三篇为海外投资项目独立后评价部分,共四章,结合独立后评价工作特点,阐述了独立后评价工作体系,介绍了海外勘探、开发项目案例。第四篇为海外投资项目后评价发展趋势及展望部分,共四章,对海外投资项目后评价工作重点和成果应用进行说明,并指出未来基础研究和信息化建设的重点和方向。

  本书的编写凝聚了众多后评价专家的智慧。中国石油发展计划部、中国石油后评价中心、中国石油咨询中心、中国石油国际勘探开发公司、中国石油国际事业公司及石油工业出版社有关领导和业务人员给予了大力帮助和支持。在此,一并致以衷心感谢。

  由于水平有限,书中疏漏与不足之处在所难免,恳请读者批评指正。

目 录

第一篇 总 论

第一章 项目后评价概述 (3)
 第一节 项目后评价的一般概念 (3)
 第二节 国内外项目后评价简介 (8)
 第三节 中国石油项目后评价探索与进展 (13)

第二章 海外项目后评价内容和方法 (18)
 第一节 项目后评价类型及时点分析 (18)
 第二节 项目后评价内容 (19)
 第三节 项目后评价方法 (20)

第三章 海外投资项目后评价组织管理 (28)
 第一节 项目后评价基本要求和工作程序 (28)
 第二节 项目简化后评价组织管理 (30)
 第三节 项目自评价组织管理 (30)
 第四节 项目独立后评价组织管理 (33)
 第五节 项目后评价成果利用和资料管理 (36)

第四章 海外投资项目后评价报告编写 (39)
 第一节 项目简化后评价报告编写 (39)
 第二节 项目自评价报告编写 (40)
 第三节 项目独立后评价报告编写 (41)

第二篇 海外投资项目自评价

第五章 海外投资项目自评价工作难点与要求 (45)
 第一节 项目自评价工作难点 (45)
 第二节 项目自评价工作要求 (45)

第六章 海外管道项目自评价内容及案例 (47)
 第一节 项目概况 (47)
 第二节 前期工作评价 (48)

第三节　建设实施评价 ··· (55)
　　第四节　生产运行评价 ··· (59)
　　第五节　经济效益评价 ··· (65)
　　第六节　影响与持续性评价 ·· (69)
　　第七节　综合评价 ·· (71)
第七章　海外炼化项目自评价内容及案例 ··· (75)
　　第一节　项目概况 ·· (75)
　　第二节　前期工作评价 ··· (80)
　　第三节　建设实施评价 ··· (84)
　　第四节　生产运行评价 ··· (96)
　　第五节　经济效益评价 ··· (99)
　　第六节　影响与持续性评价 ··· (108)
　　第七节　综合评价 ·· (109)

第三篇　海外投资项目独立后评价

第八章　海外投资项目独立后评价 ·· (115)
　　第一节　项目独立后评价特点 ·· (115)
　　第二节　项目独立后评价作用 ·· (115)
　　第三节　项目独立后评价内容与方法 ·· (116)
第九章　海外投资项目独立后评价工作体系 ··· (118)
　　第一节　项目独立后评价准备工作 ··· (118)
　　第二节　项目独立后评价现场调研 ··· (119)
　　第三节　项目独立后评价报告编制 ··· (120)
　　第四节　项目独立后评价报告验收 ··· (135)
第十章　海外勘探项目独立后评价案例 ·· (137)
　　第一节　项目概况 ·· (137)
　　第二节　投资决策过程评价 ··· (138)
　　第三节　勘探部署及工程技术适应性评价 ··· (142)
　　第四节　项目管理评价 ··· (147)
　　第五节　投资效果评价 ··· (150)
　　第六节　影响与持续性评价 ··· (152)
　　第七节　综合后评价 ·· (153)

第十一章 海外开发项目后评价内容及案例 …… (156)
- 第一节 区块概况 …… (156)
- 第二节 投资决策过程评价 …… (157)
- 第三节 地质油藏工程评价 …… (161)
- 第四节 钻井工程评价 …… (165)
- 第五节 采油工程评价 …… (169)
- 第六节 地面工程评价 …… (172)
- 第七节 生产运行评价 …… (178)
- 第八节 项目管理评价 …… (180)
- 第九节 投资与经济效益评价 …… (182)
- 第十节 影响与持续性评价 …… (184)
- 第十一节 综合后评价 …… (185)

第四篇 海外投资项目后评价发展趋势及展望

第十二章 海外投资项目专项后评价实践 …… (189)
- 第一节 项目目标实现程度分析 …… (189)
- 第二节 海外投资项目专项后评价实践主要认识 …… (190)

第十三章 中国石油海外油气发展的启示、挑战及对策 …… (193)
- 第一节 中国石油海外油气发展的经验与启示 …… (193)
- 第二节 新形势下中国石油海外油气发展的机遇与挑战 …… (194)
- 第三节 新形势下中国石油海外油气发展的对策与建议 …… (195)

第十四章 海外投资项目后评价基础研究 …… (197)
- 第一节 后评价报告编制细则的编制及应用情况 …… (197)
- 第二节 后评价指标体系发展情况 …… (198)
- 第三节 后评价指标体系建设构想 …… (204)

第十五章 海外投资项目后评价信息化建设展望 …… (206)
- 第一节 后评价信息化建设的必要性 …… (206)
- 第二节 后评价信息化实践探索历程及取得的初步成果 …… (207)
- 第三节 海外投资项目后评价信息化建设构想 …… (209)

附件1 中央企业固定资产投资项目后评价工作指南 …… (214)

附件2 中央政府投资项目后评价管理办法 …… (218)

参考文献 …… (222)

第一篇 总论

第一章 项目后评价概述

项目后评价（Project Post Evaluation）指在项目竣工以后，在项目的总目标、决策过程、实施过程、最终效益和影响等范围内，对已完成的项目进行系统、客观的总结、分析和评价，并通过预测，对项目的未来进行新的分析评价。通过项目后评价，管理者可以判断项目预期效益目标的实现程度，找出成败的原因，总结经验教训，提高未来项目的决策、管理和实施水平。后评价作为服务投资决策的重要手段，能够更好地为投资决策部门提供项目实施成效的客观评价结论，总结出项目成功的经验、启示与教训，并提出项目存在的主要问题及其有针对性的意见和建议，成为投资决策部门项目决策的参考和项目建设单位问题整改的重要依据，对提高投资回报、提升项目管理水平、实现科学有效决策具有重要的价值和意义。

第一节 项目后评价的一般概念

一、一般投资项目与海外投资项目的概念

投资项目是在规定期限内完成某项开发目标（或一组目标）而规划的投资、政策及机构方面等其他活动的综合体。投资项目，按建设性质可分为基本建设项目和更新改造项目；按用途可分为生产性项目和非生产性项目；按建设规模可分为大型项目、中型项目和小型项目等。

海外投资项目指投资主体通过投入货币、有价证券、实物、知识产权或技术、股权、债权等资产和权益或提供担保，获得境外所有权、经营管理权及其他相关权益的活动。具体可以从以下六个方面来理解：

（1）投资主体。进行境外投资的投资主体，包括两大类，一类是中国境内的各类法人，包括各类工商企业、国家授权投资的机构和部门、事业单位等，这些机构属于中国境内的法人机构，受中国内地法律的管辖约束；另一类是由国内投资主体控股的境外企业或机构，境内机构通过这些境外企业或机构对境外进行投资。这些境外企业或机构不属于中国内地的法人机构，不受内地相关法律的制约，但境内机构通过这些境外机构向境外进行投资时，仍然需要按照国内有关企业投资项目核准的政策规定，履行相应的核准手续。与国际惯例相同，在国内具有投资资格的自然人也可在境外投资。

（2）投资地区。适用于境外投资项目核准的投资地区，不仅包括外国，也包括我国的香港、澳门和台湾。凡在中国大陆之外的任何地区进行的投资，均为境外投资。

（3）出资形式。境外投资所投入资产的形式十分广泛，包括货币资金的投入，股票、债券、信托凭证等金融资产的投入，各类实物资产的投入，知识产权、专有技术等无形资产的投入。由此可见，只要是向境外的资产输出行为，无论是以什么方式出现，都应按照境外投资项目核准的有关规定履行相应行政许可手续。

（4）投资方式。包括各类新建项目及改扩建项目的初始投资、再投资，也包括收购、合并、参股、增资扩股等权益投资活动，同时也包括对境外投资提供担保的行为。

（5）投资目的。境外投资的直接体现，是获得对境外资产或经营活动的所有权、经营管理权及其他相关权益，如收益分配权、资产支配权、资源勘探或开发权等。境外投资的目

的，可以是为了在境外进行生产、销售、经营或研发，也可以是为了在境外进行融资。

（6）投资领域。境外投资的行业领域，可涉及我国国内法律允许投资的国民经济各领域。

二、海外油气投资项目的特点

1. 海外项目以经济效益为核心

以合作规模较大、数量较多的上游项目为例，海外油气项目的资源为资源国所拥有，因此发展规划、年度计划均受到资源国政府政策及法规的限制和影响，尤其受合同期的限制。海外勘探项目的合同期一般为 5~7 年，开发项目的合同期为 20~25 年并可延期。海外项目合同期内，勘探项目一般都有区块退还的期限要求，开发项目到期后所有油气资产都要交给当地政府。在保证资源国安全环保及利益的情况下，海外油田在产量安排上应遵循"有油快流"的原则，最大限度地提高合作项目的经济效益；在投资安排上应本着"滚动发展"的原则，合理分配投资比例，降低投资风险。

2. 海外投资环境风险较大

世界油气工业已经历百年发展史，石油区块在长期的勘探开发过程中已几经转让，为此，海外油气项目大多为政治、经济、技术挑战相对较高的项目，所处国家大多政局动荡、民族矛盾突出、自然灾害频繁、财税政策多变，致使中国石油企业在实现海外油气合作过程中，存在一定程度的政治、经济和法律等方面的风险，如果不能充分评估这些风险因素可能给项目建设和运营造成的影响，并制定相应的风险规避对策，则可能造成项目投资决策的失误，并带来巨大的经济损失。故应注重政治、经济和法律等方面的风险分析，保持与资源国的友好关系，采取有效的风险规避措施，保障项目稳定运行、可持续发展。

3. 海外项目合同模式复杂

海外项目的经济效益，与资源国财税制度、合同模式密切相关。与国内项目相对单一的运作模式相比，海外油气收购的勘探开发合作项目具有多种合同模式和管理方式。资源国与合同者之间的合同模式主要有矿费税收制合同、产品分成合同、服务合同和回购合同等。在不同合同模式下，项目投资及成本的回收、利润与回报的计算存在较大差异。即使是同一种合同模式，在同一国家的不同区块之间也存在较大差异。同时，在项目股份构成上有完全控股、对等股权、联合公司、小股东等多种形式。因此，在做海外项目投资决策时，要深入分析探究不同合同模式和不同财税条款。

4. 海外项目管理方式多样

海外油气业务涵盖勘探、开发、管道、炼化、油品销售等多个环节和领域，各专业领域的项目管理模式也多种多样，有中方下属子公司、联合作业公司、独立作业公司和合资公司等多种，不同管理模式参与项目管理运作的深度、管控力度、管控模式也各不相同，在项目管理方式上有作业者和非作业者的区别。在做海外项目投资决策时，要深入分析不同项目经营的具体投资策略、油田开发策略，以实现中国石油企业尽快回收投资，确保投资效益最大化的目标。

5. 企业文化差异性明显

海外与国内油气项目企业文化存在差异，项目执行过程中坚持理念国际化、行为当地化和管理规范化的思路，尊重当地法律法规和风俗习惯，加强文化深度融合，是项目平稳顺利运行的关键。因此，海外合作要经受企业文化和国家文化双重差异的严峻考验，文化整合能否成功取决于双方对彼此文化的认同和接受程度。在中国油企对外合作中，员工来自不同国家，拥有不同文化背景，所以在合作初期需要把企业的文化融合作为公司重要任务。只有进行了充分文化整合，项目综合竞争力才能够得到有效的提升。

三、项目后评价的基本特点和分类

1. 项目后评价的基本特点

项目后评价有其内在的规律和特点，主要表现在以下几个方面：

（1）现实性。项目后评价是在项目竣工投产后分析研究项目实施的实际效果，同时根据项目的实际运营效果，对项目未来进行新的预测。

（2）全面性。项目后评价是对项目全过程进行分析评价的工作，涉及项目规划、前期立项决策、实施、竣工投产、运营、管理等方面。

（3）探索性。项目后评价从分析项目现状出发，发现问题，总结经验，并探索项目本身或新项目未来的发展方向。因而要求评价人员具有高素质和创造性，能够把握项目各环节的主要评价因素。

（4）反馈性。项目后评价的主要目的是为有关部门反馈信息，为以后项目管理、投资计划和投资政策的制定积累经验，并用来检测投资决策是否正确。

（5）合作性。项目后评价工作往往需要多方面的合作，如项目管理、技术经济、工程实施、综合研究等人员的融洽合作，才能使评价工作顺利进行。

2. 项目后评价的分类

1）按评价组织方式划分

项目后评价按照评价组织实施方式的不同，可分为企业自我评价（自评价）、委托咨询机构开展的独立后评价（后评价）、企业与咨询机构联合开展的后评价。

一般情况下，上级单位对下级单位的投资项目开展后评价时，应将投资项目列入项目后评价计划下达相关单位，首先以项目所属企业为实施主体组织开展自评价，然后上级单位委托咨询机构在企业自评价的基础上开展独立后评价。企业开展自评价应具备相应的基础条件，后评价工作组应由投资计划、工程技术、项目管理、生产管理、市场营销、工程造价、财务审计和经济分析等方面的管理和专业人员组成。后评价工作组负责人需要拥有较强的组织能力、丰富的项目建设管理实践经验，并能够保持客观公正立场。在企业不具备相应基础条件时，企业自评价工作也可与咨询机构联合开展。随着项目后评价工作的广泛开展，这种情形日趋减少，而在企业自主开展项目后评价时，企业与咨询机构联合开展后评价的情形呈增加趋势。

2）按评价时点划分

项目后评价按照评价时点的不同，可分为中间评价和事后评价。

两者以项目竣工验收为分界线。项目中间评价指项目开工以后到项目竣工验收之前任何一个时点所进行的阶段性评价。事后评价指在项目竣工验收并投产运营一段时间之后，对项目目标、实施过程、结果及其影响所进行的全面系统评价。

3）按评价内容详略程度划分

项目后评价按照具体评价内容详略程度的不同，可分为简化后评价和详细后评价。简化后评价主要是采用填报简化后评价表的形式，对项目全过程进行概要性的总结和评价。详细后评价，即通常意义上的全过程、全方位的项目后评价。

4）按评价内容侧重点划分

按照具体评价内容侧重点的不同，项目后评价可分为专项后评价和综合后评价。

专项后评价指选择项目管理的某一个或几个方面而开展的针对性比较强的后评价，如招标采购管理专项后评价、投资控制与投资水平专项后评价、经济效益专项后评价等；或针对投资项目管理领域和投资体制机制改革进程中存在的突出问题展开的调查评价；或对同期、同一类型的若干个投资项目集中开展后评价及在已有若干同类项目后评价成果的基础上开展的系统总结评价等。专项后评价具有反映问题比较集中的特点，通过同类型项目之间的对比与差异分析，发现和寻找共性问题，把评价侧重点放在共性、系统性的问题发现，以及归因分析和提出对策建议上来，可以在宏观管理层面上发挥积极的建设作用。

综合后评价指评价内容覆盖项目全生命周期的各阶段、各环节，涵盖项目各个管理要素的综合系统的后评价，即通常意义上的全过程、全方位的项目后评价。全过程评价指对项目前期工作、建设实施和生产运营各个阶段进行全面的分析评价，其目的是对项目建设中各阶段、各环节的工作进行全面回顾和总结，以发现存在的问题。全方位评价指后评价报告应当对项目的建设目标、建设内容、工程技术、项目管理、投资与财务效益、影响与持续性及外部经济环境的变化等多方面进行系统综合的分析评价。

四、海外油气合作项目后评价的侧重点

鉴于海外项目的特殊性，其后评价的侧重点与国内有较大区别，应坚持客观性、经济性、战略性等原则，从理性、科学、务实的角度出发，以便更好地为未来的项目投资提供指导。

1. **注重投资环境风险评价**

海外项目由于资料有限、评价时间短、不确定因素多等特点，后评价的基础大多是可行性研究报告（包括项目申请报告）。后评价的侧重点首先是资源国的政治、经济、文化、宗教、法律、合同等宏观环境与项目交割前相比是否存在重大变化，分析产生变化的原因，以及这些变化对项目产生了什么影响，是正面的影响还是负面的影响，影响程度有多大，并深入分析合同条款是否合理及对项目运作的影响等。

中国石油海外油气合作项目大多集中在政治环境复杂或种族矛盾突出的中东、非洲等地区，项目建设及运营时常面临恐怖分子袭击或反政府武装破坏的危险，因此保障海外项目人员的人身安全及财产免受破坏，是海外项目管理的重要任务。海外项目后评价应注重对项目在建设及生产运行过程中实施的防恐与安保措施进行评价，总结有效经验为后续项目提供参考。

海外项目公司没有专职的后评价机构和人员，有待进一步推进海外项目后评价人员的培训。海外油气项目中中方人员少、工作量大，项目公司自身很难完成后评价工作，即使依托国内相关支持单位，也存在资料收集、时差、语言、项目管理和评价理念差异、与投资伙伴的讨论等实际困难和问题。这些因素都导致了海外油气项目后评价与国内相比困难较大，需要国内相关支持团队加强对海外项目后评价工作。

2. **注重尽职调查后评价**

海外油气项目投资前，尽职调查是重要的工作，也是双方合作的关键依据。投资方将依据资源国提供的资料内容和宏观环境，对其社会政治、经济环境、开发规划等方面进行评价。由于双方对信息掌握程度的不对等，投资方的尽职调查从根本上说，是一种风险规避措施。因此，后评价过程中，要全面对比尽职调查的评价内容，找出差异和变化原因，总结出影响海外合作的关键问题。

3. 注重经济效益后评价

与国内严格控制投资和追求油田长期稳产有所不同，海外油气项目在产量的安排上，应以效益为中心，追求快速回收投资，根据合同期内产量剖面的预测及对投资回收的具体规定，合理安排资金计划，最大限度地降低中方投资风险。因此，要求海外油气项目后评价应追求经济效益最大化，而不应该重点分析产量的稳定性。经济效益评价，主要是针对油气藏评价项目和部分有预测或控制储量的预探项目，评价储量的经济性。经济效益是储量、产量、工作量、投资、生产成本等经济指标的综合体现，是海外项目后评价的核心。应充分认识到即使海外油气项目资源禀赋都相同或相近，不同的年度投资曲线也会产生不同的经济效益，造成储量价值的不同。海外项目需对成本回收及合同中的重要经济条款进行总体评价，分析哪些经济条款更有助于项目经济效益的提升。

4. 重视资源的可靠性和经济性评价

海外项目评价的另一个侧重点是储量和产量。储量是产量的物质基础，应该突出经济可采储量而不是地质储量的评价，突出经济效益的概念，符合国际油气合作的发展趋势。实际上，对于储量的认识从勘探阶段到开发阶段是不断深入的。评价储量应着重于地质认识的变化，梳理地质认识深化的脉络，深究储量计算方法、计算参数的变化及产生变化的原因，真正做到勘探与开发相结合，以及在剩余可采储量认识方面的一致。产量是技术方案和项目操作的直接体现，是衡量开发水平的最直观指标。后评价时应围绕产量来评价油藏工程、钻采工艺、地面建设，分析实际产量与开发方案的差异，并找出产生差异的原因，如是储量还是地质、油藏认识上的问题，是钻采及地面建设滞后还是工艺未达到设计要求的问题，是技术问题还是商务问题等。针对不同项目找出产量变动的主要原因，并提出相关对策以指导项目的生产运行。

5. 注重管理评价

在不同的合同模式下，项目的投资、成本回收及投资回报的测算方法具有很大的差异。而且，海外油气收购项目的目标公司或项目合作公司多是国际大石油公司，管理比较先进，有许多值得总结的经验与启示。

在后评价中，要针对油气勘探开发合同模式的特点，根据影响油田开发经济效益的主要因素，结合油田开发技术，总结分析在不同合同模式和管理方式下，有利于中方尽快回收投资和实现效益最大化的经营策略。上下游一体化项目涉及勘探开发、炼化、运输及销售等多业务领域，后评价应注重对整个业务链管控程度及其有效性的评价。

项目后评价的最终目的是总结经验教训，不断提升项目的管理水平，为未来项目的生产运营及新项目的开发提供科学指导。相对于国内项目而言，海外合作项目需要与其他合作伙伴联合管理，由于不同国家（地区）、不同合作公司的合作理念、文化等差异较大，增加了项目的管理难度。海外项目后评价应重视管理经验的评价，对不同地区、不同国家、不同类型的项目，应找到国际油气项目管理的一般规律，为后续新项目开发运营提供借鉴。

6. 注重 HSSE 后评价

由于中国油企投资的大多数海外油气项目处于地缘政治复杂、安保风险突出、自然条件艰苦的地区或国家，这些不确定性因素随着项目运营在不断发生变化，因此在确保项目安全运营方面比国内具有更大的挑战性。在后评价过程中，海外油气项目要根据 HSSE 的重要程度，对健康、安全、环保的重大风险、重点部位、重要环节进行跟踪评价，建立和完善风险预警机制。

第二节 国内外项目后评价简介

一、国外项目后评价简介

国外项目后评价是与项目前评估几乎同时产生的，20 世纪 30 年代开始应用于监督政策性投资，到了 20 世纪 60 年代逐步应用到投资项目，使项目评估和后评价的理论和方法得到发展和完善。之后，各国政府和世界银行、亚洲开发银行等国际双边和多边金融组织，为了保证援助资金的合理使用和提高投资的效益，纷纷建立和健全其评估和后评价体系，创造和发展了评价的理论和方法。

后评价工作开展得比较好的有美国、加拿大、英国、丹麦、韩国、日本、马来西亚等，以及世界银行、亚洲开发银行、美国国际开发署（USA 2D）、日本海外经济协力基金（OECF）等金融组织。在发展中国家中，印度的后评价工作也开展较早，已经形成了比较完整的评价体系。

如在美国，后评价的主要机构为美国会计总署（GAO），其直接在美国国会的领导下开展后评价工作，主要是对美国政府公共支出项目的绩效进行评价。因为有立法与行政分权的体制，使得美国会计总署可以对美联邦政府的公共项目、建设项目进行强有力的监督。美国会计总署凭借着自身的实力和其对机构本身信誉的关心，不断地追求评价结果的独立性、客观性和准确性，建立了相当完善的后评价体系，保证了后评价结果的质量和评价结果的反馈落实。在私有公司和企业中，也出现了重视后评价的趋势。一些公司和企业使用"战略计划"确立自己的发展目标，在实施中不断地检查其计划，调动雇员的积极性，并根据实际结果监测和评价其部门的执行情况，不断地调整和修订其目标和策略。同时，这些原属于私营企业的计划评价模式，已逐步推广到公共部门。政府形成了对公共部门投资计划、项目的效益与结果进行不断监测和评价的能力。

可以说，近年来国外项目后评价已经形成了较为完善的体系，概括起来主要呈现以下几个方面的趋势：

（1）后评价已经成为政府或企业加强投资管理、提高投资收益的重要工具，将会有更多的项目需要进行后评价，后评价的实际需求将越来越大。

（2）评价内容和方法由单一向多样发展。回顾项目后评价发展历程可以发现，评价内容和方法的发展经历了由单一的财务评价，向包括财务评价、经济评价、环境影响评价、社会评价等多种评价方法演变。在项目财务评价中，财务的可行性是主要的评价目标；在经济评价中，社会费用与效益或者项目的经济可行性是主要的评价目标；在环境影响评价中，项目建设与环境保护之间的相互关系受到重视；在社会评价中，作为经济与社会发展主体的人，在项目建设中的作用、地位得到强调。

（3）项目后评价倾向于对投资项目全过程进行评价。早期的项目评价只应用于项目的论证阶段，对项目决策后的建设实施阶段评价分析较少。随着实践的深入和认识的不断提高，项目评价的时间范围开始扩展，从前评估到后评价，再到对项目的全过程进行监督和管理的评价，逐步形成对项目全过程进行科学的预测、分析、监督、管理、总结等多个方面的完整体系。特别是在项目立项之后所进行的评价，已经变成一种对项目全过程的评价，在项目监督管理方面发挥着重要的作用。

（4）越来越多的国家和国际组织开始重视后评价，国际金融组织和许多西方发达国家都成立了独立的后评价机构，隶属于其立法机构。如国际货币基金组织、世界银行、亚洲开发银行等，后评价机构均是整个组织机构中重要的一个部门，并且独立于其他业务部门，以保证该机构的权威性和独立性。又如美国会计总署，借助立法与行政分权的制度，其可以在美国国会领导下对联邦政府实施有效的监督。许多发展中国家的项目后评价机构设立在政府部门中，如马来西亚在各级政府部门中建立了项目监督和评价机构，韩国在政府内设立的经济企划院绩效评价局是国家级的后评价机构。

二、国内项目后评价简介

20世纪70年代末，我国开始了由计划经济向社会主义市场经济的重大变革，我国的投资评价体系也逐步由传统模式转向科学的现代模式。随着改革开放的深化，国外的投资、国际金融机构的贷款、各国政府的对华援助资金逐步进入我国，国外对在我国的投资项目也要求进行相应的评价工作。为了满足评价的实际需要，国外机构与我国政府部门合作，逐步发展了国内的项目评价理论方法。

我国项目后评价工作始于20世纪80年代中后期，1988年国家计委委托中国国际工程咨询公司进行了第一批国家重点投资建设项目的后评价，标志着后评价在我国正式开始。

1990—2004年是我国后评价推广应用阶段。1991年7月国家计委制定了《国家重点建设项目后评价暂行办法（讨论稿）》，对后评价目的、程序、内容和方法等做出了详细规定。1996年6月国家计委发布的《国家重点建设项目管理办法》中规定，"国家重点建设项目竣工验收合格的，经过运营，应当按照国家有关规定进行项目后评价"。财政部、交通部和水利部等国家部委，中国银行、国家开发银行、中国建设银行、中国石油天然气集团公司等相继制定了各自业务的后评价制度和办法，并组织开展了重点项目后评价。同时，我国的一些研究机构在借鉴了国外已有的研究成果基础上，结合我国实际逐步完善了后评价理论与方法体系。

2004年7月国务院发布的《关于投资体制改革的决定》，明确提出要完善重大项目稽查制度，建立政府投资项目后评价制度。随着投资体制改革的深入和发展，我国开始加强后评价制度化建设力度，后评价工作也步入快速发展的新阶段。2005年国务院国有资产监督管理委员会颁布下发了《中央企业固定资产投资项目后评价工作指南》（国资发规划〔2005〕92号），2008年国家发展和改革委员会（简称国家发展改革委）颁布下发了《中央政府投资项目后评价管理办法》（发改投资〔2008〕2959号），并于2012年更新为《中央政府投资项目后评价管理办法》（发改投资〔2014〕2129号），分别对中央企业和政府投资企业后评价工作进行了规定和要求。国家住房和城乡建设部、国防科工委、交通部、林业部、环保部、工信部、国务院扶贫办等部门相继开展了大量后评价课题研究，制定和完善了后评价办法和文件。全国各省市、各行业主管部门、大型企业也陆续出台相关的后评价管理办法、操作规范、工作指南等，成立了相应机构，并大量开展项目后评价工作。据不完全统计，目前国家发展改革委每年选择十多个政府投资项目开展后评价，中央企业每年开展300多个投资项目后评价，各类军工企业每年开展近20个项目后评价。另外，国家开发银行、中国进出口银行每年对境外投资项目或银行贷款项目开展后评价，世界银行、亚洲开发银行和日本海外经济协力基金等国际金融机构每年对在我国贷款项目开展后评价工作。2015年，环境保护部签发《建设项目环境影响后评价管理办法（试行）》（部令第37号），体现了后评价对环境保护方面的重要监督作用。

目前，我国后评价项目主要分为六大类。第一类是国家重点建设项目，主要由国家发展改革委委托中国国际工程咨询公司实施后评价。第二类是国际金融组织贷款项目，主要根据国外投资者的要求，由这些组织进行后评价，中方有关单位只参与部分工作（如工作准备、收集资料等）。第三类是国家银行项目，主要由中国建设银行和国家开发银行负责实施后评价。第四类是国家审计项目，由国家审计署负责对国家投资和利用外资的大中型项目进行审计。目前，国家审计署正积极开拓绩效审计等与项目后评价相关的业务工作。第五类是行业部门和地方项目，是由行业部门和地方政府安排投资的建设项目，由项目建设主管部门组织项目后评价。第六类是中央企业重点建设项目，由中央企业依据国务院国有资产监督管理委员会颁布的《中央企业固定资产投资项目后评价工作指南》开展。

尽管我国的项目后评价工作取得了一定的进展，但还存在一些问题，具体如下：

（1）后评价制度仍未健全，评价范围和内容存在较大的局限性。国家有关部委虽然出台了有关后评价法规，但配套的实施细则总体上还不够完善，也没有独立的运行机制，中央一级负责管理、协调和指导公共投资后评价工作的独立机构尚未成立。虽然一些行业主管部门在开展后评价工作的基础上制定了有关的规定，阐述了一些对后评价的规定，但不够完善。

（2）后评价的方法、程序、指标体系等方面还需要不断完善。项目后评价方法、程序及指标等方面需要统一标准，理论与方法尚需加强研究。

（3）后评价成果共享效果不理想。成果共享包括后评价成果报告的提出、结论及经验的扩散与应用，是项目后评价中的一个关键环节，决定后评价工作效果的好坏。目前，我国尚未建立国家级别的后评价信息数据库，未能实现对已有的后评价成果的统一储存和交流共享。这些因素严重制约了后评价的信息反馈功能，使我国项目后评价的反馈效果并不理想，对投资决策的影响不大。

三、项目后评价理论研究进展

目前，投资项目后评价已发展成为一些国家和国际组织实施投资项目监督、进行项目管理的有力手段和工具，形成了较为完善的理论基础。

1. 系统工程理论

基于工程控制论和统筹法的系统工程，是一种组织管理技术，能够将系统科学、系统工程、管理科学和管理工程紧密地结合起来。系统工程理论是后评价基础理论之一，系统工程的系统性思维、全局性协调为项目后评价提供了理论依据。

根据系统工程理论内涵，项目本身就是一个复杂的系统，由多个相互联系、彼此影响的要素构成；要素与要素、要素与整体、整体与环境之间存在着相互作用和相互联系；系统整体具有确定的功能，其整体功能表现为项目要实现确定的目标。因此，不能将项目孤立地切割成几个部分，而要从系统的观点对项目的过程和结果进行后评价，如图1-1所示。

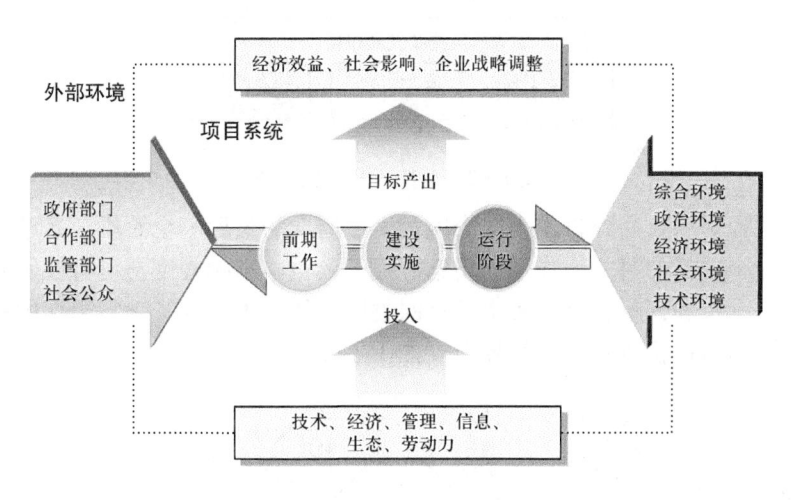

图 1-1 项目后评价系统图

2. 反馈控制理论

反馈控制指施控系统根据反馈情况调节对受控系统的输入，以实现控制目的的过程。反馈控制的本质特点是根据过去的操作情况调整未来的控制行为。基于反馈控制理论，后评价工作以闭环管理的形式，将项目评价结论、经验和问题，及时反馈给项目各方。

基于反馈控制理论，项目后评价有利于促进投资项目的决策、实施和运营的科学、有效，实现经济增长的良性循环。项目后评价通常将现代系统工程理论和反馈控制理论结合起来应用，对项目运行过程的演变或发展及其实施结果做出科学的分析和判断，并进行有效调控，使项目建设或运行过程得到控制与改善，有利于保证项目顺利开展与科学化管理，如图 1-2 所示。

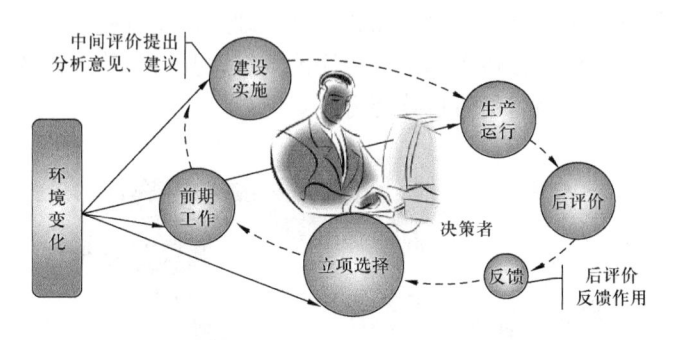

图 1-2 后评价反馈图

3. 可持续发展理论

可持续发展理论包含社会可持续发展、经济可持续发展和生态可持续发展，如图 1-3 所示。可持续发展理论为后评价项目的持续性评价提供了理论指导，当前后评价工作的持续性主要包含项目的经济效益（经济持续性）、项目社会影响（社会持续性）和环保节能（生态持续性），与可持续发展理论内容基本一致。

立足可持续发展的角度，对项目后评价提出了更高的要求。

4. 项目生命周期理论

项目生命周期理论认为，任何项目都会经历开始、实施及结束阶段，多个不同的阶段构

图 1-3　可持续发展理论图

成一个完整的过程。项目后评价作为整个项目生命周期的最后一个阶段，是项目的终点和结束阶段，是对这个项目的目的、作用、实施过程、效益、影响程度与可行性研究及项目决策的正确性进行的分析和评价，完成整个项目的收尾工作，也体现了项目周期的基本特征，生命周期理论对项目后评价进行了时间界定（图 1-4）。

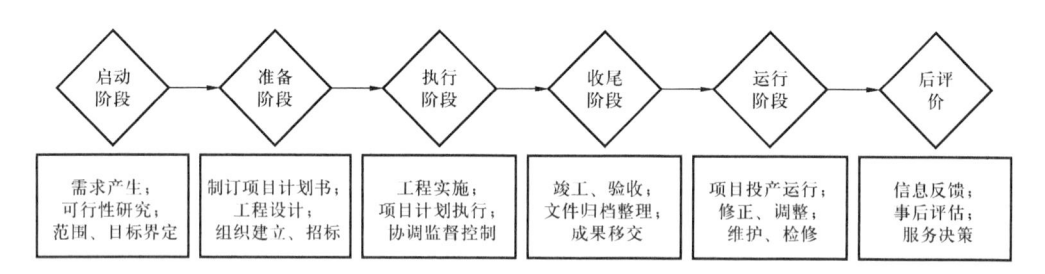

图 1-4　项目生命周期图

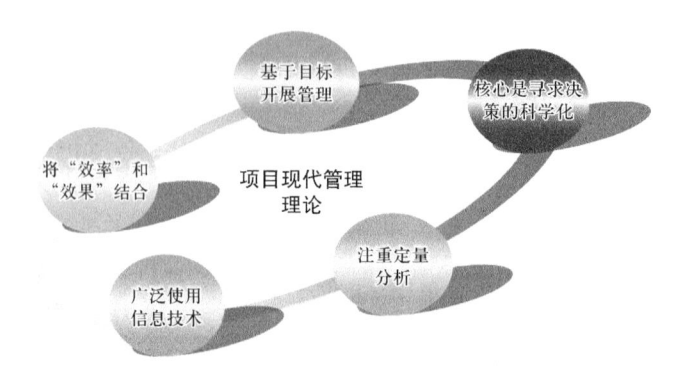

5. 项目现代管理理论

项目现代管理理论的基础是传统项目管理理论，但是随着发展融入新的内容，更加侧重于目标管理、科学化决策、信息技术使用和定量分析（图 1-5）。随着我国后评价工作的开展，在总结后评价工作实践的基础上，以项目现代管理理论为指导，创新性地建立后评价信息管理系统，对项目后评价数据信息定量化处理，实现"效率"与"效果"结合，达到事半功倍的效果，为科学化决策提供支撑。在此理论基础上，项目后评价基于项目目标导向评价评价目标实现程度，建立评价指标体系和项目后评价数据库及信息管理系统，总结项目管理创新、管理效率及效果，评价项目的可持续能力。

图 1-5　项目现代管理理论图

近年来，我国后评价工作者和各行业的学者在后评价理论方面的研究也取得了可喜的成果，主要集中在以下三个方面：

第一，关于项目后评价的基本理论和方法。姜伟新等（2002）较早地探讨了项目管理后评价的基本理论和方法。黄德春（2003）对国外投资项目后评价的研究理论，特别是国民经济核算的发展演变及 MPS 和 SNA 两大核算体系做了评析,分析了综合后评价的发展趋势。王广浩等(2004)着重研究了对比法、项目成功度评价法、层次分析法等方法在项目后评价中的实际应用。方兴君等(2017)认为随着经济下行压力不断增大,项目后评价作为投资监管、决策支持的重要手段逐渐受到重视,并基于后评价实践,对系统工程理论、反馈控制理论、可持续发展理论、项目生命周期理论和项目现代管理理论等后评价基础理论及其应用进行研究,旨在强化后评价基础理论对工作实践的指导作用,提高后评价工作价值的认识。针对原后评价指标体系中指标及要素设置针对性不强、细化程度不够和内涵重复等问题,根据油气开发"十三五"规划,中国石油后评价研究人员通过梳理总结后评价管理实践,结合近年来开发项目后评价工作成果,在广泛吸纳各领域专家意见的基础上,形成了油气开发项目新的后评价指标体系,旨在进一步推动油气开发项目后评价工作不断深化完善。

第二,关于项目后评价在不同领域的延伸拓展。王建军(2003)研究了公路、铁路等建设项目后评价的基本理论和方法。2005 年中国石油天然气股份有限公司编写的《油气勘探项目后评价》和《油气田开发项目后评价》两本专著较为系统地探讨了有关业务后评价内容,并结合具体项目进行了实例分析。王瑷玲(2006)比较关注土地整理效益项目后综合评价的方法和原则。陈志莉(2005)探讨了电网建设项目后评价的理论及应用研究。李传高等(2005)则研究了政府投资项目后评价理论和方法的应用。宋国光等(2017)认为随着国内外油气生产经营形势变化和后评价工作实践的不断深入,油气田开发项目后评价的目的、内容和侧重点均发生了一些变化,对后评价指标体系的完整性、规范性和科学性提出了更高要求,张书通(2019)指出后评价作为投资活动全过程监管和效益监督考核的重要方式,是促进企业管理提升和高效发展的重要手段之一,契合了"高质量"发展要求,其研究立足于后评价视角,从做好前期工作、强化建设管理、规范生产运营、加强投资管控和注重可持续性五方面提出了推动中国石油天然气集团有限公司(简称中国石油)高质量发展的建议,将为中国石油实现世界一流综合性国际能源公司的建设目标提供参考。

第三,创新后评价的技术与方法。近年来,逻辑框架法、多目标模糊分析法、灰关联法、熵值法和基于 DEA 等多种交叉学科的前沿技术与方法在项目管理后评价中得到了广泛应用。

第三节 中国石油项目后评价探索与进展

一、海外项目发展历程

20 世纪 90 年代初,在国内油气需求快速增长、供需紧张的背景下,党中央、国务院果断做出中国石油"走出去"的战略决策,充分利用国内外"两个市场""两种资源",保障国内油气供给。为保障国家能源安全和提升企业的竞争力,中国石油坚决响应党中央号召,坚定"走出去",经历了探索、拓展、发展至调整的发展历程,海外油气业务取得了快速发展,实现了从无到有、从小到大、从弱到强的历史跨越。

1. 探索阶段(1993—1996 年)

中国石油采取了"由小到大、循序渐进,自我积累、滚动发展"的策略,从小项目合作开始,以油田开发项目和老油田提高采收率项目为主,先后在秘鲁、加拿大、泰国、巴布亚新几内亚等国开展低风险的小项目投资,并且尝试产品分成、许可证和服务等合同模式。通过这些小项目的合作,逐渐熟悉了国际石油投资环境,学习了国际规则,并积累了丰富的石油项目投资经验,培养了国际化的石油经营人才,为拓展海外油气合作做好了准备。

2. 拓展阶段（1997—2002年）

在此阶段，中国石油所属企业拓展了海外有规模的油气勘探开发项目，并开始担任作业者，通过拿储量、上产量，形成了一定的规模，实现了海外发展由投资阶段向生产回收阶段的转变，培育形成了非洲、中亚、美洲和亚太四大战略合作区。截至2002年底，中国石油所属企业与26个国家累计签订石油合同项目36个，2002年海外油气作业产量达2250万吨油当量，油气权益产量达1700万吨油当量。

3. 快速发展阶段（2003—2008年）

中国石油所属企业坚持自主开发策略，并适时进入陆上和海上油气风险勘探领域，涉足兼并收购业务。海外业务范围由开发为主扩展到勘探、开发并重，由陆地扩展到海上，由以油为主扩展到油气并举，由自主开发向自主开发与兼并收购转变，海外油气权益产量突破了4000万吨油当量。

4. 规模发展阶段（2009—2013年）

在高油价背景下，中国石油所属企业利用整体并购、战略联盟和参股投资等多种合作方式获取了一批大型勘探开发项目，完成了油气业务的全球布局，海外油气合作领域实现了从上游到下游、从常规到非常规、从陆上到海上的全领域和全覆盖，同时，中国石油所属企业海外多元化投资主体的格局也基本形成。在此阶段，中国地方企业和民营企业"走出去"的团队日益壮大，一些非油企业也加入了海外油气业务开拓的行列中。2012年，中国石油所属企业海外油气作业产量接近2亿吨油当量，权益产量超过1亿吨油当量。

截至2019年底，中国石油已成为合作发展规模最大的油企，海外投资项目近百个，分布于几十个国家或地区。

5. 战略调整阶段（2014年至今）

自2014年下半年开始，国际油价快速下跌，并长期处于低位，海外投资项目效益大幅度下滑，非常规油气项目难以有效开发，处于严重亏损状态。在低油价背景下，以中国石油、中国石化、中国海油为代表的三大油企，吸取高油价期大规模并购非常规油气项目的教训，调整了海外投资的策略，放慢了海外投资的步伐，减少海外投资规模。中国石油加强了全球油气经营环境分析，密切跟踪油气价格变化趋势，制订多套投资方案；利用投资组合理论和优化技术，严控投资；重新调整油田开发方案，同时加强与资源国、作业者和服务商等的谈判，尽可能降低项目运行成本；密切关注海外油气资产并购信息，谨慎选择并购目标和出售目标，不断优化资产结构。

二、中国石油后评价工作发展历程

早在1991年，中国石油天然气总公司就选取了10个油气田开发项目开展后评价，首次对后评价工作进行了试点尝试。中国石油系统性开展后评价工作始于2001年，首次以公司文件形式在上、中、下游业务分别选取一个项目开展后评价，自此中国石油后评价工作步入起步发展阶段。多年来，中国石油后评价工作经历了四个发展阶段。

1. 探索起步阶段（2001—2004年）

这一阶段主要试点开展了勘探、开发、管道、炼化、销售等项目后评价，主要为下一步全面开展后评价工作摸索经验。各部门对后评价工作的认识也处于一个逐步了解、接受和重视、支持的过程，因此后评价工作开展难度较大。通过各级主管部门共同努力克服困难，后评价初步见到实效，发挥了积极作用。例如，总结出勘探开发一体化有效加快增储上产步伐；先进工艺技术促进了我国管道建设技术水平；依托老厂挖潜改造，以内涵挖潜为主扩大生产能力是炼化企业发展的有效途径等。但同时也总结出项目管理存在的一些问题，得到了相关部门的高度重视。

2. 全面发展阶段（2005—2010 年）

主要以在总部机关成立专门的后评价管理部门为标志。这一阶段主要是完善了后评价管理制度、构建了后评价组织体系，并按照全面开展后评价工作的要求，组织开展了项目简化后评价和详细后评价工作，走出了一条适合中国石油特色的后评价工作的新路子。在制度建设方面，逐步探索出了一套以管理办法为纲、典型项目推动、简化评价铺开的后评价工作制度，为后评价工作有效有序开展奠定了制度基础。在队伍建设方面，积极组建机构，加大人员培训和支撑体系建设，初步建立了专职人员与兼职人员相结合、专家咨询机构为支撑的后评价组织体系。在理论探索方面，出版了《油气勘探项目后评价》和《油气田开发项目后评价》两本专著，较为系统地探讨了油气勘探项目后评价内容，并结合具体项目进行了实例分析，开展了后评价论文征集评选活动。在项目评价方面，将项目简化后评价工作纳入公司日常化管理轨道，积极推进典型项目详细后评价工作，实现了后评价工作的全面展开。在成果利用方面，初步建立了项目后评价意见、后评价呈报、简报及通报等多渠道信息反馈机制。后评价工作得到了国资委和中国石油集团公司领导的肯定，连续两年都在国资委举办的后评价会议上作经验交流。

3. 深化提高阶段（2011—2014 年）

以正式发布后评价工作纲要为主要标志。这一阶段明确了后评价工作的"总结项目最佳实践，为构建科学投资决策体系提供支持"的工作定位，并围绕这一定位厘清了下一步后评价工作的发展方向和工作目标，进一步完善了后评价工作制度和组织体系、深化后评价内容、拓展后评价范围、完善后评价反馈机制，探索出一条具有中国石油特色的后评价工作新路子。2013 年，出版了《勘探项目后评价理论与实践》《油气田开发项目后评价理论与实践》《管道项目后评价理论与实践》《炼油与化工项目后评价理论与实践》《销售项目后评价理论与实践》等后评价理论丛书。

4. 开拓创新阶段（2015 年至今）

2015 年以来，中国石油在组织机构和信息化建设方面进行了探索性创新。2015 年 7 月成立中国石油项目后评价中心，组建了后评价专门研究机构，开展了各业务标准数据采集表、编制细则等基础研究。并以此为基础开展了信息系统建设，在智能化、信息化发展背景下，探索建立后评价信息系统。2016 年后评价信息系统上线运行，通过多年来的工作推动，系统不断完善、应用不断推广。

近年来，结合海外投资项目发展历程和特点，中国石油在后评价工作领域不断发力，每年开展多项典型后评价项目，特别是 2007 年以来，涉及海外勘探、开发、管道、炼化、销售、工程建设、工程技术等众多专业领域，评价范围不断扩大、评价深度持续增加；后评价围绕公司"高质量发展"，重点关注发展中的重点、难点、痛点问题进行深入分析，提出的意见与建议为公司提质增效贡献了智慧。

三、中国石油后评价工作体系的主要内容

中国石油在实践中注重丰富和发展项目管理理论，进一步完善项目管理机制，逐步形成了独具特色的后评价理论、方法和体系。

1. 工作定位

科学管理离不开清晰、准确的定位。后评价工作定位是总结项目最佳实践，为构建科学投资管理体系提供支持。具体来讲，一是评价考核，考察项目建设和运营目标实现程度；二是改进提高，针对项目发现的问题及时提出措施建议，实现项目高效运营；三是总结推广，推广项目建设运营管理的经验，为在建和后续项目提供借鉴；四是完善规范，将发现问题与完善制度和管理相结合，从体制机制上提高项目管理；五是挂钩联动，建立后评价与新上项目挂钩机制，实现项目立项审批的有机联动。

2. 制度体系

形成了以管理办法为纲领，相关实施细则为配套，各业务简化评价编制模板、报告编制细则、项目量化评分标准等规定为支撑，后评价手册为指导的有机统一整体。管理办法主要明确了管理职责要求及后评价内容和形式，在后评价工作中居于纲领性地位；实施细则和发展纲要作为管理办法的配套文件，进一步细化了工作要求和发展方向；相关编制细则等支持性制度对规范各业务后评价内容和方法起到有效的指导作用；按照集成性、可操作性原则编制而成的后评价手册，是细化和解读制度规范、指导实际操作的有效工具。

3. 实施层次

着眼于评价范围全覆盖、评价项目无盲点的目标，在实践路径上，形成了典型引路、简化铺开、逐步推行的工作方式；在工作布局上，注重实现简化评价、详细评价、专项评价、中间评价、跟踪评价的有机结合，从而构筑宽领域、多层次、全覆盖的发展态势；在工作流程上，强化简化评价的基础性作用，形成了项目建设单位自评价、咨询单位独立后评价、企业整改落实和反馈后评价意见的闭环管理工作流程，始终将问题和建议的整改落实作为实现项目闭环管理的着力点和落脚点。

4. 方法内容

后评价主要包括项目前期工作评价、建设实施评价、生产运营评价、经济效益评价、影响与持续性评价等内容，不同投资项目类型根据项目特点各有侧重。利用现代系统论、控制论和统计学的基本原理，形成了对比分析法、调查法、逻辑框架法、因果分析法和成功度评价法等定性和定量相结合的合理有效的评价体系。在实施中，根据项目特点合理选择、综合运用各种方法，对项目进行系统分析和综合评价。

5. 信息平台建设

2016 年，后评价信息系统推广应用，标志着后评价工作逐步迈向信息化发展新阶段。截至 2019 年底，信息系统授权人数增加保障了信息系统的应用，近百家地区公司应用后评价信息系统累计录入后评价项目超过 1 万个。

四、中国石油后评价工作体系的主要特征

中国石油特色后评价体系是在借鉴国际先进理念与成功做法的基础上，与我国国情和中国石油发展阶段性相适应，并充分汲取了企业发展长期积累的全过程管理经验，既具有现实针对性和可操作性，又具有历史传承性与开放性，是一个与时俱进、面向未来的工作体系，具有十分鲜明的特征。

1. 体现了企业强化管理的本质要求

强化管理是企业实现有效发展的永恒主题。回顾我国石油工业发展历史，在取得丰硕成果的同时，也存在一些不成功的案例。但在总结经验教训时，多从专业角度、技术上进行，而不是将它作为项目管理的重要环节，采用科学的方法进行系统、全面的总结。当前，随着石油企业现代企业制度的逐步完善，为提高投资效益和增加企业竞争力，满足投资者对项目监督和评价的要求，实现决策科学化，迫切需要建立完善的后评价机制。同时，由于油气资源品质劣质化加重，实现同等效益的投资增大，对投资决策水平的要求也越来越高，也需要通过后评价来总结经验教训，提高决策水平。近年来，中国石油建立了"规划—可行性研究—设计—实施—验收—后评价"全过程管理流程，将后评价作为项目管理的重要环节，注重推广典型经验，狠抓问题整改落实，强化项目闭环管理，有效地促进了项目管理水平的提高，较好地体现了企业强化管理的本质要求。

2. 体现了石油天然气工业特点的实践要求

作为现代经济社会发展的基础工业，石油天然气工业具有项目复杂、不确定因素多、投资大、风险高等特点。做好后评价工作必须坚持从实践破题，注重紧扣石油天然气工业项目特点开展工作。例如，结合油气勘探开发项目阶段性强、计划变数较大及多学科、多专业、多工种协同作业的系统工程等特殊性，探索开展了五年滚动规划、年度计划等评价工作；立足油气剩余资源类型复杂性加大的现状，开展了低渗透油田开发、老油田三次采油等专项评价；围绕提升企业抗风险能力和综合竞争力的需要，开展了加油站开发和库站租赁业务效果、海外业务专项评价；按照助推经济发展方式转变的要求，开展了安全环保、信息化和科技项目等专项评价；结合项目集中建设的实际，开展了大型管道和炼化项目中间评价。通过这些探索，总结借鉴了项目建设成功的经验，发现了影响项目发展的主要问题并提出措施建议，不仅促进了项目建设管理水平，而且也提高了工作的针对性和时效性。

3. 体现了统一而又多层次的企情要求

按照中国石油"一级法人、集中决策、分级授权"投资管理体制的要求，结合油公司"集团公司—专业板块—地区公司"三级管理层次，建立了统一而分层次的后评价工作体制。所谓统一，主要是"统一制度"，即形成上下匹配、标准统一、管理规范的制度体系。所谓分层次，就是"归口管理、分级负责"，即各级计划部门作为后评价工作的分级主管部门，按照权限履行职责，统一组织和管理本级后评价工作，分级制订计划并组织实施。同时，按照"谁主管、谁负责"原则组织项目后评价工作。企业是项目简化后评价和自评价实施主体，自评价应侧重于前后对比，突出前期工作、建设实施、生产运行和经济效益等评价，对项目预期目标实现程度进行分析；独立后评价是第三方咨询机构采取前后对比和横向对比相结合的方法，重点对项目前期工作、经济效益、影响和持续性、项目竞争力和成功度进行评价，从中总结经验教训。

4. 体现了兼收开放的发展要求

中国石油特色后评价工作体系，始终立足于企业特点，坚持将传承企业管理的历史精髓、借鉴其他工作和部门的有益内容与进行制度创新有机结合起来。一方面，注重继承中国石油企业管理理念和企业文化，适应项目决策科学化和资本市场监管需要进行项目管理制度创新；另一方面，研究借鉴了审计、纪检监察等工作和世界银行等部门项目管理的有益经验，吸收其优秀管理成果，但又不简单照搬照抄，使工作体系符合中国石油实际，又顺应企业管理发展潮流。近年来，对项目量化评价指标体系、后评价数据建设进行了有益的探索，有效丰富和发展了项目管理内涵和实践。

第二章　海外项目后评价内容和方法

海外投资项目后评价工作具有投资项目后评价工作的一般性要求，即需要对项目进行全过程的跟踪、研究和总结。但与一般投资项目相比，海外项目涉及国际参与各方，政治因素、安保风险、商务合同、文化信仰、管理方式等均会对项目产生较大影响，因此海外投资项目后评价在时点选择、评价范围和内容等方面均有自己的特点，不同类型项目（风险勘探、开发、LNG、长输管道、炼油化工、销售等）的评价内容和重点也均有不同。

第一节　项目后评价类型及时点分析

一、海外项目后评价类型

项目后评价包括狭义的后评价概念（指传统的事后评价）和广义的后评价概念，广义的后评价包括项目中间评价和事后评价。

1. 项目中间评价

中间评价指项目开工以后到项目竣工验收之前任何一个时点所进行的阶段性评价。通过评价，及时发现项目实施过程中存在的问题，分析产生的原因，重新评价项目的预定目标是否能达到，项目的效益指标是否能实现。

2. 项目事后评价

竣工后的后评价是海外项目后评价工作的重点，这种类型的后评价主要目的是及时反馈信息，调整相关政策、计划、进度，改进或完善在建项目；增强项目实施的社会透明度和管理部门的责任心，提高投资管理水平；通过经验教训的反馈，调整和完善投资政策和发展规划，提高决策水平，改进未来的投资计划和项目的管理，提高投资效益。项目后评价有时也称为实施效果评价。

二、海外项目后评价时点分析

1. 后评价的时段

项目后评价的评价时段有两个：一个时段是在项目竣工前，这一时段任何一个时点的评价，称为中间评价；另一个时段是项目竣工验收后到任何一个时点的评价，称为项目后评价。

2. 后评价时点选择

1）项目实施效果评价时点选择

项目的周期长短，主要由项目所在资源国的情况、项目性质、规模大小、项目的复杂程度、年度投资力度等多种因素所确定。时间拖得太长不利于及时总结项目经验教训并纠偏，而时间太短则项目效果尚未完全显现。

2）项目跟踪评价时点选择

对于投资大、风险大、不确定因素多、项目周期长的项目，应开展项目实施的跟踪监测，或项目的阶段评价，其目的是及时发现问题、及时对项目进行调整。评价内容需要根据项目的进度、项目的性质而定，但必须针对性强、及时、有效。在项目跟踪评价中，后评价时点选取要根据内外部因素变化认真把握，选择时点超前，则会影响项目进程；选择时点滞后，又会影响及时决策。

第二节 项目后评价内容

一、实施过程评价

项目实施过程评价主要包括决策部署评价、商务合同评价、项目组织管理评价、工程技术评价等内容。

1. 决策部署评价

（1）评价决策资料完备性和决策程序规范性，评价项目决策依据是否充分。

（2）评价项目部署的合理性和部署调整的必要性。以项目可行性研究或总体规划（中长期规划或滚动规划）为指导，以年度计划为依据，结合实施后情况，评价项目决策部署的正确程度；项目在运行过程中出现新情况、新问题时，评价项目部署调整的依据是否充分，调整效果是否有效。

2. 商务合同评价

项目的技术、经济论证，最终的目的是指导商务谈判，为后期的经营决策提供智力支撑。夯实商务合同后评价是保证决策科学，指导经营策略研究，最大化地降低商务风险，保障投资效益的关键所在。国际油气合作商务合同主要对法律环境、税收政策和技术经济等方面开展后评价。

3. 组织管理评价

说明项目管理方式和项目管理机构设置情况，简述主要管理制度和项目工作程序；评价设计、招投标、监督、HSE建立、竣工验收等关键环节的管理是否规范。

4. 工程技术评价

简述项目主要技术设计方案的上报审查和批复情况，说明实施过程中对审查意见和建议的执行和采纳情况，并分析实施效果。例如，在勘探项目中，简述项目地球物理勘探（简称物探）工程量、工期和施工进度，与设计进行对比，如果差异达到±10%及以上，应说明变化的原因和实施效果。简述项目钻井工程量、工期、施工进度等指标，并与计划指标对比，说明变化的原因及影响。当探井数量较多或预探井和评价井技术差别较大时，应将预探井、评价井分别列表分析，并对重点探井作单独说明。

二、目标实现程度评价

项目目标实现程度评价主要包括目标完成情况评价、效果评价、效益评价等内容。

通过项目纵向、横向对比，分析项目投资（包括项目总投资和各单项投资）、成本（分析单位成本变化趋势和原因，提出进一步控制单位成本的技术或管理措施和建议）、工程技术、进度与质量及主要目标完成情况。

三、影响与持续性评价

项目持续性评价主要包括环境影响程度评价、安全评价、风险认识与规避、投资环境可持续性等内容。

（1）环境影响程度评价。简述项目环保工作组织机构和管理制度、环评批复意见和环保措施要点，说明主要环保措施的执行和落实情况；简述因项目施工对生态环境的影响程度。评价项目的现有环境控制能力，若出现过重大环保问题，要说明污染性质、程度、原因和处理结果，并认真总结经验教训。

（2）安全评价。评价项目安全管理制度是否健全，配套措施是否到位，是否建立应对安全事故的预案；评价工程技术设计中提出的安全方案的执行情况等。说明项目实施过程中是否发生过安全事故，评价各项应急措施取得的实际效果。

（3）风险认识与规避。根据项目实施结果，评价项目前期是否对项目风险（政治法律风险、投资风险、技术风险、资源风险等）进行了有效分析和预测，评价建议的防范措施可行程度、采纳情况和效果。

（4）投资环境可持续性，内容包括资源国政府政治、经济、油气法律法规等投资环境对项目的可持续性影响。以勘探项目为例，根据项目油气剩余资源潜力、资源序列结构、主要聚集区带、圈闭储备等资源储量规模和质量，评价其有效利用程度；针对近期和中长期确定的主攻方向和目标，是否具备与之相适应的先进配套技术。

四、综合评价

1. 综合评价结论

分析项目的目标实现程度、工程实施的成功度和项目可持续发展能力等，给出项目总体评价结论，并定量打分评级。

2. 经验教训

从项目的决策、合同模式、商务条款、项目实施、组织管理、影响与持续性等方面，分析项目取得成功的主要因素，提炼出值得推广、具有指导意义的经验；分析项目存在的问题和失利的主要原因，深刻总结应吸取的主要教训。

3. 问题与建议

针对项目决策部署、管理、技术和成效等方面存在的问题，提出必要可行的建议。

第三节　项目后评价方法

投资项目后评价是运用现代系统论和控制论的基本原理，运用统计学原理和预测学原理，对项目运行过程的演变或发展及实施结果，做出科学的分析，进行有效调控。

海外投资项目与国内项目后评价方法基本一致，采用定量和定性相结合的方法。后评价方法论的一条基本原则是对比原则，包括前后对比、预测值和实际值的对比、有无项目的对比等。对比的目的是找出差距，为提出问题和分析原因找到重点。进行前后对比，若没有后评价时点前的统计数据为基础和后评价时点后的预测数据分析为依据，对比就是一句空话。因此，后评价方法既是以统计学原理和预测学原理为基础，又是对项目从前期研究到竣工投产，再到后期延续的全过程评价，各阶段既相对独立，又互相联系。在实践中又创造发展出多种方法。如对投资大、规模大的项目，在进行项目后评价时，往往会遇到存在多种因素以不同方式共同发生作用，影响着项目总体的目标或效果，这样，运用层次分析法可将一个复杂的问题分解为不同的组成因素，按照各个因素之间的相互影响和隶属关系，分成多个层次机构，进而从各层次的角度对项目总体给出清晰、客观的评价。又如，对建设周期较长的投资项目，往往会受到项目外部和内部的一些主客观因素影响，导致项目的主要技术经济指标和可行性研究阶段及规划设计阶段的预测结果发生一定的偏差，为及时发现问题、分析问题，提出解决问题的对策、措施和建议，在项目后评价时，多采用因果分析法，对这些变化进行因果分析。目前，许多发达国家和世界银行等国际金融组织还广泛采用逻辑框架法进行项目后评价工作，它采用综合、系统地分析问题的思维模式，帮助后评价人员厘清建设项目中的因果关系、目标关系与手段关系、外部条件制约关系，对后评价的关键因素和问题做出合乎逻辑的分析。

一般来说，投资项目后评价方法主要有对比分析法、统计预测方法、因果分析法、调查法、成功度评价法等。

一、对比分析法

在一般投资项目后评价中，对比分析法可细分为前后对比法和有无对比法。前后对比（Before and After Comparison）指将项目实施之前与项目完成之后的情况加以对比，以确定项目是否达到预期目标；有无对比（With and Without Comparison）指将项目实际发生的情况与无项目可能发生的情况进行对比，以度量项目的真实效益、影响和作用。而在海外项目后评价中，除上述两种对比方法外，还常常进行横向对比（Transverse Comparison），指将项目实际发生的情况与可参照的数据进行对比，以评价项目效果。

对比分析法是项目后评价最常用的方法，如何选定对比的内容和指标，是有效对比的关键环节之一。

1. 前后对比法

前后对比法应用在项目中，一般又称为纵向对比，它是一种最基本的、最普通和最常用的科学方法。在海外项目后评价中，是将项目前期的可行性研究和技术经济评估的预测结论与项目的实际运行结果相比较，用以发现变化和分析原因。这种对比用于揭示计划、决策和实施的质量，是项目后评价应遵循的原则。通过项目的实施所付出的资源代价，与项目实施后产生的效果进行对比，得出项目的评价结论。

前后对比一般有两种方式：一种是项目实施前的实际情况与实施后的实际情况对比；另一种是项目实施效果与项目前期预测效果对比。海外项目多采用后一种方式进行对比。

第一种方式简单易行、应用性广。适用于项目实施对象随时间波动小，并假设在项目实施前后期间和后续时间中，如果项目不实施的话，基本情况保持不变和持续下去。该方式的评价步骤包括确定项目的评价指标、收集项目实施前和实施后的各项评价指标数据、比较项目实施前后的数据、估算项目效果四个方面。

第二种方式适用于历史数据较多，并且这些数据呈一定的变化趋势的投资项目。如果实施前的数据不稳定，那么预测结果意义不大。该方式的评价步骤包括四个方面：第一，确定项目的评价指标；第二，收集项目实施前的时间序列数据和实施后的结果数据；第三，运用统计分析方法，预测项目实施后的各项指标值；第四，比较预测值和实施前后的实际结果，其差别就代表了项目的效果。

前后对比法广泛应用于海外项目后评价的各个阶段、各个部分。如在某个海外勘探项目期内，为获得探明储量进行了勘探实施，当项目竣工后，就可以前后对比分析勘探实施效果（表2-1）。

表 2-1 项目实施前后对比示例表

项目	单位	可行性研究	完成	差值
投资	万元	66000	73124	7124
油气勘探成本	美元/桶	1.2	1.11	-0.09
每口探井探明储量	万吨/口	50	55	5

项目可行性研究报告预测结论与项目实施后实际情况对比的结果是，投资超规模，而成本控制在可行性研究报告范围内，同时，获得了比可行性研究好的单井效果。当然，实际后评价中，还需要对差异进行分析，找出原因，给出客观的结论。

另外，有很多海外项目，特别是一些影响范围较大的项目，实施后的效果不仅是项目本身的作用，还存在项目以外多种因素的影响，因此要得出项目本身产生哪些效益，单单使用前后对比的方法还不够，还需要使用其他对比方法，找出项目实施后实际所起到的作用。

2. 有无对比法

有无对比的重点是要分清项目作用和影响，以及项目以外因素的作用和影响。这种对比多用于项目的效益评价和影响评价。有无对比所说的"有"与"无"指的是评价的对象，它是通过项目实施所付出的代价与项目实施后产生的效果进行的对比，该方法的关键是度量由项目直接产生的效果。这种方法在一般投资项目广泛应用，特别是对项目进行效益后评价和影响后评价时，多使用有无对比法。有无对比法一般用于改扩建项目，在新建项目中应用较少，因为新建项目如果不实施，就不存在效益的问题。

以上三种对比方法既有相同点，又有不同之处。对比法是项目后评价的基本方法，但在后评价工作中采用的方法不是单一的，往往是多种方法的组合应用。同时，无论是选用哪种方法，若在以后的评价工作中证明了其他方法更好，都应及时改变。

3. 横向对比法

横向对比法就是项目实施的结果与已实施的同类项目相比，或与本公司基准相比，或与国内外油公司的平均水平相比等。它也是评价项目好坏的有效方法之一。这种对比用于揭示项目自身以外的实施效果（表2-2）。

表 2-2 项目横向对比示例表

项目	单位	类比值	完成	差值
油气勘探成本	美元/桶	0.9	1.11	0.21
探井探明储量	万吨/口	65	55	-10

横向对比法同样广泛应用于项目后评价的各个阶段、各个部分。在表2-2示例中，就项目自身而言，成本控制较好，低于可行性研究值，但是，如果与类似项目探区油气勘探成本平均值0.9美元/桶相比，又偏高；并且与行业平均每口探井获探明储量65万吨相比，又偏低。

因此，横向对比不仅能分析项目自身的情况，还能分析项目与项目、项目与行业的差异程度。

二、统计预测方法

投资项目后评价，包含项目已经发生事实的总结，也包含对项目未来发展的预测。在后评价中,只有具有统计意义的数据才是可以比较的。后评价时点前的统计数据是对比的基础,后评价时点的数据是对比的对象,后评价时点后的数据是预测分析的依据。因此,后评价的总结和预测是建立在统计学原理和预测学原理基础上的。

1. 统计分析方法

统计分析是一种从数量上认识事物的科学分析方法,是利用统计调查整理所掌握的大量资料,运用统计学原理,对新问题、新情况进行客观、科学的综合研究,揭示其本质,探求其发展变化规律的一类方法。一般来说,统计工作包括统计资料的收集、整理和分析三个阶段。

(1) 资料数据的收集和调查。它是统计分析得以开展的前提条件,在项目后评价中使用的统计数据必须具有合理性、准确性、完整性和可比性等特性。

(2) 统计资料的整理。它是根据后评价的目的,对统计调查获得的资料数据进行汇总,归纳成为系统性和条理性的资料,以得出反映事物总体特征的信息。

(3) 统计分析。它是根据后评价的目的和要求,主要是采用概率论与数理统计分析等方法,对研究的对象进行解剖、对比和分析,以揭示事物内在联系和发展变化的规律性。

常用于项目后评价的统计分析方法包括结构分析、平均分析、动态分析、指数分析等,这些方法很成熟,不再赘述。

2. 预测方法

预测就是对尚未发生或目前还不明确的事物进行预先的估计和推断,是根据项目过去和当前的情况,利用相关的资料和一定的方法,探索项目不可知的、未出现的或复杂的实施过程,推断出未来的结果。一般的预测工作包括以下几个方面:

(1) 预测指标分析。根据预测的目的,确定预测指标,分析影响这些指标的因素。

(2) 收集资料。统计资料是预测的基础,需要广泛收集项目历史的和现实的资料,同时,对资料进行过滤,保证其完整性和可比性。

(3) 选择预测方法。预测方法有很多,常用的有回归分析方法,它是研究变量与变量之间相互关系的一种数量统计方法;时间序列预测法,是一种考虑变量随时间发展变化规律的外推预测方法,由于时间序列预测法所需要的只是序列本身的历史数据,因此,这一类方法得到了普遍的应用;此外,还有投入产出预测方法等。

(4) 检验预测方法的适用性,并最终确定预测值。

常用的预测方法包括回归分析、投入产出分析、时间序列预测等,这些方法也很成熟,不再赘述。

3. 统计预测方法在项目后评价中的应用

项目后评价的大量基础资料是以统计数据为依据,在投资项目后评价中,更多的是采用定量的预测分析方法。预测方法一般应用在两个方面:一是对后评价时点以后的项目实施状况和效益的预测,即以后评价时点为基准,结合时点以前的实际数据,对项目未来的发展趋势做出推断和预测;二是在有无对比法中,在无项目假设条件下,对项目可能产生的效果进行假定的推测。

三、因果分析法

1. 基本概念

在海外项目的实施过程中,项目易受到诸多内部因素(如项目管理不到位、投资不能落实等）或外部客观因素（如资源国政局、政策、地下资源的不确定性、油气价格变化等）的影响。这些因素中有些是关键的，对项目指标偏差起了较大的影响。如果仅仅采用前后对比法和有无对比法，得到的结论往往只能是各指标的偏差程度，无法得出是何种因素造成这种偏差。需要通过一定的技术方法从所有的原因中找出关键的因素。因果分析法提供了这样一种简单有效的分析途径。因果分析法就是从项目结果入手，对造成偏差的原因逐一进行剖析，分清主次及轻重关系，进而逐步深入研究和讨论项目存在问题的方法。

2. 应用对象

项目后评价中所遇到的差异或问题多种多样，分析时首先要确定分析对象是哪一类的差异或问题。根据评价对象的性质，可以将这些变化和差异分为三个方面：一是对投资项目管理法规条例及办事程序的执行情况分析，包括项目立项决策、项目实施、项目竣工验收工作等环节；二是工程技术及质量指标变化的因果分析，包括施工设计变化、工期变化、工程投资变化等；三是经济效益指标变化分析，包括成果指标变化、经济指标变化等。

3. 因果分析法步骤

在确定了分析的内容之后，通常采用图示的方法来进行因果分析。因果分析法分析的主要步骤如下：

（1）影响原因的调查收集。对于明确的差异和问题，首先可以通过专家调查、统计分析等方法找出其产生的可能原因。

（2）影响原因的分类。在收集到差异和问题产生原因之后，应对它们进行分类、整理。

（3）影响原因之间的因果关系分析。在对各种原因进行分析讨论时，要咨询相关的专家和工作人员的意见。

（4）绘制因果分析图。因果分析图（也称鱼刺图）是形象描绘项目因果关系的图示方法，除了鱼刺图，也可以采用树状图进行因果分析。

在项目后评价中运用因果分析法，可以简便、直观地对项目各指标或目标产生偏差的原因和项目中出现的各种问题的原因进行因果关系的分析，为项目的实施总结经验教训。但是，因果分析法中，有些看似大的原因不一定是造成问题的关键因素，因为项目作为一个开放的系统，各原因之间也存在着相互的影响，因而运用系统工程的理论和方法来考察各原因与结果、原因与原因之间的综合关系，才能对差异和问题的因果关系得出一个更加准确的结论。

四、调查法

1. 基本概念

调查法是通过对项目调查研究获取所需要的资料，目的是全面准确掌握项目信息。常用的调查法一般包括专家调查法、现场调查法等。

2. 应用对象

项目后评价内容包括目标评价、立项决策评价、实施评价、投资与效益评价、影响与持续性评价等。调查法的对象是针对这五个方面，通过咨询、函询、现场调查等方式，获得可靠的信息和资料，也是保障后评价独立、客观、公正的有效方法。

3. 调查法步骤

调查法的主要步骤如下：

（1）调查前期准备。调查前期有三个方面准备工作：一是成立由各专业人员组成的调研组；二是了解项目的基本情况，提出问题；三是发调研函，内容包括调研提纲和内容、需查阅的主要资料、核准的主要数据、现场观察的主要内容、现场日程安排、调研组人员名单等。

（2）现场调研。现场调研是项目后评价成员深入现场获取所需项目信息的方法，它是项目后评价必须进行的一种基本方法。

（3）函询调研。函询调研是一种以书面方式获取信息的方法，它要求被调查者根据收到的函件，以书面的方式回复调查内容，这一方法也经常被使用。

（4）咨询调研。对项目的评价不仅是项目本身，还需要与更多的项目、更多的指标进行对比分析，所以就需要采用咨询的方式获取其他更多项目的信息。

（5）项目信息汇总与核实。通过各种形式的调查，全面准确掌握项目信息，为项目后评价提供可靠依据。

五、成功度评价法

1. 基本概念

成功度评价法是一种定性的综合评价法。它是依靠专家或专家组的丰富经验，综合评价项目目标的实现程度。通常是在项目的各个部分、各阶段、各层次评价的基础上，综合各项指标的评价结果，采用打分的方法对项目的成功程度做出定性的结论。因此，成功度评价是以项目目标的实现程度和经济效益的评价结论为基础所进行的全面评价。

2. 成功度标准

油气项目的后评价可划分为以下四个等级：

（1）成功（A）。项目的各项目标都已全面实现或大部分实现，相对于投资和成本，取得了巨大的效益和影响，或达到了预期效益和影响。

（2）部分成功（B）。项目的各项目标实现了原定的部分目标，相对于投资和成本，取得了一定的效益和影响。

（3）不成功（C）。项目的各项目标实现的目标非常有限，相对于投资和成本，项目几乎没有产生正效益和影响。

（4）失败（D）。项目的各项目标是不现实的，无法实现，相对于投资和成本，项目不得不终止。

3. 项目成功度指标

评价油气项目成功度，不需要测评所有单项评价中的指标，而是要根据油气项目的特点，确定指标与综合后评价的相关程度，划分出不同的类别，一般分为重要、次重要和不重要三类。其中，对于重要的指标，一定要列入测评；对于不重要的指标，不需要列入测评；而对于次重要的指标，视项目的情况而定是否列入测评。这里所提的重要指标指影响项目综合后评价的重大环节，而不考虑单项中所起作用的大小。在进行成功度评价时，一般项目成功度的测评指标不超过10个。例如，项目在立项决策、工程实施、投资与效益、环境影响和持续性发展方面都有评价指标，当经过层次分析和专家经验等分析后，最后落实到目标实现程度、商务模式、投资决策正确性、部署合理性等8项重要指标。

通常，不同项目综合指标的确定有一定的差异。

4. 成功度测定

按照各项指标实现程度划分 A、B、C、D 四个等级，通过各指标重要性分析和成功度的加权综合，可得到整个项目的成功度等级（也用 A、B、C、D 来表示）。下面以某前述预勘探项目为例（表2-3），进行成功度的综合测评。

表2-3 某预勘探项目成功度评价标准表

级别	注解	评分
A（成功）	各项目标全面实现或大部分目标已经实现；相对投资和成本，项目取得了巨大的效益或项目已达到了预期的效益	8~10
B（部分成功）	实现了原定的部分目标；相对投资和成本，取得了一定的效益	6~8
C（不成功）	实现的目标非常有限；相对投资和成本，项目几乎没有产生正效益	4~6
D（失败）	目标是不现实的，无法实现；相对投资和成本，项目不得不终止	<4

1）确定成功度评价指标的权重

成功度评价指标的权重直接关系到最终的综合评价结论，因此必须慎重对待。确定权重的方法有主观赋权法、德尔菲法、两两对比法、环比评分法、层次分析法等。在油气项目中，可以采用德尔菲法，也可以采用层次分析法等。

2）确定成功度评定标准

成功度评价指标的标准按前述原则确定，示例中的标准见表2-3。

3）成功度评定

成功度评定采用后评价成员打分制，在具体操作时，专家组人员按照已确定成功度评价标准表，通过个人对项目的评定填写项目评定表，对各项指标评分0~10。并通过专家组内的讨论或经必要的数据处理，最终形成专家组的项目成功度表，并将结果写入后评价报告（表2-4）。

表2-4 某预勘探项目成功度评定表

项目成功度评价指标	相关重要性	权重	评价分值	等级评定	备注
1. 目标实现程度	重要	0.2	9	A	
2. 投资决策正确性	重要	0.2	9	A	
3. 方案部署合理性	重要	0.1	7	B	
4. 勘探程序规范性	重要	0.1	9	A	
5. 投资控制程度	重要	0.15	5	C	
6. 勘探效益	重要	0.15	7	B	
7. 资源接替性	重要	0.1	7	B	
综合评价			7.7	B	

从表2-4中可以看出，该项目成功度的评定为B级。在实际操作中，对评定的等级还要进行分析和说明。通过采用成功度评价法，可以从整体上对项目是否成功、达到一个怎样的实施效果有一个初步的认识和定性的判断。

六、评价方法选择

1. 选择的原则

围绕项目后评价不同阶段的评价内容，在方法选择上应遵循针对性、实用性和可操作性等原则。

针对性是根据不同项目的业务类型、周期、范围，有针对性地选择后评价方法。如目标评价采用对比分析法分析评价目标实现程度，采用因果分析法说明产生差异的原因；在投资与效益后评价中，可以选用对比分析法和统计预测方法相结合的方法评价投资及效益的实现程度。为了达到项目后评价的目的，有时也选用几种方法相结合来进行评价。

实用性是采用的方法能起到客观分析项目的作用。如对项目前期工作的评价，就应该选择前后对比法，根据实施结果与可行性研究预测结果的对比，评价决策的正确程度。

可操作性是在项目后评价中，尽可能选用简单易行的方法。对不同的项目后评价，在对比分析法和统计预测方法的基础上，可选用调查法、因果分析法、成功度评价法等方法。

2. 方法选择

项目常用的后评价分析研究方法以对比分析为主，通过对比分析，找出项目可行性研究预测目标与实施效果的差异，并通过统计预测、因果分析等方法，从系统的角度分析项目成功或失败的主要原因，对项目的总体效果给出一个全面、客观的评价。

需要指出的是，在后评价中由于油气项目具有不确定性和风险性的特点，根据项目所处不同的阶段，对于资源储量、投资、经济、环境等各方面不同的评价内容，凡是能够采用定量数字或定量指标表示其效果的都应采用定量分析，可以找出项目实际效果与预测效果的差距，有利于从中总结经验教训，提出对策和建议。对于影响比较广泛，关系较为复杂，潜在的、不确定的因素较多，往往难以定量计算的一些评价内容，只能进行定性分析或采用定量和定性分析相结合的分析方法。

第三章　海外投资项目后评价组织管理

项目后评价管理是企业项目管理的重要组成部分，企业的投资项目决策、管理、实施部门都应开展项目后评价工作。后评价工作主要实行统一制度、归口管理、分级负责管理原则。通常，后评价管理主要按照以下工作程序进行：简化后评价、选定后评价项目、下达后评价任务、项目建设单位开展自评价、咨询机构开展独立后评价、建设单位整改落实、后评价结论反馈、后评价成果推广应用等。

第一节　项目后评价基本要求和工作程序

一、海外投资项目后评价基本要求

中国石油海外项目后评价归口管理部门是发展计划部，海外项目主要实施部门是中国石油国际勘探开发有限公司。后评价工作主要实行统一制度、归口管理、分级负责管理原则。

1. 统一制度

统一制度就是形成上下匹配、标准统一、管理规范的制度体系。要依据国家现行的后评价相关管理规定，制定适合本企业的统一的规章制度和管理办法。企业投资管理部门统一制定本企业的后评价管理办法、各业务简化后评价和详细后评价实施具体规定等；后评价实施单位（或项目建设单位）依据管理办法规定制定相应的实施细则。

2. 归口管理

项目后评价工作应由各级投资管理部门归口管理，其主要职责是全面负责组织和协调投资项目后评价工作，包括：制定项目后评价工作管理制度，编制下达项目后评价工作计划，委托咨询机构进行独立后评价，组织后评价成果研究和后评价信息反馈等。后评价实施单位（或项目建设单位）按规定要求进行简化和详细后评价。

3. 分级负责

投资管理部门和后评价实施单位（或项目建设单位）根据各自职责和权限，在归口管理的基础上，按照"谁主管、谁负责"原则，各司其职，形成统一领导、分工合作、密切配合、相互协作的管理格局。

二、海外投资项目后评价工作程序

1. 简化后评价

所有投资项目建成投产一年内，项目建设单位要组织开展简化后评价。

2. 选定后评价项目，下达后评价任务

项目投资管理部门参考简化后评价结果，选择典型项目开展详细后评价。在现阶段，海外项目后评价对象的选择应优先考虑以下类型项目：

（1）具有典型性、代表性的海外项目。通过项目的后评价，总结经验与教训，指导类似海外投资项目的运作。

（2）对区域拓展或全球重大布局具有重要意义的海外项目。

（3）投资大、规模大的海外项目。项目的成败对企业发展具有密切关系，通过对此类项目的后评价，对企业制订发展规划、政策等提供决策依据。

（4）风险大、不确定因素多的海外项目。通过项目中间评价，及时调整项目的目标、任务和部署计划；或对该项目持续发展进行评价提供决策依据。

值得注意的是，下达后评价任务一定要把握好后评价的时机。

3. 项目建设单位开展自评价

原则上，自评价工作应由项目建设单位组织开展。项目建设单位依据后评价计划，成立领导小组和工作组，分解任务，安排时间计划。后评价工作组依据任务分解落实安排分别完成自评价相关章节，经汇总分析、核实资料和数据后完成自评价报告，并经过自评价领导小组验收通过后上报计划下达单位。计划下达单位应及时组织独立后评价单位对自评价报告进行审查验收，并要求建设单位根据专家意见，补充修改后评价报告，正式报送计划下达单位。

4. 咨询机构开展独立后评价

计划下达单位招标或委托具有资质的咨询机构承担独立后评价工作。承担项目后评价的咨询机构原则上与项目（预）可行性研究和评估的单位不能为同一单位，项目后评价的主要负责人原则上不应是该项目前期评估的负责人。选择项目独立后评价单位，要根据被评价项目的特点及其项目的影响程度而定。后评价单位可以是企业内部的咨询机构，也可以是企业外部的咨询机构；可以是国内的咨询机构，也可以招聘国外咨询公司。选定的独立后评价单位，在接到委托函后，要在自评价阶段早期介入，参与自评价报告审查验收，确保对项目全过程有深入的了解。成立后评价项目组，确定项目负责人，制订独立后评价工作方案；依据设计的问卷调查表，开展现场调研。根据合同要求，在规定的时间内完成独立后评价报告，报委托单位审查验收。

5. 建设单位整改落实

独立后评价提出的问题和建议整改落实，有利于保证项目目标的实现。项目建设单位应认真组织有关单位，对独立后评价报告提出的问题和建议进行整改落实，提出解决措施，并按要求将整改落实情况报计划下达单位。

6. 后评价结论反馈

项目自评价报告、独立后评价报告和建设单位整改落实报告正式递交计划下达单位后，计划下达单位在此基础上，组织相关部门对项目进行分析和评议，总结项目经验和教训，提出今后完善、改进项目决策、实施的建议意见，给建设单位反馈后评价意见。同时应将项目后评价信息，包括问题、结论、经验教训、存在问题、整改落实情况和下一步建议及时反馈到决策、实施的有关部门。

7. 后评价成果推广应用

针对后评价意见总结出来的项目经验和教训，项目决策单位、项目管理部门、建设单位及相关机构和部门应积极推广应用，保证这些经验和教训能在其他海外项目管理中得到借鉴和应用。

第二节 项目简化后评价组织管理

简化后评价就是简要评价和简要分析。海外项目简化后评价就是对项目的前期论证决策、设计实施、工程验收、成果提交和验证等过程，以及项目目标、投资效益、影响与持续性等方面进行的简要分析和评价。简化后评价内容与评价方法与详细后评价一致，同样体现了全面和综合特点。一方面，简化后评价工作为详细后评价项目的选择提供参考。例如，通过简化后评价发现一些投资规模较大，但成效偏离预期，对公司的发展具有重大影响的项目，需要进行深入分析和详细评议，应及时进行跟踪，择机开展详细后评价工作。另一方面，简化后评价也为详细后评价提供基础资料。简化后评价与详细后评价的区别主要体现在分析评议的深度和后评价报告的表现形式。简化后评价报告是以填写简化后评价表格、附有简洁文字说明的形式实现，一般几张表格即可完成。而详细后评价报告要求按照对应的后评价报告编制细则编写，相关图表和附表、附图、附件要求完整。

一、海外投资项目简化后评价基本要求

简化后评价是海外投资项目的重要环节，是项目管理的一项基础工作，要求所有项目全面覆盖，并在项目结束后立即开展，以尽早和全面掌握项目的实施进度、投资完成及目标实现情况，为投资计划调整和下一阶段计划安排提供决策依据。与详细后评价相比，简化后评价开展应更及时、简洁、高效，时效性更强。

二、简化后评价组织形式

简化后评价作为海外项目管理的一项日常工作，应由项目建设单位组织开展。按照石油公司常见的管理层次，简化后评价应由地区公司组织开展。

作为一项日常工作，除非特殊要求，不需要单独下达简化后评价工作计划。地区公司应负责对项目后评价工作的督办和指导。地区公司简化后评价工作的组织管理，包括组织机构、职责分工、审查上报等，与详细后评价工作组织管理基本一致。

一般建设项目简化后评价应在项目完成后（投资或计划工作量实施完成）一年以内开展。

三、简化后评价备案要求

为了保证简化后评价信息能够及时反馈到上级决策层面，简化后评价报告一般实行年度备案制度。对上一年度完成的所有项目，应及时完成简化后评价报告，并在年底前以地区公司文件形式统一上报总公司投资管理部门备案。

地区公司应对所有简化后评价报告进行汇总分析，形成年度报告同时上报备案。简化后评价年度报告主要内容包括项目基本情况、投资与效益分析、主要经验教训、存在的问题和建议等。如果项目类型较多，应适当单独分类分析。项目目标实现程度存在较大差异的，应在简化后评价年度报告中进行重点说明。

第三节 项目自评价组织管理

项目自评价是从项目建设单位的角度出发，对项目的前期论证、建设实施及竣工投产全过程进行全面的总结。按照后评价的要求，收集资料、自我检查、对比分析、找出原因、提出建议。

一、建设单位项目自评价工作程序

自评价是以建设单位为实施主体，对项目进行全面、系统、深入的总结、分析和评议。从项目执行者的角度，是对项目决策、管理、建设和运行全过程的回顾和总结。自评价任务既可由上一级后评价管理部门下达，也可由企业或建设单位自行安排。

上一级后评价管理部门下达的自评价任务主要是通过建设单位对项目的实施进行全面的总结，为开展独立后评价做好准备；企业也可以从为企业生产经营服务的角度，选择具有指导性和代表性的项目开展自评价。两者在程序上的差别主要是项目的结束环节不同，前者以完成自我后评价报告，并通过后评价计划下达单位的审查验收作为项目结束节点；后者则以自评价报告通过企业审查验收，完成后评价成果反馈，并报上一级后评价管理部门备案作为项目结束节点。虽然自评价的任务来源不同和结束环节不同，但其工作程序基本一致，主要包括接受任务、成立工作组和项目组、确定评价要素、收集资料、编制自评价报告、组织审查和上报计划下达单位七个步骤（图3-1）。

接受任务 → 成立工作组和项目组 → 确定评价要素 → 收集资料 → 编制自评价报告 → 组织审查 → 上报计划下达单位

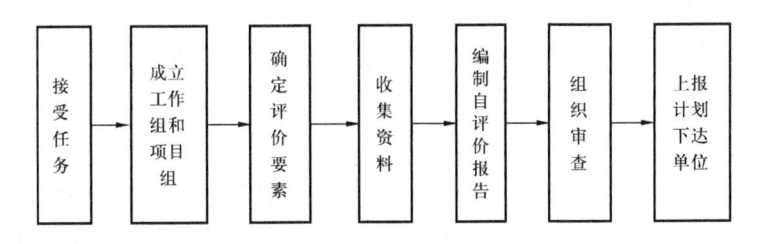

图3-1 项目自评价工作程序

1. 接受任务

后评价管理部门以文件形式将自评价任务下达至项目建设单位，对于总部投资管理部门下达的自评价任务，项目建设单位应是公司所属企业；对于企业自行安排并下达的自评价任务，项目建设单位应是企业的所属单位。项目接受单位应注意后评价范围、评价时点、重点内容、工作组织及进度等要求。

2. 成立工作组和项目组

项目建设单位接到自评价任务后，应由后评价归口管理部门牵头组织成立后评价工作组和项目组，并制订工作计划，明确分工和职责。工作组一般应由计划管理、项目管理、工程建设管理、质量安全环保、财务、造价、审计等相关部门参加；项目组由熟悉项目全过程、有较强技术背景和综合分析能力的管理人员和技术人员组成，具体负责报告的编制工作。

3. 确定评价要素

鉴于海外项目具有周期长、范围广、投资大、不确定因素多等特点，因此根据不同类型项目的特点和具体项目的特殊性，与任务下达单位及时沟通，明确后评价的范围、目标、时段等评价要素尤为重要，以确保评价的思路、重点与下达后评价任务的目的保持一致。

4. 收集资料

后评价工作是一项系统工程，项目评价涉及前期、建设、生产和运营等阶段的资料分散在各个部门。因此，后评价项目组应针对项目的特殊性，及时收集项目规划、年度计划、项目实施等阶段的资料，为后评价提供第一手基础资料。

5. 编制自评价报告

后评价项目组结合区域项目的特点，对照项目立项时确定的目标，对项目决策及部署、工程建设、投资与效益、影响与持续性进行分析和评价，找出差异和变化，分析原因，并提出结论和经验教训。

6. 组织审查

由后评价管理部门牵头召开自评价评审会，一般根据项目大小和特点，由邀请的专家和有关业务管理部门组成评审队伍，重点对自评价报告的评价质量、深度和总结的经验教训是否到位等方面进行评审，并形成审查意见。

7. 上报计划下达单位

后评价项目组根据审查意见，对自评价报告进行修改和完善后，再请专家在小范围内对报告进行把关，并报项目建设单位主管领导审核后，上报后评价项目计划下达单位。

二、海外项目自评价工作重点

按程序开展项目的详细自评价工作，重点做好项目组织、编写报告和项目评审三个方面的工作，以保证自评价的质量和进度。

1. 项目组织

自评价单位接受任务后，及时成立工作组和项目组是建设单位后评价管理部门的重点工作。

（1）成立工作组。自评价工作组具备项目临时管理部门的职能，并可按 PDCA（Plan, Do, Check, Act）的程序进行项目管理。其主要工作如下：一是沟通协调，通过与自评价任务下达单位的沟通，明确自评价的评价范围、评价时点、评价重点等要素；二是制订工作方案，明确项目评价的思路和重点，确定项目执行过程中各关键节点的工作内容和时间进度要求；三是动态跟踪，适时检查，工作组应通过周报或月报的形式，掌握项目的进展情况，并在完成自评价报告初稿后，组织相关部门对报告进行检查，及时发现和协调解决报告编制中的问题；四是组织评审，组织召开有特邀专家和相关业务管理部门参加的项目评审会。

（2）成立项目组。后评价项目组是编制自评价报告的实施主体。在成立项目组时，重点是确定项目负责人，项目自评价的项目负责人应具备较强的综合能力，尤其以熟悉项目全过程、有较强技术背景和综合分析能力的管理人员为佳，他们熟悉项目前期和实施的全过程，能以"回头看"的角度，系统地反思项目全过程管理中的经验及教训，能抓住重点、紧扣主题，较好地总结经验教训和发现问题，为保证后评价报告的质量奠定基础。

2. 编写报告

后评价项目组作为编制自评价报告的实施主体，主要任务是在充分收集资料的基础上，完成自评价报告。

（1）收集资料。自评价基础资料可分为评价时点前的资料和与未来评价有关的资料。例如，油藏评价项目由于涉及需要对油气藏未来的开发效益进行评价，因此需要收集与未来评价有关的资料。资料收集的方法有查阅文件和专项访谈。一是通过查阅与项目有关的各类文件，收集与评价项目有关的第一手项目文件资料，包括立项背景材料、可行性研究、设计报告及批准文件。对于已实施完成的项目，基础资料应在归档的档案中查阅；对于项目未实施完成而进行的中期评价项目，大部分资料分散在各个管理部门，收集难度较大，故需要后评价管理部门及时建立项目基础资料台账，并及时收集备查。二是通过专项访谈了解和收集有关信息。评价中经常存在项目设计目标和实施后的数据有较大差异的情况，但仅从项目文件资料中无法分析差异原因，就需要采用专项访谈的方法进行资料收集。访谈的对象以项目的当时参与者为主，以问题为导向，针对评价过程中发现的问题或重大变化，通过与当事人当面交流和回顾，收集项目在执行中的差异和变化情况，达到客观、公正评价的目的。

（2）编写报告。第一，项目组按照项目建设阶段，对收集的基础资料进行归类整理。第二，根据项目特点，项目组应提出自评价报告编制提纲，明确整个后评价报告的重点。在各章节也应明确相应的评价重点。第三，各专业按照提纲内容编写自评价报告。第四，在编写过程中，项目负责人应召集各部分编写人员讨论评价过程中发现的问题，将拟提出的经验教训和问题进行集中和归类。第四，汇总形成自评价报告初稿。

3. 项目评审

对自评价报告初稿评审是检查自评价质量的第一个环节。项目组将完成的自评价报告初稿提交自评价项目承担单位后评价管理部门，后评价管理部门召集工作组的相关部门和特邀专家对自评价报告进行评审，在聘请专家时，要特别注意专家的专业和工作背景等。在评审验收时，应注意前、中、后三个环节的衔接，即评审前将报告发给相关业务部门和专家审阅；评审时组织由后评价编制单位、业务部门和专家参加的评审验收会议，开诚布公地交换意见；评审后，再请专家对报告进行把关。

第四节　项目独立后评价组织管理

独立后评价内容和结构基本与自评价一致，涉及项目管理全过程。独立后评价是以第三方咨询机构为主体，遵循"客观、公正、科学、独立"的原则，在建设单位自评价和独立后评价现场调查研究的基础上，针对项目的特点和委托要求，对项目的全过程与管理、投资与效益、环境和社会影响、目标与持续性等进行全面的、客观的分析与评价。独立后评价报告要突出重点和项目特点，紧紧围绕影响项目成败的关键因素和环节展开，要能反映真实情况，客观分析问题，认真总结经验，为项目的建设和管理提供科学合理的对策建议。

一、独立后评价工作程序

一般来讲，独立后评价与自评价工作程序基本一致。但由于独立后评价任务来源不同和结束环节不同，评价重点和要求也有所不同，因此在工作程序上与自评价存在一定差别。主要包括接受任务和制订工作计划、参与自评价报告审查、现场调研、完成独立后评价报告、上报委托单位五个步骤（图3-2）。

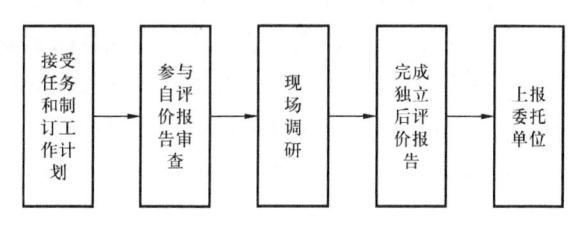

图3-2　项目独立后评价工作程序

1. 接受任务和制订工作计划

1）签订委托协议书

后评价计划下达单位委托有资质的咨询服务机构开展项目独立后评价工作。受托方

（独立后评价咨询服务机构）要与委托方（计划下达单位）签订"委托协议书"，其内容包括评价对象、评价目的、评价范围、评价方法、质量标准、资料来源、评价时间和评价费用等。

2）成立独立后评价专家组

咨询服务机构在接受独立后评价委托函后，应根据委托函的要求和项目独立后评价工作的需要，成立独立后评价专家组。首先要确定一名项目负责人，并聘请和组织项目后评价专家组来实施独立后评价工作。专家组成员不应是参与过此项目的前评估或项目的实施工作的。独立后评价咨询专家的聘用，要根据所评价项目的特点、要求和专家的特长及经验来选择。独立后评价专家组由"内部"和"外部"两部分人员组成。所谓"内部"，就是被委托咨询服务机构内部的专家，由于他们熟悉项目后评价过程和程序，了解后评价的目的和任务，便于项目后评价工作的顺利实施；所谓"外部"，指项目后评价执行机构以外的独立咨询专家。聘请外部专家，可使项目后评价工作更具有客观性和公正性，也可弥补项目后评价机构内部专业人员的不足。

3）制订详细工作计划

独立后评价专家组应根据项目特点和委托方的要求，对独立后评价工作目标、重点、分工和进度做出安排。主要包括：系统收集与项目后评价相关的资料、信息；在此基础上开展现场调查；根据所获得的资料信息和现场调查结果进行全面认真的分析研究工作；然后对项目进行系统后评价；最后以书面形式完成项目后评价报告。

2. 参与自评价报告审查

项目独立后评价报告一般要在项目自评价基础之上进行。项目自评价报告由计划下达单位组织专家评审组进行审查验收，独立后评价专家组主要成员尽可能参与自评价报告的评审，以便于开展下一步独立后评价的资料收集及调研工作。在进行自评价报告正式审查验收前，独立后评价专家组应对自评价报告初稿进行认真研读和讨论，提出报告修改完善意见（初审意见），并反馈到建设单位。建设单位按照初审意见进一步修改完善自评价报告。

按初审意见修改完善的自评价报告基本达到验收标准后，由计划下达单位组织专家进行正式验收。自评价报告审查验收组成员应认真研读报告，听取自评价报告汇报，对照报告内容提出本专业书面修改完善意见。专家组组长汇总专家提出的修改完善意见，组织专家认真讨论。再征求建设单位的意见，形成自评价报告审查验收意见书，由专家组组长签字，提交计划下达单位。

自评价报告审查验收意见书一般包括项目概况、自评价工作评价、自评价报告评审意见三部分内容。项目概况主要说明项目的计划执行情况及项目取得的主要成果与认识。自评价工作评价主要说明项目自评价编制组织保证、人员安排、完成时间的合理性和有效性，提出自评价报告是否通过验收意见，给出综合性评价结论。自评价报告评审意见主要评价报告编制的规范性、完整性，报告需要进一步修改完善的，应在审查验收意见书中提出修改完善意见或建议。

3. 现场调研

1）查阅资料，有针对性地展开讨论

根据独立后评价调研计划开展现场调研工作。在听取后评价项目总体汇报后，调研组应分专业进行深入调研，查阅相关资料、核准有关数据；对难下评价结论的问题可与现场管理和技术人员（包括项目的甲、乙方）进行充分讨论。在现场难以解决的问题和核准的数据，要进一步落实提供准确资料和数据的负责人、联系人和提交完善后的资料和数据的期限，同时也有利于在以后的独立后评价报告编写过程中，发现问题能够得到及时有效的沟通。

2）现场考察与访谈

独立后评价专家组到项目建设单位通过查阅、查看、座谈等方式，有针对性地向项目有关部门和参与工程设计、施工、监理等单位的相关人员，收集、核实与项目有关的资料信息，发现问题，分析原因。在现场难以解决的问题和难以核准的数据需进一步落实的，应提出所需的资料、数据及提交期限，并落实提交资料方的负责人和联系人。对难下评价结论的问题，可与现场管理和技术人员（包括项目的甲、乙方）进行讨论，达成共识。

对于转入新一轮勘探或进入开发阶段的项目，可直接到现场考察项目工程质量、进度控制、监督管理、HSE和技术的应用情况。

对因故暂停的项目，可通过该项目在实施过程中的工程质量、进度、技术应用及安全环保等工作记录和项目验收总结报告等间接地了解项目的实施情况。

独立后评价专家组在项目建设单位完成现场调研的同时，形成项目整体后评价意见，并与建设单位交换意见。专家组组长组织专家组讨论，就项目重大问题的评价意见尽可能达成一致。

4. 完成独立后评价报告，上报委托单位

根据项目特点，独立后评价专家组应提出独立后评价报告编制提纲，明确报告编制重点。与自评价报告相比，项目独立后评价报告在评价重点上应突出项目特点，重点对项目前期工作、经济效益、影响和持续性、项目竞争能力和成功度进行评价；在评价方法上应采取"前后"对比和"横向"对比相结合，突出对标分析；在评价目的上应突出项目建设、运营过程中的经验和教训的总结，总结项目最佳实践。

在编写过程中，项目负责人应召集各部分编写人员讨论评价过程中发现的问题，将拟提出的经验教训和问题进行集中和归类。在此基础上，项目负责人汇总形成独立后评价报告初稿，经后评价专家组讨论后，提交委托单位组织验收，并按照验收意见进一步完善独立后评价内容。正式提交的报告应有项目独立后评价报告和项目独立后评价摘要报告，以利于不同的对象参考。

二、项目独立后评价工作重点

按程序开展项目的独立后评价工作，重点做好资料的收集与整理、调研前准备和现场调研三个方面的工作，以保证独立后评价的质量和进度。

1. 资料的收集与整理

根据项目独立后评价需要列好资料收集清单，说明拟收集资料的内容、来源、方式和详细程度等。与建设单位协商，确定资料收集的地点、时间、内容和资料提交方式等。

通过对后评价项目现场调查、资料收集后，应对资料进行全面认真的分析，去粗取精，去伪存真，使资料具有合理性、及时性、准确性、完整性和可比性。在分析中，要对统计调查获得的资料数据进行整理、汇总，归纳成为系统性和条理性的资料，并对指标进行解剖、对比和分析，揭示事物内在联系和发展变化的规律性。

2. 调研前准备工作

调研前准备工作是现场调研能否取得预期效果的重要一环，要根据独立后评价工作的需要，拟好调研提纲和重点调研内容。

1）拟定独立后评价调研提纲和重点调研内容

认真阅读项目自评价报告及与独立后评价相关资料，根据委托函的要求和项目独立后评价工作的需要，组织独立后评价专家组充分讨论，拟定独立后评价调研提纲和重点调研内容。

2）给项目建设单位提前发独立后评价调研函

应提前向项目建设单位发调研函。函件包括调研提纲和内容（以问卷或表格形式）、需查阅的主要资料、核准的主要数据、现场考察的主要内容、日程安排等，并附有调研组人员名单。

3. 现场调研

现场调研是后评价工作的关键环节，关系到后评价第一手材料的掌握，直接影响后评价报告的质量。现场调研应依据后评价工作方案，周密组织、密切沟通，采取合理的方法，扎实有效地开展。因此，一方面，要重视和保持与项目单位及主管部门的密切联系与沟通，提交后评价所需资料清单，协商后评价工作方案，争取支持与配合，避免到现场调研"看不到资料、找不到人"的情况发生。另一方面，要采用科学合理方法，有目的地开展项目现场调研，要针对不同的调查内容或对象采用不同的现场调研方法，包括档案资料查阅、现场观察、座谈讨论、个别访谈、问卷调查、抽样调查等。

第五节 项目后评价成果利用和资料管理

一、海外项目后评价成果利用

后评价成果利用是项目后评价体系中的一个决定性环节，是采纳和应用后评价成果的动态过程，保证成果能在本项目和其他项目中得到有效应用，避免类似问题产生。因此，项目后评价成果应该反馈到项目的立项决策、规划计划、评估、监督和项目实施等有关机构和部门，使应用者能与建设单位保持紧密联系，保证这些经验和教训能在项目周期的不同阶段的管理中得到借鉴和应用。

1. 后评价成果利用形式

项目后评价成果主要包括项目后评价报告，后评价意见，简报、通报、专项评价报告和年度报告等。

1）后评价报告

根据后评价工作形式的不同，后评价报告主要包括简化后评价、自评价、独立后评价三种形式。

简化后评价成果即简化后评价报告，主要包括项目概况表、主要评价指标表、工作程序评价表、综合评价表、现金流量表、利润及分配表、总成本费用表、营业收入税金及附加表、主要参数和基础数据对比表。

自评价成果主要是详细自评价报告，主要包括总论、前期工作评价、建设实施评价、生产运行评价、经济效益评价、影响与持续性评价、综合评价结论七部分。

独立后评价成果是独立后评价报告，主要包括项目概况、项目全过程总结与管理评价、投资和效益评价、环境和社会影响评价、目标和可持续性评价、后评价结论六部分。

2）后评价意见

后评价意见一般由计划下达单位出具，是在项目自评价报告、独立后评价报告、建设单位整改落实报告的基础上形成的后评价结论，主要是总结经验和教训，总结项目全过程管理存在的主要问题，以及建设单位针对这些问题的落实意见等。后评价意见由计划下达单位组织相关部门进行分析和评议，以文件形式反馈评价项目建设单位，并抄送相关部门和单位。后评价意见主要包括项目概况、后评价结论、值得推广的做法、存在的问题、整改落实情况、下一步工作建议等内容。

3）简报、通报、专项评价报告

后评价简报、通报和专项评价报告主要由后评价主管部门完成，不定期发布。

简报、通报是用于后评价工作上传下达有关情况、交流信息、表扬先进、指出存在问题、通报有关情况的成果表现形式。简报、通报将后评价工作进展情况及工作中出现的新情况、新问题、新经验，及时反映给相关部门、单位，具有反映情况、交流经验、传播信息的作用。

专项评价报告是在总结已开展的专题评价经验基础上，围绕企业发展战略，对影响重大及项目全过程管理中存在的共性问题的某类评价成果分析研究，总结出对同类项目有借鉴意义的经验和教训。专项评价报告主要包括基本情况、主要评价结论、经验和教训、问题和建议、启示。

4）年度报告

年度报告是对后评价工作开展情况的年度总结，由后评价主管部门每年发布一次。年度报告主要包括项目基本情况、主要评价结论（包括目标评价、管理评价、效益评价）、值得推广的经验和做法、存在的主要问题、整改落实情况、下一步工作建议等内容。

2. 后评价成果应用

后评价成果应用对象主要包括项目决策单位、项目管理及运营单位、项目建设单位，具体有立项决策、规划计划、评估、监督、实施等部门。应用后评价成果可以起到闭环反馈、信息共享以及充分借鉴、规避风险的作用。

1）闭环反馈、信息共享

项目后评价成果和有关资料将反馈给有关领导和相关单位，做到信息共享。各级后评价主管部门有责任积极推广后评价成果应用，加强项目全过程管理，提高项目决策、管理水平和投资效益。

独立后评价报告提出问题和建议的整改落实，有利于保证项目目标的实现。项目建设管理单位应认真组织落实报告提出的整改要求和建议，并将存在问题和建议落实情况反馈后评价计划下达单位。

后评价成果可提高项目投资决策水平。对于后评价成果反映的涉及建设项目立项决策环节的问题，有关项目审批部门要认真组织分析，提出相应的纠正和预防措施方案。

后评价成果可提高全过程管理水平。后评价成果能够反映出项目全过程管理中存在的主要问题、经验和教训，有关管理部门和企业通过认真分析，能够进一步提高今后工作的管理水平。

后评价成果可以传达信息并指导业务规划的编制工作。涉及不同类别项目的后评价成果，其目标实现程度和各阶段评价结论都能够一定程度反映出各类业务某一阶段规划的实施效果，其信息的传达可以进一步指导业务规划的编制。

后评价成果可以推广先进技术，提高科技应用水平。例如，海外油气勘探项目结合区块地质特点，不断实践，形成了包括优化井身结构、优化快速钻井、大位移定向钻井等一系列各具特色、先进的钻探配套技术，有效提高了探井成功率，也得到了很好的推广应用。

2）充分借鉴、规避风险

后评价成果应用的最终目标就是实现后评价成果向管理成果的有效转化。因而在项目立项决策阶段，应该在项目的可行性研究中参考同类项目的后评价报告，分析它们的主要经验教训和本项目可以采取的应对措施，充分借鉴已有项目的评价结论作为决策的重要依据；在项目准备和实施阶段，参考以往项目管理的经验和教训，高度重视那些容易出现的问题，将项目管理的经验和好的做法应用到新的项目管理中，以防类似问题的发生和扩大，实施项目绩效管理，进行项目的中间评价，保证项目按照预定的目标进行；在项目投产运营阶段，应利用已有同类项目的评价成果，对比当前项目情况，改善项目运行现状，预测项目可能的运营和影响效果，做到有所准备，降低运营的风险，提高项目的投资效益；在招投标工作中，后评价成果为市场准入体系提供了支持，后评价对项目承包单位及主要设备和大宗材料供应商的服务质量的评价结论，应作为市场准入考核的重要依据。

二、海外投资项目后评价资料管理

后评价的首要问题是收集项目有关的资料，通过对资料的分析、研究，才能对项目的各个阶段、各项工作做出评价。为了保证后评价的客观、公正，首先要确保资料的真实、齐全、可靠。

后评价基础资料主要是项目自身的资料，包括以下内容：国务院核准相关文件、尽职调查报告、法律意见书、谈判纪要、商务合同、开发方案或可行性研究报告、可行性研究或方案的评估报告、批复文件、环境评价报告及批准文件、项目勘探规划方案要点及有关批复文件、项目年度计划部署方案审查会议纪要、总部公司下达的投资计划文件、项目（重点设计）调整申请及批复文件、项目工程结算单汇总表、项目决算报告及审计意见书、项目总结报告要点等。

此外，自评价报告依据的资料还包括计划下达单位下达的后评价计划、自评价报告审查验收意见等；独立后评价报告依据的资料还包括委托单位委托函、项目自评价报告、自评价报告审查验收意见等。

第四章　海外投资项目后评价报告编写

海外投资项目后评价报告编写，主要包括简化后评价报告编写、自评价报告编写和独立后评价报告编写。

第一节　项目简化后评价报告编写

一、简化后评价报告编写要求

海外项目简化后评价的内容是对详细后评价内容的简化，它以填写表格的形式为主，并附有简洁的文字说明。目前，中国石油根据建设项目专业特点制定了勘探、开发、管道、炼油、化工、加油站、油库、地下储气库、安全、环保、热电、供排水、加工制造、非安装设备等16类项目简化后评价编制模板。此外，中国石油为便于上述16类项目简化后评价编制的实际操作，对投资规模较小、施工内容和方案简单、施工工期较短、投资效益不明显且难以量化的项目，没有特殊要求时不需要单独编制简化后评价报告，可根据实际情况编制后评价归类汇总简表。

海外项目简化后评价内容在国内项目简化后评价基础上增加项目收购或合同评价内容（包括尽职调查、商务谈判、合同模式及项目作业管理等），并单独进行合作各方的投资与效益评价，同时着重分析项目各类风险（市场、技术、政治、环境、社会、安全等）及应对措施。

各指标可根据项目情况增补，但不得随意减少或空项，必要时备注说明。

二、简化后评价报告编写内容

以某海外油气勘探项目简化后评价为例，其报告主要包括以下几个方面内容：

第一，项目概况。项目概况包括项目类型、合同类型、项目周期、项目目标和任务、项目总投资和项目成果等内容，反映了项目的基本情况。

第二，项目决策程序评价。项目决策程序评价是以与被评价项目相关的项目建议书、可行性研究（立项论证）报告、环境评估报告、可行性研究评估报告、项目估（预）算等为决策基础，以批复单位和文号为决策管理依据，以项目总结报告、验收报告和审计等必需的建设程序为依据，评价项目决策依据的充分性、决策程序的完备性和管理规范性。

第三，项目指标评价。采用前后对比法，针对项目的工程量、投资、效益等内容，通过项目实施后的结果数据与批复的可行性研究（投资计划）预测数据进行对照，计算差距，分析原因。

第四，项目综合评价。综合以上内容，说明主要的评价结论、总结成功经验和教训。

海外项目无论属于何种类型、处于哪个阶段，评价内容均可划分为目标、决策、实施、管理和可持续性五大方面。为了具体指导简化后评价报告的编制，有必要制定简化后评价报告编制模板，从内容、数据、方法和格式上进行规范。

三、简化后评价工作方法

1. 归口管理、细化分工、汇总分析

由归口管理部门组织协调，将评价内容按照职责进行分解；计划、生产、财务、工程管理、造价、安全环保等业务部门配合收集材料，据实完成评价内容；归口管理部门对采集的信息进行现场调查、核实确认，汇总成文。

2. 完成简化后评价报告和归类汇总简表

简化后评价通过简化后评价报告和归类汇总简表两种方式完成。其中，简化后评价报告根据项目类型按要求据实填写项目简化后评价模板，内容主要包括项目基本情况、工作程序、投资与效益、经济指标、综合评价五个部分。归类汇总简表适用于不需要单独编制简化后评价报告的项目，内容主要包括建设目标、投资、工期、运行情况等指标对比。

3. 主要运用信息采集、现场调查法

信息采集就是通过各种途径对相关信息进行搜索、归纳、整理并最终形成所需有效信息的过程，包括采用调查、咨询等方式直接或间接获得信息，信息要具备综合性、准确性和时效性。现场调查是采集和确认信息资料与数据的主要方法。通过查阅、查看、座谈、询问等方式，有针对性地向项目所属单位有关部门和人员收集、核实项目信息资料与数据，尤其是通过座谈会等形式就相关问题进行充分讨论，达成共识。

4. 运用归纳分析法编写年度报告

归口管理部门主要采用归纳分析法对简化后评价结果进行总结、分析评价。

第二节 项目自评价报告编写

一、自评价报告编写要求

为不断加强和规范投资项目后评价工作，中国石油颁布实施了有关后评价报告的编写细则。自评价应依据投资项目后评价管理办法，按照海外项目后评价报告编制细则编写报告。根据不同项目的自身特点，可对报告内容和评价指标进行适当增减、完善，做到项目特点突出、评价内容全面、评价方法正确、评价结论客观、分析评议深入。自评价由项目建设单位组织评价完成，并对自评价报告的内容和质量负责。

二、自评价报告编写原则

项目建设单位在接受计划下达单位的项目自评价的任务后，开始进行项目的自评价。一般的自评价应遵循以下原则：

（1）项目自评价要依据国家、行业和地区的有关政策法规，要遵循企业有关后评价标准规范。

（2）项目自评价工作基础资料要夯实，有关文件、资料和数据必须以后评价时点前项目实际运行数据及有关部门颁发的经济数据为依据。

（3）项目自评价必须坚持实事求是，既要总结经验，又要总结教训。

（4）自评价由项目建设单位组织评价完成，并编写项目自评价报告。

（5）承担项目自评价的建设单位和个人要对报告的内容和质量负责。

三、自评价报告编写内容

自评价报告应涵盖项目详细后评价内容，主要包括项目前期工作评价、项目实施、合同及执行、项目管理、投资与效益后评价、影响与持续性评价等。自评价报告要在深入了解项目从立项到竣工全过程的基础上，全面分析项目的执行、效益、作用和影响，总结取得的经验、教训，为本项目的后续投资和其他项目投资决策提供借鉴。

四、自评价报告编制方法

自评价报告编制要灵活运用前后对比、有无对比、综合评价等方法。前后对比法是项目后评价采用的最基本的方法，其运用贯穿后评价的全过程。前后对比法是根据后评价调查得到的项目实际情况，对照项目立项时所确定的直接目标和宏观目标及其他指标，找出偏差和变化，分析原因，得出结论和经验教训。有无对比法指在项目周期内实施项目的结果及其带来的影响与没有项目时可能发生的情况进行全面的对比，以度量项目的真实效益、影响和作用，其主要适用于项目的财务效益、社会效益评价和影响评价。有无对比法的重点是要分清项目作用的影响与项目以外作用的影响。综合评价法主要应用于自评价的综合评价部分。综合评价法是在对项目各阶段、各层次进行分析评价及对各项指标定量评分的基础上，根据项目特点和目标，对各项指标设定权重，再加权得到单一的无量纲的综合评分，既可与设定判据对比评定等级，也可与类似项目对比进行量化排序，评价项目绩效与管理水平。

第三节 项目独立后评价报告编写

一、独立后评价报告编写要求

项目独立后评价报告基于自评价但要高于自评价，应围绕项目特点，重点对项目前期工作、尽职调查、实施过程评价、合同执行、项目管理等进行评价，突出经验和教训的总结评价，抓住影响项目成败的关键因素。项目独立后评价报告内容主要包括目标实现程度评价、建设实施、经济效益、影响和持续性、项目竞争能力和综合评价等。

二、独立后评价报告编写原则

项目独立后评价是在项目自评价的基础上开展的，通过实地考察和调查研究，评价项目目标实现程度和项目执行情况，一般应遵循以下原则：

（1）独立后评价要客观、公正、独立地进行，确保后评价结论符合实际。

（2）独立后评价应对项目执行单位所提供的自我评价报告及其资料信息进行核实，并采用合适的方法进行评价，客观反映出项目的成功经验和失败教训。

（3）独立后评价报告要有针对性，突出重点，文字简练，通俗易懂，能为项目的后续投资和新项目投资决策提供借鉴。

（4）独立后评价要求评价机构、人员、资料的收集、评价方法、评价过程及其评价结论对项目的有关单位要实现公开透明，以便进行有效的监督，有利于评价和被评价者双方的自我约束。

（5）承担项目独立后评价的单位和个人要对项目后评价报告的内容和质量负责。

三、独立后评价报告编写内容

在自评价报告、现场调研、资料收集、分析和整理的基础上，由相关的专家根据项目特点和项目实施情况，在规定时间内，按决策部署、运行、效益和可持续性等专业（领域）以书面形式分别提出评价意见。

由专家组长依据专业后评价意见，按制定的编写提纲，编制完成独立后评价报告初稿。独立后评价报告初稿经独立后评价专家组共同讨论修改后，形成独立后评价报告送审稿。送审稿编制完成后，可征求项目决策、管理和建设等多方意见，独立后评价专家组可视其意见的合理性和可用性，决定是否修改或调整。

委托方组织对独立后评价报告进行验收。委托方要求独立后评价报告（送审稿）需要进一步修改完善的，则项目负责人应根据委托方的意见，对独立后评价报告进行进一步修改完善，经专家组组长审查后，形成最终的独立后评价报告，并以文件形式正式报送委托单位。报送文件应以独立后评价内容报告为依据，简要阐述项目来源、项目概况、后评价结论、主要经验和教训、存在问题及改进建议等。后评价报告的形式、版式、格式应符合有关规定。后评价报告一般应包括标题、内容提要、主送机关、报告正文、成文日期和附表附件。独立后评价报告按委托方要求的数量报送委托单位。

项目独立后评价完成单位，应协助后评价委托单位跟踪了解项目实施单位独立后评价成果应用情况。

四、独立后评价报告编制方法

1. 前后对比、有无对比，贯穿后评价始终

前后对比、有无对比是找出差异、发现问题和进行过程评价、目标评价的主要方法，贯穿后评价工作的始终。

2. 强化因果分析与对标分析

因果分析法是分析和寻找影响项目主要技术经济指标变化原因的有效方法，通过对影响某项技术经济指标变化的原因逐一进行剖析，分清主次、轻重及关联关系，以便对复杂的问题进行深入分析，进而总结经验教训和提出改进措施与建议。对标分析主要是采用横向对比法，将项目的技术水平、资源能源综合利用水平、产品质量与结构、投资水平、生产成本和经济效益指标等与国内外同类项目或行业水平进行比较，评价项目的实际竞争能力和绩效水平。对标分析是对采用前后对比进行目标评价的必要补充，是进一步提高后评价工作的科学性、客观性的重要措施。

3. 合理选择、综合运用各种方法，对项目进行系统分析和综合评价

根据项目特点，合理选择、综合运用各种方法，定性分析和定量分析相结合，对项目进行系统分析和综合评价。主要是采用成功度评价法，即在对项目各阶段、各层次进行分析评价及对各项指标定量评分的基础上，根据项目特点和目标，对各项指标设定权重，再加权得到单一的无量纲的综合评分，既可与设定判据对比评定等级，也可与类似项目对比进行量化排序，评价项目绩效与管理水平。

第 二 篇
海外投资项目自评价

第五章 海外投资项目自评价工作难点与要求

根据后评价管理工作要求，海外后评价管理体系由业务主管部门、所属企业、咨询机构共同组成，发挥了各自的作用。自评价工作是开展独立后评价工作的基础，企业在独立后评价开始前，需要自身先进行自我总结、自我梳理、自我评价。自评价为独立后评价提供了基础资料和相关信息，要求信息完善、数据准确、资料翔实。由于总体自评价结构与独立后评价结构具有较多相似性，本篇内容不再过度描述项目自评价结构和内容，仅介绍自评价工作难点、要求以及海外管道和海外炼化自评价项目案例，作为海外主力军的勘探、开发和一体化独立后评价业务在第三篇介绍。

第一节 项目自评价工作难点

一、管理团队人员流动频繁对工作开展带来困难

中国石油海外项目已经横跨非洲、中亚、中东、美洲和亚太五大地域，各大区地缘政治关系、政策、法律制度、宗教文化等都有很大差异，管理团队尤其是核心管理成员熟悉上述环境需要一段过程，但是很多项目3年、5年一轮换流动，在项目自评价开展时，熟悉项目的人员已经不在该项目，对项目整体建设、运行难以全局把握，给自评价工作开展带来困难。

二、资料数据保存不完整制约了自评价报告的质量提升

多年来，数据资料问题是制约自评价工作质量提升的重要因素。海外投资项目由于人员流动和资料管理工作制度不完善，早期项目存在"资料随人走、人走资料丢"的现象，然而后评价工作讲求"事实说话"，因此数据资料不完整对自评价工作的开展造成了一定影响。

第二节 项目自评价工作要求

一、企业自行开展

《中国石油天然气集团公司投资项目后评价管理办法》（以下简称《管理办法》）第三十一条规定，所属企业原则上应自行编制项目自评价报告，并对填报的标准数据信息采集表、自评价报告质量及提供的其他资料真实性负责。所属企业存在不按时限提交自评价报告，有弄虚作假或拒不提交资料等行为，情节严重的给予通报批评。按照规定要求，所属企业原则上应自行编制项目自评价报告，并对项目自评价报告质量负责。《管理办法》要求企业自行开展典型项目后评价工作，其主要目的是发挥企业自身全过程参与的优势，自我总结、自我评价，实现项目全过程管理的闭环管理。

二、项目进度符合规定要求

海外项目由于所处空间地理位置，对自评价单位与独立后评价单位的对接造成影响，项目进度和质量也不同程度受到制约，对后评价工作开展带来一定困难。项目进度是企业工作

组织态度和组织能力的重要体现，因此按照公司相关规定，对企业自评价进度做出明确要求。

三、数据资料真实可靠

自评价是独立后评价开展前的重要环节，也为独立后评价提供所需的基础资料和数据，因此自评价所提供的数据资料要求真实可靠。同时，要做好数据资料保密工作，避免数据泄露对企业造成影响。

第六章　海外管道项目自评价内容及案例

本章以2019年某项目公司自行开展的某海外管道项目自评价为例，对海外管道业务自评价开展的相关内容进行介绍。

按中国石油天然气集团有限公司（以下简称集团公司）《关于做好集团公司投资项目后评价工作的通知》要求，为进一步加强投资项目全过程管理，保障新项目投资收益，项目公司于2019年1月开展了原油管道项目自评价工作，自评价工作组于2019年3月赴项目公司总部及沿线3个管理处、4座输油泵站等进行了现场调研。根据《中国石油天然气股份有限公司投资项目后评价管理办法》所确定的原则和《油气管道建设项目后评价报告编制细则（2014）》的具体要求，完成了《原油管道项目自评价报告》的编制工作。

评价时间范围：2006—2018年。

评价时点：2018年12月31日。

工程范围：原油管道项目，包括线路工程、自控、通信及输油各站场工艺系统设置等配套工程。

评价内容：项目概况、前期工作评价、建设实施评价、生产运行评价、经济效益评价、影响与持续性评价、综合评价。

说明：截至评价时点，原油管道未完成竣工决算，报告中涉及的相关内容均按照项目公司提供的最新统计数据予以评价、分析；报告中以原油管道工程可行性研究数据和结论为评价依据。

第一节　项　目　概　况

一、项目基本情况

1. 项目基本概况

项目名称：某原油管道工程。

工程包括：输油管道工程。

管道工程起自缅甸西海岸的马德岛，途经缅甸的若开邦、马圭省、曼德勒省、掸邦，从南坎进入中国境内。缅甸境内线路全长约771千米，管径813毫米，设计压力为8~14.5兆帕，钢管采用X70螺旋埋弧焊钢管和直缝埋弧焊钢管，管道埋地敷设，管道外壁防腐采用三层PE，全线采用常温密闭输送工艺。管道沿线共设有5座工艺站场，其中4座泵站、1座计量站。马德首站设置12座10万立方米双盘式浮顶油罐。管道沿线共设有31座线路截断阀室，10座阴极保护站。管道一期工程设计管输量1300万吨/年，未来二期建成后将扩能至2300万吨/年。

该工程的自动控制系统采用SCADA系统。该工程的自动控制系统达到由调度控制中心对管道全线进行监控和管理的技术水平。SCADA系统具备将管道数据传至北京调控中心的功能。

该工程采用光纤通信作为主用通信方式，以卫星通信作为备用通信方式。

2. 项目建设管理归属与投资类型

为保持与外方良好的合作伙伴关系，2009年4月中国石油天然气集团有限公司直接投资，批准成立了国际化公司——东南亚管道公司。该公司由中国石油、缅甸油气公司共同出资，股东占比分别为51∶49，于2010年6月在香港成立。公司完全按照国际规范运行，各股东共同参与董事会和股东大会，公司所有重要事务均由董事会或股东大会决定。

西南管道有限公司负责原油管道项目境外段的设计、建设、运营管理。

二、项目背景及意义

1. 项目背景

随着中国国民经济的快速发展，原油消费量迅速上升。受国内油气资源的制约，国内石油市场的供需矛盾日益突出，进口原油的对外依存度逐年提高，利用国内外两个市场、两种资源，加快进口原油资源新规划运输通道的建设，确保油气供应安全，已成为我国能源战略的重要组成部分。为此，在我国能源发展战略中把坚持节约优先、立足国内、多元发展、依靠科技、保护环境作为基本方针；把坚持对外开放、加强国际互利合作作为基本国策，加强油气管道建设。

2. 项目意义

工程的实施对优化地区能源结构、改善能源供应格局意义重大，也有助于为中国开辟新的能源进口通道、降低海上进口原油的风险，进一步保证国家能源供应安全。具体意义如下：

（1）开辟新的油品进口通道，进一步保证国家的石油供应安全。

（2）可促进地区基础设施的建设，带动地方经济发展。

（3）有利于改善中国炼油化工的总体布局，优化资源配置和产品流向。

（4）有利于进一步巩固中国与周边国家经济合作。

三、项目建设简要历程

该油气管道成为我国管道建设史上难度最大的项目之一。2006年开展可行性研究；2010年管道工程开工；2018年进入商业运营。

第二节 前期工作评价

该工程的规划、预可行性研究、可行性研究工作是由中国石油规划总院承担或牵头完成，初步设计由中国石油管道局工程有限公司牵头完成。前期工作的简要历程见表6-1。

表6-1 原油管道前期工作历程

序号	名称	承担（牵头）单位	完成时间	研究范围	备注
1	中国石油规划研究	中国石油规划总院	2004年12月	国内+缅甸段	
2	预可行性研究V1版	中国石油规划总院	2006年4月	国内+缅甸段	
3	预可行性研究V2版	中国石油规划总院	2006年7月	国内+缅甸段	
4	可行性研究V1版	中国石油规划总院	2007年12月	国内+缅甸段	2008年4月通过中国石油咨询中心评审
5	可行性研究V2版	中国石油规划总院	2008年9月	国内+缅甸段	2008年12月通过中国石油咨询中心复审，上报国家发展改革委

续表

序号	名称	承担（牵头）单位	完成时间	研究范围	备注
6	可行性研究 V3 版	中国石油规划总院	2009 年 4 月	国内+缅甸段	根据2009年1月中国国际工程咨询公司（以下简称中咨公司）对"申请报告"的评估意见修改完成V3版
7	可行性研究（缅甸段）V1 版	中国石油规划总院	2008 年 12 月	缅甸段	境外、境内段分别上报核准
8	可行性研究（缅甸段）V2 版	中国石油规划总院	2009 年 11 月	缅甸段	根据2009年4月缅甸政府缅北改线意见修改完成V2版
9	初设 A 版	CPPE	2009 年 12 月	缅甸段	
10	初设 B 版	CPPE	2010 年 3 月	缅甸段	2010年3月通过北京中陆咨询有限公司审查
11	初设 0 版	CPPE	2010 年 8 月	缅甸段	根据审查意见形成0版

一、可行性研究工作评价

1. 可行性研究工作整体评价

该工程预可行性研究报告的编制单位为中国石油规划总院，2006 年 4—7 月中国石油规划总院完成了 V2 版预可行性研究报告，上报中国石油天然气集团有限公司。2006 年 8 月 14 日，经国务院批准，同意由中国石油承担中缅油气管道的相关工作，并要求深入开展前期研究工作，尽快提出实施方案。

该工程可行性研究报告编制单位的选择方式属于直接委托。2006 年 11 月 14 日，中国石油天然气股份有限公司天然气与管道分公司正式委托中国石油规划总院开展中缅原油管道项目可行性研究。通知明确要求"为加快中缅前期工作进展，请规划总院在原有预可研的基础上，加快组织开展中缅油气管道工程的可行性研究等前期工作"。

自评价认为该项目预可行性研究对油源、市场、线路走向、输气工艺、投资及财务评价等主要方案进行了比选及分析，为下一步开展可行性研究工作打下良好的基础。满足了集团公司相关规定的要求。该项目可行性研究报告基础资料齐全，设计线路走向合理，满足"输油管道工程项目可行性研究报告编制规定"的要求。在可行性研究阶段同步开展管道、水库工程的环境影响评价、安全预评价、地质灾害危险性评估、地震安全性评价等专项评价，可行性研究报告对专项评价结论进行了响应。可行性研究推荐管道工艺方案、配套工程设计与项目实施后实际情况基本相符。

2. 资源、市场符合性评价

1）资源评价

该项目的原油资源来源定位于中东地区较为合理。

2）市场符合性评价

在新建通道沿线地区考虑布点建设炼油厂基本合理，成品油供需基本平衡。

3. 建设规模、工艺技术方案适应性及合理性评价

1）建设规模适应性及合理性评价

管道为达到1300万吨/年的管输能力，将原可行性研究工程中的清管站扩建为中间泵站。未来扩建工程仅需在全线已建的泵站中增加输油主泵。

2017年原油管道实际管输量超过500万吨，2018年超过1000万吨，超额完成了《原油运输协议》的约定。随着炼油厂逐步达产，未来原油管道管输量将继续扩大。原油管道现有管输能力与未来管输需求相适应，未来实现扩建工程的可能性较低。受市场的直接影响，原油管道实际管输规模与可行性研究预期存在一定偏差。

2）输油工艺方案适应性及合理性评价

可行性研究推荐的输油工艺方案及采用技术经济比选的方法是合理的。可行性研究推荐采用的设计压力、管径、钢级较为合理，从站场设置上充分考虑到外方依托条件较差，尽量减少了工艺站场的设置。管道建成后，实际使用证明前期确定的技术成熟合理、满足管道生产需要。

4. 管道线路评价

管道实际线路与可行性研究线路走向基本符合。原油管道线路选择在无社会依托条件下，沿线地区类型多样、地形条件极为复杂，线路工程难度大，单位长度造价高。根据沿线的地形、地貌、地质、水文、地震等自然条件，该工程线路路由选址本着安全、经济的原则，对宏观线路路由和大型河流穿越位置等进行优选。经过现场实地踏勘调研，反复进行方案技术经济论证确定推荐线路，改线也是受外方政府的要求，该工程线路走向基本合理可行。管道穿跨越经多方案比选，推荐的技术方案基本可行。阀室设置及阀室选型满足生产及运行安全要求，合理可行。

5. 系统配套情况评价

1）自控方案评价

自控采用的技术方案与可行性研究相比，没有变化，方案符合工程需要。后评价认为该项目总体技术水平适用，自控技术成熟；设备选型合理，能满足管道安全、平稳运行的需要；采用的SCADA系统控制达到国际先进水平。

2）油气站场合建评价

在满足工艺技术要求的前提下，对于油气管道并行敷设的项目，油管道和气管道的站场合并建设，既节省投资、降低施工成本，又有利于生产运营统一管理；从规范角度来分析，这两种类型的站场输送介质均属于甲类，是可以合并建设的；从站场等级的角度考虑，原油站场和天然气站场合并建设时站场与周界环境的区域安全距离，以及站场内部各设施的安全距离均按照较高级别的站场等级来确定，确保站场本质安全。项目的油气管道站场尽可能合并建设风险可控、布局合理可行。

3）总图评价

原油管道各站场总平面布置根据各站实际情况有较大差别。站内主要分为生产区、值班办公区两个区域。生产区根据管道进出站方位紧凑布置，值班办公区在充分考虑防火安全间距和预防噪声污染等问题的前提下，布置在方便进出站场的位置，同时尽可能位于工艺装置区最小频率风向的下风侧。竖向设计根据现场实际情况确定，以平坡式为主，在地形条件比较复杂的情况下，采用台阶式。各台阶的布置以满足生产工艺流程、方便操作及节能为主，兼顾美观。站场布局经济适用。

后评价认为总图设计通过严格把关与过程控制，原油管道项目的站场选址工作达到了预期的目的、收到了良好的效果。

4）供配电评价

首站输油主泵采用天然气直接驱动方式，泵站内其他设施利用天然气发电机组进行供电；各站输油主泵采用燃气轮机或发动机驱动方式，泵站内其他设施利用天然气发电机组进行供电，用电负荷均为380伏电压等级。后期随着社会经济发展，泵站已经实现外电接入，燃气发电机组备用。自评价认为，在当地无可靠电源情况下，选取的供电方案满足站场生产运行需求。对于油气合建站场，建议合理考虑供电设备负荷问题，避免生产中出现"大马拉小车"现象。

5）通信评价

自评价认为管道光缆与油气管道同步建设，充分利用了管道路由和与油气管道同沟敷设的条件，减少工程量、降低投资。

6）给排水消防评价

由于各中间泵站均距市区较远，难以依托附近已有的城市生活水管网。这些站场的生活饮用水源按自采地下水考虑，其水质指标符合饮用水水质标准。为满足各站场生产生活用水需要，在各站内分别打2口水源井，1用1备，设计供水能力为20米^3/时，井深100米，供给站内生活、消防补充用水及缅甸境内的发电机循环冷却水的补充用水。消防补充用水直接由水源井供给；生活用水由气压给水装置加压后供给。总部及各输油管理处机关均设在城市，附近设有市政供水管网，其用水直接取自市政给水管网。

自评价认为在无给水依托条件下，选取的供水、排水方式可满足站内需求，方案合理可行。

7）配套工程评价

该工程自控、总图、供配电、通信、给排水消防、生活设施等配套设施可行性研究方案能较好地满足正常的生产运行和人员生活的需要。但因该工程工艺站场分布地域广、空气环境湿度大、紫外线强，对于露空设备和管道，建议加强应对防腐防潮的设备选型分析。

二、前期评估工作评价

1. 可行性研究评估咨询工作评价

项目可行性研究评估由具有国家甲级资质的工程咨询单位承担，符合咨询业务资质要求。

专家组对《原油管道工程可行性研究报告》进行了评审，认为管道线路宏观走向合理，施工方案可行，工艺方案正确。鉴于未与外商签署长期供油协议、进口原油品种及价格无法确定的实际情况，建议根据近几年我国进口原油品种、数量及今后长期贸易发展趋势进一步分析预测，提出较为靠实的进口原油来源。

总体来看，评估机构认为可行性研究报告出具的评估报告较为客观公正，结论明确，提出的问题和建议得到了及时有效的解决与采纳，对项目实施及后续工作的开展起到了较好的借鉴和指导作用，为该工程的开工建设提供了决策依据。

2. 申请报告评估咨询工作

根据委托，中咨公司组织专家在北京召开了《原油管道工程项目申请报告》的核准评估会。中咨公司为具有国家甲级资质的工程咨询单位，符合咨询业务资质要求。总体来看，中咨公司对申请报告出具的评估报告较为客观公正，结论明确，提出的问题和建议得到了有效的采纳，对项目实施及后续工作的开展起到了较好的借鉴和指导作用。

后评价认为，评估报告希望进一步提升原油管道的战略作用，提高管道对不同油源、不同管输量台阶下的适应性，提高管道互联能力等，从更高的层面审视了该项目的功能和定位。

三、专项评价工作评价

由于外方可供依据的此类原油长输管道工程的法律、法规及标准规范欠缺，从项目所经地区自然条件考虑，开展了管道工程环境评价、水库工程环境评价、安全预评价、地质灾害危险性评价、地震安全性评价 5 项专项评价（表 6-2）。

表 6-2　原油管道专项评价表

序号	专项评价名称	评价单位	评价单位资质
1	管道工程环境评价	中国石油安全环保技术研究院、北京中油建设项目劳动安全卫生预评价有限公司	环境评价甲级资质 证书编号：国环评证甲字第 1025 号
2	水库工程环境评价	交通运输部天津水运工程科学研究所	环境评价甲级资质 证书编号：国环评证甲字第 1103 号
3	安全预评价	中国石油安全环保技术研究院（北京中油建设项目劳动安全卫生预评价有限公司）、交通部天津水运工程科学研究所	环境评价甲级资质 证书编号：国环评证甲字第 1025 号； 国环评证甲字第 1103 号
4	地质灾害危险性评价	山东海普劳动安全技术咨询有限公司	安全评价甲级资质 资质证书编号：APJ-（国）-0081-2006
5	地震安全性评价	中国地质环境监测院	地灾评价甲级资质

后评价认为，及时开展相关专项评价工作对项目有很好的指导作用，在可行性研究阶段同步开展环境评价、地震、地质灾害危险性、安全性评价等相关评价，前期工作结合专项评价中间成果、最终成果意见，对线路路由和站场选址等进行了优化。各项专项评价深入、全面，减少了管道建设和运营的安全隐患，对项目前期工作真正起到了支持作用。并且在后续初步设计阶段对相关专项评价提出的问题与建议进行了响应，专门编制了专项评价响应报告。按外方政府要求，专项评价报告提交备案。

四、初步设计评价

1. 初步设计质量评价

初步设计的编制是按照 SY/T 0082.2—2009《石油天然气工程初步设计内容规范　第 2 部分：管道工程》的有关规定进行，初步设计深度达到规定要求，在管道沿线周边无依托、沿线地质复杂等情况下，设备、材料等选型能够满足管道的建设、运营、维护和安全保障的要求。整个初步设计的编制工作组织得力，在内容、深度、技术水平上均符合有关规定和规范要求，没有存在漏项。在进度上也满足了项目进度开展 EPC 招标的时间需求。

2. 初步设计合理性、有效性评价

1）工程技术方案合理性评价

初步设计在批复可行性研究报告所确定的项目建设规模、技术方案、主要工程量的基础上，经过线路实际踏勘和站场站址调研及可靠性分析，进一步对设计进行深化、调整和完善。可行性研究和初步设计二者内容基本一致（初步设计的线路走向、线路用管、输送方式、管径方案、设计管输量均与可行性研究一致），因此初步设计主要对可行性研究推荐的管径和站址方案进行了核算。

2）主要设备选型合理性评价

自评价认为该项目在满足管道输送能力和安全平稳运行的前提下，采用先进可靠的工艺技术，优化工艺设计方案，合理进行主要设备的选型（选取节能、高效、精度高的设备，严格按照相关准入政策要求，未选用国家明令禁止和淘汰的落后工艺及设备）。选用的输油主泵、计量仪表和阀门主要设备均为经过生产实践考验、可靠的产品，设备供应商具有良好的售后服务和维修能力。

3）采纳环境评价、安全评价等相关的专项评价采取措施的合理性和有效性评价

自评价认为该项目初步设计专门编制了对各评价报告从评价结论、评价建议、采取的有效的防护措施进行了响应的说明，分专业逐一响应，将所有评价建议响应到设计文件中。

本着相关评价与主体工程"同步规划、同步设计、同步施工、同时投产"和"预防为主、防治结合、综合治理"的原则，采用先进工艺，选用可靠的设备和材料，各评价建议有效处理。在实施前期进行了各部门的意见征询和协调，严格按照沿线城市发展规划选择站场位置、确定线路走向，管线路由符合城市发展规划和功能区划，得到了沿线各级政府部门的许可，保护了各类生态保护区和敏感区。经调整路由及采取的各项防护措施是合理、充分的。

整个初步设计的编制工作组织得力、设计内容基本满足整个工程建设的需要，设计中能根据项目特点进行创新和专题设计，推荐的技术方案具有一定的科学性、前瞻性。设计进度在项目实施计划规定的时间内，初步设计深度符合国家及行业有关规定的要求。

综合来看，该项目的初步设计是合格的，初步设计严格遵照各种设计标准规范，贯彻了可行性研究中确定的设计思路、技术路线、工艺水平，经过审查符合设计标准及相关要求。初步设计能够满足管道的建设、运营、维护和安全保障的要求。该项目的设备选型合理、运行稳定可靠，能够保证实际生产运行的要求。

3. 初步设计与可行性研究技术差异评价

随着设计深度的加深，主要的工程量有了相应的变化（表6-3），初步设计与可行性研究的主要技术差异有如下几点：

表6-3 可行性研究与初步设计主要工程量变化对比表

项目	可行性研究值（V2）	初设值（0版）	实际值
设计输量（一期/二期）（万吨/年）	1200/2200	1200/2200	1300/2300
设计压力（兆帕）	8~15	8~14.5	8~14.5
管道长度（千米）	781	771	771
管径（毫米）	813	813	813
管材	X70	X70	X70
防腐结构	三层PE	三层PE	三层PE
隧道（米/次）	2500/5	2360/2	0/0

续表

项目	可行性研究值（V2）	初设值（0 版）	实际值
河流大中型穿越（米/次）	9240/20	14756/20	19545/20
公路穿越（米/次）	660/11	1250/24	1250/24
铁路穿越（米/次）	560/7	490/10	490/10
输油站场数量（座）	7	5	5
阴极保护站数量（座）	10	10	10
线路截断阀室数量（座）	30	31	31
永久占地面积（万平方米）	261	1257.53	1299.2
临时占地面积（万平方米）	1832.4	116.78	117.2

（1）工艺站场数量及位置。

① 站场数量。

与可行性研究相比，初步设计阶段站场数量为 5 座，比可行性研究阶段减少了 2 座分输站，原分输站站址设置 2 座监控阀室，实现外方境内分输的功能。

② 站场位置。

根据现场踏勘结果，原泵站位置为岩溶地貌，不适宜建站，初步设计中对该站址进行了调整，移至市南。

（2）线路截断阀室数量变化。

可行性研究中线路截断阀室数量：10 座手动阀室，5 座单向阀室，15 座监控阀室，共 30 座。初步设计线路截断阀室数量：12 座手动阀室，12 座单向阀室，7 座监控阀室，共 31 座。实际阀室设置与初步设计基本一致。主要变更如下：米坦格河南侧 18 号阀室，施工期当地政府要求改址，改址位置位于淹没区，经论证后取消该阀室。但考虑到翻越若开山后的静水压力较大，建设阶段在若开山下坡段中间位置增加了 5A 阀室。

（3）首站溢油池。

2015 年 1 月为提升首站 120 万立方米油库的生产安全，管理处提出溢油应急预案，并通过审核。2016 年 7 月 15 日 3 万立方米的溢油池验收完成，同年 11 月 30 日建设公司将溢油池管理权移交至管理处。溢油池工程量虽在可行性研究中并未涉及，但增设溢油池可以提升生产单位在罐区发生事故时的紧急应对能力，并降低环保风险。

（4）河流跨越方案。

可行性研究米坦格河穿跨越方案为悬索跨越。初步设计米坦格河穿跨越方案为桁架跨越。

（5）永久征地。

由于初步设计阶段将管道施工作业带 30 米范围内的用地划为永久性占地，管道线位为永久性占地，很大程度上减少了管道线路工程在建设期、运行期的管理难度。

五、决策程序合规性评价

1. 前期工作完整性评价

自评价认为该工程在前期工作中严格履行了中国国家规定的基本建设管理和决策审批程序，完成了可行性研究报告、环境影响评价报告、安全预评价报告、核准报告等国家法律法规及国家相关部门明文规定的各项工程建设文件和报告，并按规定逐级上报审批。项目得到了国家发展改革委的核准。另外，在项目所在国没有要求的前提下，该项目还开展了环境评价、安全预评价、地震安全性评价、地质灾害危险性评价等专项评价工作。在初步设计中，对各专项评价都进行了针对性的响应。

该项目方案研究、预可行性研究、可行性研究、初步设计等决策环节，各环节均上报了中国石油、国家有关部门和股东方审批。总体来讲，该项目的建设程序完全符合国家有关建设项目管理和审批的要求，也符合股东的相关要求。

2. 前期工作合规性评价

虽然该项目的标志性开工日期略早于国家发展改革委核准批复时间，考虑到控制性工程河流穿跨越为油气管道共用工程。该项目决策程序基本合规，不存在重大程序逾越和拖延的现象。

六、前期工作评价结论

总体来说，原油管道工程项目决策依据充分，可行性研究、初步设计的编制单位资质符合要求，所依据的基础资料较为翔实、齐全。可行性研究推荐的管道路由、工艺方案较为合理，设计水平和质量能够满足后期的工程建设需要；初步设计严格遵照各种设计标准规范，贯彻了可行性研究中确定的设计思路、技术路线、工艺水平，经过审查符合设计标准及相关要求。初步设计能够满足管道的建设、运营、维护和安全保障的要求。项目前期评估工作较为客观、公正。前期工作程序基本遵循中国石油天然气股份有限公司有关建设项目管理和审批的规定，以及股东方的相关协议规定。尽管管道路由受外方政府要求进行了线路调整，项目进度未受影响。从前期工作与管道运行实际情况总的对比分析结果看，原油管道工程的前期工作较为合理、可行，基本能够满足实际生产运行需要。

第三节 建设实施评价

一、建设管理模式评价

1. 项目整体管理模式

该管道工程建设吸取其他大型管道工程管理经验，根据项目复杂、多方合资、境外工程、管理难度大的特点，管道工程采取"业主+监理总部+监理分部+EPC承包商"四位一体的项目管理模式，建立起以业主为项目建设决策主体、监理总部为项目协调中枢、监理分部为现场监督管理主体、各EPC承包商为项目建设实施主体的建设管理体系。各方按照《项目协调手册》的职能定位，各司其职、各负专责，通过周例会、监理例会、月度协调会等形式确保工程建设项目如期实现，其中监理总部相当于PMC的职能。

2. 建管一体化机制

原油管道有限公司代表股东负责投融资到建设及运行管理。建设期间公司实施项目化管理，全员参与建设过程管理，提前熟悉工艺设备及流程。建设后期按地域设立三个管理处，人员有序分流，全面负责所辖区域的建设及运行准备工作，顺利实现了从建设向运行的过渡。建管一体化机制提高了工作效率，实现了质量、进度、投资等指标的最佳平衡。

从组织结构上，项目组能够统一调配各种资源，实现了项目建设管理团队的精干高效和资源整合，相关管理制度完善，项目组织合理，项目计划适合，基本达到了预期项目管理目标。

二、招投标及采购工作评价

1. 招投标工作评价

工程采用国际邀请招标方式选择 EPC 承包商、监理承包商、无损检测承包商和设备供应商，所有的招标工作均接受外方政府监管，招标立项、选商、投标商名单、开评标和定标等环节均报审批，外方政府派招标小组和其他国家合资方代表参与招标全过程。

按照股东协议规定，项目公司向合资方征集 EPC 承包商和监理公司名单，通过严格的资格预审，选择资质、业绩、信誉良好的公司参与投标，所有招标项目的投标商邀请名单均经过外方政府审批。项目公司按照相关法律法规及中国石油的相关规定，制定了相关的招投标程序，符合中国石油的招投标规定。

招标工作坚持公平、公正、公开和科学择优的原则，对施工承包商、服务商资质严加控制，从而使工程的质量和进度达到预期目标，费用合理，保护了业主利益。

2. 采购工作评价

原油管道工程物资采购分为甲供物资和施工单位自采物资两类。

除了个别项目和增补部分采用谈判采购，绝大部分招投标工作均采用公开招标的模式，符合中国石油规定。

所有材料和设备出厂合格证、检验报告齐全，管材、阀门驻厂监造实行生产全过程监控，均通过了现场检测试验，保证了工程建设顺利进行，确保了一次性投产成功。

三、业主单位管理情况评价

项目公司作为该项目的业主，实行由公司直接管理的方式对项目建设进行全过程管理，并建立起完整的机构设置，配套建立相应的制度体系。

与其他类似项目相比，该项目的工期是充裕的，前期各项准备工作是充分的。各项相关工作均较好地满足了工程建设的需要。

1. 开工准备情况评价

为保障工程进度顺利推进，该项目的工程建设、监理、检测承包商均在开工之前通过公开招标的方式确定。

物资采购方面，对影响项目进展的线路钢管、阀门、计量橇、收发球筒等重要物资根据订货周期、清关周期等提前开展招标采购，特别是线路钢管准备工作，在工程开工之前，已经完成大部分钢管的储备。

总的来看，该工程的相关准备工作满足建设及施工需要，工程顺利开工。

2. 征地情况评价

为保障征地工作顺利推进，项目公司设立了土地办公室，专门负责与土地征用相关事宜的协调与办理。在征地过程中，始终贯彻以下宗旨：一是尽可能不占或少占耕地，遇到学校、动植物保护区一律避让；二是充分尊重村民意愿，绝不违规征地、强制征地，贯彻"赔付为先，施工其后"，确保赔款直接发放至村民个人；三是针对临时征地或超占地，实行高赔付标准。规范、高效完成征地补偿工作，不但确保施工进度不受征地影响，而且在复杂环境下，征地工作未授人以柄。项目公司高度重视管道沿线居民的权益，所有施工工作均在征地完成后进行，不存在未征先建的现象。

3. 对各承包商监督管理情况评价

该项目实行全方位全过程质量管理，质量管理工作取得了显著成效，达到了预期目标，保证该管道工程成为优质工程。项目公司从一开始就明确了质量、工期、投资、HSE 管理等各项建设目标，为各项工作的开展确立了努力的方向，从制度上和组织上保证了项目管理的规范运作。同时，按照目标责任制的管理方法，对各项目标进行了细化分解，做到了目标明确、责任到人。

工程建设中，建立了完善的环保制度，严格执行环保要求，施工期和试运营期各项环境保护措施落实情况良好。

4. 工程进度评价

项目的实施周期基本按照国家发展改革委和中国石油的要求进行，安排合理。

2010 年 6 月，原油管道工程开工。

2017 年 5 月，原油达到国内首站，顺利投产。项目的实施周期基本按照国家发展改革委和中国石油的要求进行，安排合理。

5. 工程质量评价

在质量管理上，采取了多种措施加强施工管理。各监理公司、EPC 承包商、施工分包商等单位通过"过程监督、成果确认"的监理模式，抓好工程质量。

各方面质量管理体系运转正常、有效，施工质量符合设计和相关标准规范的要求，达到了预期的目标，整体工程质量高于国内外同类工程，全线平均焊接一次合格率达到 98.68%，其他工序质量情况也处于较好水平。

6. HSE 管理及风险防范措施评价

编制了《管道公司员工社会安全和 HSE 知识简明手册》《原油管道工程员工健康知识手册》《管道建设野外作业安全常识》等材料，大力加强 HSE 培训，提高员工安全环保意识和危害识别能力。

针对外方交通不便、医疗条件落后的特点，为保证公司及承包商员工个人健康，落实专项资金、落实重点。

7. 资金情况评价

项目建设工程资金到位，评价资金管理严格，符合中国石油有关规定，未对工程建设造成影响。

四、工程承包商（EPC）评价

项目由多家 EPC 承包商共同建设，其中管道部分分为多个标段，对应了不同的 EPC 承包商。原油首站罐区分两个 EPC 承包商负责。

各 EPC 组建了精干高效的项目管理团队，进行了科学合理的资源配置，明确了责权明晰的工作界面。各 EPC 项目部根据项目总体安排，依据业主三级计划，编制完善了四级计划。按施工图设计、物资采办、工程施工、项目投产进行了进一步的安排，并及时调整、修订，有效地指导和推动了工程进展。

1. 施工图设计评价

EPC 招标完成，按 EPC 标段由业主、EPC 承包商及相应设计单位签署三方协议，将施工图设计合同的权利和义务转让至 EPC。

根据股东协议的相关规定，项目首先采用中国标准，兼顾 API、ASME 标准。大力推行成熟工艺。为了提高设计图纸的质量，专门聘请了设计监理，由中方监理公司负责。

与初步设计相比，施工图设计阶段发生 6 项较大变更。

2. 承包商工程建设情况评价

该项目通过国际招标确定多家 EPC 承包商。原油管道承包商为 3 家，均为中方公司。

该项目工程建设质量得到了比较严格的控制，焊接质量优秀，施工手段先进，总体施工质量优秀可靠，达到设计和规范要求。根据统计，整体工程质量高于国内外同类工程，全线平均焊接一次合格率达到 98.68%，其他工序质量情况也处于较好水平。水土保持工程总体良好，试运行以来，经历了历史上较大的雨季，只出现了个别地段的水土保持工程的损害，各项输气工作正常进行。

由于该项目为国际项目，在多承包商合作施工中存在一些问题，主要有以下几类：（1）承包商庞吉劳德公司（PLL）施工能力不足；（2）各承包商的报告编写国际化不足。

五、工程监理评价

原油管道项目选用国内监理公司，各监理公司对该项目高度重视，派遣了精干人员参与工程建设管理工作，圆满地完成了合同约定的各项任务，实现了既定的管控目标。监理总部的工作成效得到了业主和各参建单位的一致好评。项目未发生重大质量安全生产事故，工程沿线自然环境得到有效保护，员工健康得到了切实保证，工程质量和 HSE 始终处于良好的受控状态。在投资控制方面，依据合同及相关规定及时处理投资费用问题，既保证各承包商工程建设合理的资金需求，又保证工程投资控制在合理限额以内。

六、工程竣工验收评价

目前，完成了全部单位工程的交工验收，竣工资料及竣工图已经基本完成。项目所在国没有专项验收要求，项目公司自行组织完成了专项检查。工程结算正在进行，尚未进行工程竣工验收。

七、综合评价

该项目根据项目特点采用了"业主 + 监理总部 + 监理分部 + EPC 承包商"四位一体的项目管理模式，并引入环境监理，加强了工程全过程管理，排除了多重不利因素的影响，实现了项目建设目标。

该管道工程的招投标和采购工作严格按照程序进行，实现了全过程质量管理，开工准备充分。

各 EPC 承包商克服了地质地形条件复杂、技术要求高、大型河流跨越多、环境敏感点多、社会环境复杂、雨季时间长等不利因素，各标段施工单位施工质量总体良好，保证了工程进度，基本实现了项目目标。

各监理公司基本能够按照监理管理文件的规定和要求，根据设计文件、相关标准规范、制度实施工程监控，完成该项目的监理任务。

总体来看，原油管道的建设基本达到了预期目标，实现了工程的顺利投产和交接。

第四节　生产运行评价

一、生产准备及投产评价

为了保障原油管道的顺利投资，2015年7月，项目公司就组织编制了原油管道投产方案，针对投产组织、前期准备、投产工艺、人员和装备保障、HSE管理和应急保障等多方制订了完善方案。

1. 投产人员准备评价

为保障项目的安全顺利投产，项目公司成立了原油管道投产领导小组和管道投产指挥机构，下辖包括生产部、管道部、安全环保部在内的总部机关。同时设置了调控中心、技术中心、维抢修中心，并在管道现场设置了三个运营中心。原油管道投产组织机构的建立为项目投产和运行提供了保障。

项目公司配备经验丰富员工，为原油管道的投产启动提供了良好条件，保障了原油管道顺利投产。

评价认为原油管道投产组织机构设置合理，分工明确，人员配置充分，培训工作较为扎实，建立了高效运作的投产组织保证体系，规章制度全面合理，投产前的准备较为充分，能够满足投产需要，保障投产顺利实施。

2. 投产技术方案评价

2014年1月项目公司成立投产试运行方案编制组，投产试运行方案包括总体方案、仿真技术、投产保驾分册、通信自动化分册等内容。6月完成投产方案的编制工作，同年10月完成公司内部的审查工作，会后对方案进行了修改完善。11月在北京组织召开了项目投产方案审查会，会后按照专家组意见对投产方案进行了修订。2015年1月完成了投产试运行方案的发布工作。

原油管道的投产分为水联运和原油投产两个过程。在管道投产前准备15万立方米的清水用于水联运，同时准备60万立方米的原油用于投产。

2017年5月，原油管道输送的原油到达计量站，标志着原油管道顺利投产，表明制订的原油投产方案较为成功。

自评价认为原油管道投产方案的组织编制得力，审查与报批程序合理、内容全面、细节清晰，可操作性强，对实际投产的支撑指导作用显著。

3. 投产和试生产评价

1) 水联运

2014年10月首站出站阀打开，原油管道水联运暨设备调试工作正式开始。此次调试共用时52天，完成3台给油泵和8台发动机组4小时带载测试，热对中结果合格，完成2台泵机组的空载测试。干线共计注水42万立方米，水头已到达860千米处，全线站场、阀室均已完成水置换。全线共发送5组清管器，清理管道杂质和排气效果明显。组织站场、阀室排气和完成启停输累计30余次，顺利完成水联运阶段工作。12月初全线停输完成，标志水联运工作正式结束。

2) 泵机组调试

泵机组的调试工作虽然顺利完成，但在调试过程中仍遇到很多问题。由于调试前设备长期放置，水联运过程共停机 170 次，导致停机的主要原因包括发动机冷却液管线杂质堵塞导致冷却液温度超高停机、缸头泄漏导致点火失败停机、冷却液泄漏导致停机、机械密封损坏导致停机等。针对泵机组存在的问题，现场组制定相应的措施和解决方案，确保了投产工作的顺利完成。

3）清管器发送

中缅原油管道（缅甸段）水联运期间，马德首站发送 2 组 4 支撑板 + 4 密封板清管器，新康丹泵站发送 1 组 4 支撑板 + 4 密封板清管器，曼德勒泵站发送 1 组 4 支撑板 + 2 皮碗清管器，地泊泵站发送 1 组 4 支撑板 + 2 皮碗清管器，共计 5 组清管器。其中，马德首站 MD01# 清管器到达新康丹泵站时收球筒内共计清理出污物 205.8 千克，清管器磨损率为 9.43%。MD02# 清管器到达新康丹泵站时收球筒内共计清理出铁锈和泥沙等污物共计 16.6 千克，清管器磨损为 8.3%。新康丹泵站 XKD01# 清管器到达曼德勒泵站时收球筒内共计清理出铁锈和泥沙等污物共计 197 千克，清管器磨损率为 34.2%。MDL01# 清管器到达地泊泵站时收球筒内清理出少量铁锈和泥沙等污物，清管器磨损率为 14.3%。地泊泵站 DB01# 清管器到达南坎计量站时收球筒内共计清理出铁锈和泥沙等污物共计 3 千克，清管器磨损率为 6.47%。

4）排水排气工作

按照投产方案，为了更好地让水头通过，水联运工作启动前全线设有共 8 个排气点和 1 个排水点，水联运前完成临时管线的施工和加固工作。水联运开始前，提前通知各运营中心沟通排气，将管道内封存的氮气排出，在水联运过程中，又多次组织站内人员进行了干线排气。

实际操作过程中部分排气点受到外界环境因素影响，未达到理想排气效果。高点是水联运中容易出现气阻的地方，为了消除高点气阻，增加了 5A# 阀室和首站内过滤器放空管线定期排气的频次，消除了 1# 高点气阻。2# 高点采用了开孔排气的方式，保证了水联运的顺利完成。

水联运只设一个排水点。地泊泵站在水头到站、清管器到站和配合机组调试进行 4 次排水作业，将大部分含杂质水头和气段排出管道，累计排水量约 8300 立方米，起到很好的排水排气效果。

5）水联运跟球作业

从 2016 年 10 月 11 日至 11 月 30 日，累计发送 5 个清管器，完成了四段共计 800 千米管线的清污及通过能力测试。跟球过程中，在调控中心设专人 24 小时值班，计算球预计到达时间，下达跟球指令，提供起停泵和泵流量信息，收集各跟球小组就位时间、球通过时间等相关信息并及时向公司投产领导小组汇报。实际跟球结果表明预案和相关措施效果良好，完全满足通球作业要求。

6）投产试运行工作

2017 年 4 月 10 日，《原油管道运输协议》在北京正式签署。5 月 2 日，首站出站阀打开，原油管道油水置换工作正式开始。截至 5 月 19 日，油头顺利到达中国首站，全线停输，标志原油管道投产一次成功。

此次原油投产（油水置换）累计耗时 17 天 13.5 小时，完成了全线 5 座站场及 31 座阀室的油水置换工作，共完成 18 次收、发球作业。首站共计发油 90 万立方米。

自评价认为原油管道投产非常成功,投产方案编制比较完善,投产组织较为完备,审查与报批程序合理、内容全面。

4. 应急预案和风险应对措施评价

为确保该项目顺利投产,项目公司组织编制了应急预案体系(公司级突发事件总体应急预案和16项专项预案,各运营中心级应急预案29项,各站队级193项现场处置预案),并组织专家审核后发布。

为了应对管道从机械完工到投产经历了近三年的时间,部分设备设施有待于二次调试的问题,项目公司成立了包括厂家工程师、生产部、工程部、采办部、技术中心、运营中心、维抢修中心组成的投产现场组。提前调试相关设备,及时解决现场出现的各种问题,有效地保障了水联运和油水置换的顺利进行。

自评价认为,该项目投产前的应急预案和风险考虑较为全面、应对措施到位,能够满足投产期间常见的事故处理要求,为该管道投产的顺利进行提供了保障。

二、运行评价

1. 输油量评价

根据2017年4月10日原油管道有限公司与中国石油(香港)有限公司签署的《原油运输协议》,各方应对每年的原油运输量进行审阅。

实际2017年建成输油以来,当年5—12月管道输油量为505万吨,与运输协议输油量400万吨相比,实际符合率为126%;2017年1—12月管道输油量为1011万吨,与运输协议输油量900万吨相比,实际符合率为112%;2019年1—2月管道输油量为176万吨,与运输协议输油量167万吨相比,实际符合率为106%(表6-4)。

表6-4 干线管道输量对比表

序号	项目	2017年6—12月	2018年	2019年1—2月
1	可行性研究输油量(万吨/年)	600	1200	200
2	运输协议输油量(万吨/年)	400	900	167
3	运行实际量(万吨/年)	505.5	1011	176
4	运输协议符合率(%)	126	112	106

该项目输油量主要与首站进口量及国内原油炼化需求有关。该项目中期管输量逐渐增加到1300万吨/年。

自评价认为,与运输协议设定管道运行初期输量相比,前两年管道实际运输分别完成126%和112%,超过运输协议安排,预计2019年运输1011万吨/年,略超运输协议安排。未来管道规划运输量均达到或超过运输协议安排,也达到或超过管道实际建设规模,管道实际输量与设计的匹配较好。

考虑管道上游炼厂能力限制和境内原油炼厂暂无扩建计划,未来较长一段时间该项目管输量将不超过1300万吨/年,略超过管道实际规模,显著低于该项目最终建设规模。因此,除了已建的首站站机组,其他项目配套机组暂不需要投入建设。

因此,该项目分期规划建设及各期建设规模较好地规避了不确定风险,为项目节省了大量建设投资和运营成本。

2. 技术方案评价

管道干线输油工艺技术方案与前期设计一致：管线长 771 千米，管径 813 毫米，设计压力 8~13.5 兆帕，一期设计输油能力 1200 万吨/年（缅甸分输 200 万吨/年）；二期设计输气能力 2200 万吨/年（缅甸分输 200 万吨/年），全线采用常温密闭输送工艺。沿线设置工艺站场 5 座，阀室 31 座，阴极保护站 10 座。

沿线站场设备运行正常，稳定性和适应性都符合生产要求。原油管道境外段实际各站配置的工艺设备主要有过滤器、收发球筒、首站给油泵、输油主泵、发电机组、各类工艺阀、维抢修车辆和机具等；自评价过程了解到，该项目生产运行实践证明工程符合设计要求，设备运行基本稳定，满足生产实际需要。

自评价认为，该管道工艺技术方案满足生产运行需求，沿线站场设置、站场位置及平面布置合理。建成后各站场功能完整可靠，与前期设计的站场功能保持一致。未来需扩建的泵站的平面布置预留了泵机组和燃气发动机位置。在管道沿线无依托保障的情况下，各站场还相互依托建设维抢修中心和维抢修队，相关维抢修车辆和机具齐全，保障能力较强。

3. 设备适应性评价

该项目配套的建设液压驱动输油臂（4 台）、电动球阀、电动闸板阀、排空泵、带缆机等设备，多数设备设施选型合理，制造安装可靠，能够满足该项目工艺要求。但浮顶油罐、输油主泵及发动机等设备设施存在一些问题。

1）浮顶油罐

该项目所处的高温高湿盐雾环境是造成浮顶油罐外表面腐蚀的最主要原因，目前国内外还没有合理的解决方案。建议运营中心在现有条件下进一步增加监测、加强维护，特别注意油罐根部、管道等设备连接处的腐蚀控制，杜绝出现严重腐蚀，保证罐区安全。

2）发动机和输油泵

根据项目公司对 2017 年 5 月至 2018 年底原油管道机组异常停机的统计，两年各发生 29 次异常停机，共发生 58 次。自评价认为该项目选用发动机和泵机组型号能够适应输送工艺要求，但是泵机组安装、调试、运行过程中需针对当地高温高湿、雨季时间长等问题进一步加强泵机组检修和维护，降低泵机组异常停机次数。

3）剩余钢管

剩余钢管均为现场 EPC 承包商施工后剩余物资，考虑作为管道运营期的维抢修施工备用。

自评价认为，考虑该工程国外运输成本，项目剩余钢管数量基本在设计裕量范围内。

4. 配套设备设施评价

为了保障原油管道顺利投产运行和人员生产生活，需要配备电力、通信、消防、阴极保护、供水、暖通等配套设备设施。

1）电力系统

该项目规划建设阶段外方电力供应能力不足、稳定性较差，不能满足项目建设和运行需要，因此全部按照各站场建设自备燃气发电机组，同时配备用柴油发电机组来提供电力供应。随着电力供应能力和稳定性提升，泵站已经实现外电接入，燃气发电机组备用。其他泵站和计量站场配备的主用和备用发电机组，除了个别由于闲置时间过长导致少量运行问题，以及部分站场的噪声问题，整体运行良好，可靠性较高。

2）通信系统

项目干线光通信系统已开通运行并纳入光通信网管理，各站场的 VSAT 卫星系统为 SCXA 数据传输和调度提供备用传输信道。该工程 36 芯光缆采用与管道同沟敷设的方式，天然气和原油管道共用该光缆，通信保障能力较强。现场调研结果表明，光缆系统的施工较为规范，多数沿管沟铺设，少量距管沟的距离在 10 米以内，埋深足以保证光缆安全。但当地山区水土流失较为严重，建成前几年由于雨水冲刷导致的光缆露出较为频繁，近几年经治理已经基本解决。

3）消防系统

管道沿线 4 座站场等级划分均为五级站，不设消防给水系统，配备足够数量的移动灭火器材作为灭火设备。首站包括 2 座 2500 立方米的钢制拱顶消防水罐，消防泵房 1 座，流量为 330 升/秒的消防水泵一用一备，流量为 200 升/秒的泡沫消防水泵一用一备，以及 4 台消防用柴油发动机系统。另外，配备从自建水库向消防水罐的补水管路，冷却消防管路和泡沫消防管路系统。首站同时设置二级消防站，包括消防楼、消防训练塔及消防专用车辆，配备消防员 25 人。

4）阴极保护系统

整体上看，该工程沿线设置了 15 座阴极保护站，阴极保护系统运行比较平稳，能够满足正常生产需要。进行阴极保护系统运行状况的有效性检测与评价、杂散电流干扰调查与分析、管体腐蚀状况测试（包括管体腐蚀活性和环境腐蚀性）等工作。修复各类外防腐层缺陷 72 处。对各阴极保护站恒电位仪输出参数进行了优化调整。对存在直流干扰、交流干扰地段，采取直接去耦合器接地方式排流。完成了长效参比电极更换、通电点移位、电缆修复等问题的整改。

5）供水方面

该管道站场周边无给水水源依托，因此站场生产用水和生活用水均为自备水源，多数站场新建取水深井，外方依托当地环境修建水库，满足站场生活和消防用水。

6）暖通与热工方面

原油管道各配套系统（通信系统、消防系统、阴极保护系统、通风系统、给排水系统）运行基本平稳，能够满足生产需要；各站场公寓配套等生活、活动设施基本能够满足站场人员生活、工作需求。但站场输油泵配备的燃气发动机和站场供电的燃气发电机在半敞开式空间运转的噪声较为明显，对站内员工生活有一定影响，建议需考虑降噪措施。

7）管线能耗评价

原油管道工程的主要能量消耗是克服沿线摩阻和地形高差所需要的动能，生产生活所需水、电、气的消耗等。输油主泵由天然气发动机直接驱动。

该管道能耗主要包括各站场的耗电和耗气，可行性研究能耗数据和 2017 年、2018 年实际能耗数据见表 6-5。

从表 6-5 中可以看出，该管道投产后实际能耗数据明显低于可行性研究值，主要原因是自评价时点各站均未达设计输量，能耗较低，随着管道输量增加，能耗水平进一步接近可行性研究能耗。

综合分析，该管道投产初期和可行性研究设计输量下单位能耗和其他管道相比水平较低。主要是因为该项目全线站场无外电，均是用燃气发电机发电，燃料气消耗较多。但随着输量增加，项目耗气量、耗电量将会增加，单位能耗将会一定幅度升高。

表6-5 管道运行历年能耗折算

年份	类型	合计用量	换算用量	折算系数	折算能耗（千克标准煤）	单位周转量能耗
2017年	燃料气	521百万立方英尺①	1459万立方米	1.33米³/千克标准煤	1.9402	50.1千克标准煤/（万吨·千米）
	耗电	325196千瓦时	325196千瓦时	0.1230千克标准煤/（千瓦·时）	0.0040	
	外购柴油	27380升	23273千克	1.4571千克标准煤/千克	0.0034	
	外购汽油	18293升	13171千克	1.4714千克标准煤/千克	0.0019	
2018年	燃料气	981百万立方英尺	2748万立方米	1.33米³/千克标准煤	3.6549	47.2千克标准煤/（万吨·千米）
	耗电	871724千瓦时	871724千瓦时	0.1230千克标准煤/（千瓦·时）	0.0107	
	外购柴油	64052升	54444千克	1.4571千克标准煤/千克	0.0079	
	外购汽油	41189升	29656千克	1.4714千克标准煤/千克	0.0044	

① 1立方英尺=0.02831685立方米。

5. 管道线路维护评价

在管道建设之初，多方股东与外方项目公司签署油气管道权利和义务协议，明确了油气管道路权保护；管道运营中经过2014—2017年汛期的洗礼，管道水工保护措施整体较好，能满足管道线路维护需求；伴行路既有利于管道维护又方便当地群众，巡线也有秩序地开展巡护工作，做到防患于未然；4个维抢修单位配备的设备与国内维抢修中心（队）相比，品种更齐全、数量更多、技术水平更先进，达到了国际先进水平，维抢修设备能满足日常维修和抢修需要，能适应维修工作。

6. HSE评价

管道项目开始建设前，严格遵守国际惯例和外方有关法律，首先进行了环境影响评价工作，并将最终环境报告提交外方主管部门，以及项目股东方，阐明长输管道项目是世界公认的非污染类生态项目，得到了外方政府相关部门的认可。

目前，通过HSE管理体系中各项措施的落实，原油管道工程安全生产运行良好，实现了"生产零事故、人员零伤害、环境零污染"的总体目标，达到了管道沿线社区绿化覆盖率达到25%以上；员工对厂区环境满意度达到90%；居民对企业周边环境满意度达到90%；医疗废水、垃圾处理符合设计标准要求；生活垃圾、污水处理符合设计标准要求。

7. 组织机构和岗位配备

关于实际组织机构情况，项目公司设置包括生产部、管道部、技术部在内的总部机关，调控中心、技术中心、维抢修中心及3个管理处。关于实际人员编制情况，目前项目用工本土化率80%。

总体来看，该管道机构设置比较合理，岗位配置能够满足正常生产的要求。此外，由于大部分站为油气合建站，站内人员既要熟练掌握天然气管道相关知识，也要学习原油管道输送技术，为今后的原油管道运行管理打下基础。

三、综合评价

该管道分段投产，投产组织机构设置合理，分工明确，人员配置充分，培训工作较为扎实，规章制度全面合理，投产前的准备较为充分，能够满足后期的投产需要。投产前的应急预案和风险考虑较为全面、应对措施到位，能够满足投产期间常见的事故处理要求，为该管道投产的顺利进行提供了保障。投产过程较为顺利，管道及自控、供配电、通信等相关单体均实现一次性投产。

该管道技术方案基本合理，设备适应性较强，基本能够满足生产需求。配套工程运行基本平稳，能够满足生产需要；各站场公寓配套等生活、活动设施基本能够满足站场人员生活、工作需求。该项目特殊地段敷设方式选择合理，水工保护措施等防护方法基本能够满足要求。重视巡线和维护工作，尽量避免地质灾害等对管道或站场的影响。管道运行初期能耗较高，随着管输量的逐年增加，单位能耗也逐年降低。该管道机构设置合理，岗位配置能够满足正常生产的要求。管道所处环境潮湿，管道生产运行继续坚持设备和管道的防潮防锈工作。

第五节 经济效益评价

一、主要经济指标实现程度评价

主要经济指标对比情况见表6-6。

表6-6 主要经济指标对比表

序号	项目名称	单位	可行性研究值	自评价	差值	比例（%）	备注
1	平均年管输收入	万美元	57763	39169	-18594	-32.19	
2	平均年管输成本	万美元	21027	16277	-4749	-22.59	
3	平均年税后利润	万美元	23907	16656	-7250	-30.33	
4	项目税后财务内部收益率	%	12.88	7.05	-8.45	-54.51	
5	项目税后净现值（$i_c=10\%$）	万美元		-54835	-54835		
6	资本金财务内部收益率	%	13.25				
7	投资回收期	年	9.7	17.43	7.73	79.73	

二、投资和执行情况评价

1. 投资总体情况

2010年7月，中国石油天然气集团公司《关于某原油管道工程初步设计的批复》，提出"要加强投资控制、严格项目管理、采用规范的国际招投标程序，实现建设投资的有效管理，力争在各方股东最终确定的可研投资基础上降低6%~10%"。

该项目自2018年2月起开始商业运营，截至后评价时点，该项目已投运1年，尚未完成竣工验收及决算工作，建议尽早完成相关工作，根据项目公司最新统计数据，项目已完成投资近18亿美元。

2. 建设投资变动分析

由于该项目尚未完成全部竣工决算工作，各单项工程投资并非最终投资额，因此仅对各阶段投资变动作简要分析。

可行性研究阶段一期工程可行性研究线路长度为781千米，竣工线路长度为771千米，竣工决算值比可行性研究投资节约2000余万美元，降幅近1%。但各单项工程投资差异较大，具体如下：（1）其他费用增加9000余万美元，增幅38%。（2）预备费：批复的可行性研究投资估算为 2.2 亿美元，实际弥补其他费用的增加。

3. 资金来源及到位情况

该项目建设资金全部由双方股东自筹解决，在项目建设期间已进行了多次筹款，2019 年还将进行第 21 次筹款以满足工程建设需要，因此该项目在建设过程中资金到位及时，能满足工程建设的需要。

4. 投资控制经验和教训

1）工程招投标依法合规，择优选取承包商

项目公司按照相关法律法规及中国石油的相关规定，制定了相关的招投标程序，符合中国石油的招投标规定。招标工作坚持了公平、公正、公开和科学择优的原则，对施工承包商、服务商从资质、信誉、业绩、报价等严格评审，优选中标单位，从而使工程的质量和进度达到预期目标，费用合理。

2）多管齐下，合理控制工程投资

强化前期工作管理，从源头上控制投资；采取国际招标形式，通过竞争，有效降低建设成本；精细化投资控制，在 EPC 总承包商合同中，对初步设计外变更与初步设计内变更分别进行定义，合理界定了初步设计内、初步设计外变更的费用处理方式，从而有效地控制了投资风险；反索赔工作成果显著；造价依据合理科学。

3）及时进行工程分割，降低工期风险

由于建设公司施工组织不力、施工资源投入不足等原因，在工期延误较大无法按期完工的情况下，项目西线指挥部先后组织 4 次工程进度评估，召开两次工程进度计划会，分析工程风险，明确工程拆分目标。经过艰苦谈判和多方协调先后将土石方平衡、山区线路段、原油首站、泵站土建等项目从 EPC 合同中切割出来交给中国公司施工，加快了施工进度，大大降低了工期延误风险。

三、项目经济效益分析

1. 运行初期实际效益情况分析

原油管道工程于 2018 年 2 月正式商业运营，截至 2019 年 3 月，已累计安全运行 1 年 1 个月。

自评价时点之前的生产经营及效益情况见表 6-7。

表 6-7 管道投运以来生产经营及效益情况对比表

项目	管输收入			营运成本费用			税后利润		
	可行性研究值（万美元）	实际值（万美元）	增减	可行性研究值（万美元）	实际值（万美元）	增减	可行性研究值（万美元）	实际值（万美元）	增减
2019 年	31794	32609	3%	51767	19381	-63%	-21700	9779	145%

1）管输收入变动分析

管输收入主要受管输价格和管输量两个因素的影响。

（1）管输价格。

可行性研究报告中根据资本金财务内部收益率达到基准值推算输量达到 2200 万吨/年时的管输费为 28 美元/吨。根据《原油运输协议》，"在未来中国新的炼厂扩建完毕且运营或升级完成,且有通过原油运输系统输送原油额外数量前,管输费为33美元/吨。在炼厂扩建完毕且运营时,管输费应由各方重新协商"。当时,中方炼厂不具备建设条件,原油管道在建成后搁置较长时间,期间运营管理费用持续消耗,另外可行性研究考虑60%银行贷款,而实际并未贷款,综合考虑这些因素,当时实际的管输费仅为33美元/吨。

(2)管输量。

根据可行性研究,2014年计划输量1200万吨,实际2018年全年输送1033万吨。

管输价格提高及管输量下降共同导致管输收入比可行性研究提高3%。

2)营运成本和费用变动分析

营运成本和费用指输油管道企业在生产经营过程中所发生的全部消耗,包括输油及原油接卸作业成本、管理费用、财务费用、销售费用等。作业成本包含直接材料(原料、燃料、动力)消耗、人工费用、输油损耗、制造费用等。

可行性研究估算2014年营运成本为51764万美元,2018年实际营运成本为19381万美元,较可行性研究值降低63%(表6-8)。其中,经营成本比可行性研究略有减少;财务费用方面主要是可行性研究考虑60%银行贷款,而实际并未贷款;折旧摊销在可行性研究阶段按8年计算,实际为14年(在税务调整时按8年考虑)。

表6-8 营运成本费用变动情况对比表　　　　　　　　　　　　　单位:万美元

项目	可行性研究(2014年)	实际(2018年)
经营成本	8711	8000
财务费用	13680	-448
折旧与摊销	29373	11829
合计	51764	19381

3)税后利润变动分析

可行性研究报告预测2014年税后利润为-21700万美元,而实际2018年盈利9779万美元,主要原因是营运成本低于可行性研究较多。

2. 整个项目评价期的经济效益分析

1)评价期及评价范围

评价期:可行性研究报告设定的项目评价期为33年,包括建设期3年,运营期30年。根据《原油运输协议》"从合同运输日开始30年内持续有效",因此自评价的评价期按40年考虑,包括建设期10年,运营期30年。

2)主要营运指标估算

在自评价经济测算中,生产营运指标参考了2018年财务报表相关数据,自评价时点前按实际数据计取,自评价时点后数据结合市场预测及管输协议数据取定(表6-9)。

表6-9 实际管输量和未来预测表　　　　　　　　　　　　　单位:万吨

项目名称	自评价时点前(2018年)	自评价时点后					
		2019年	2020年	2021年	2022年	2023年	2024—2025年	2026年及以后
管输量	1033	1000	1000	1000	1100	1100	1200	1300

3）营运成本费用估算

（1）经营成本。

2019 年以前的按实际发生额计取，2019 年以后按如下参数计取：

燃气价格：入口气价按 2018 年 10 月韩国大宇公司提供的结算单据 7.3 美元/百万英热单位计取，管输费按 35 美元/10^3 米^3 计取。

燃料费：汽柴油费用按 2018 年实际数计取。

人员费用：定员 590 人，人员费用平均按 4.5 万美元/（人·年）计算（参考预算中定员数量及总人员费用）。

维护和修理费用按 2018 年数据计取，约为固定资产原值的 1%。

过境费：经双方谈判，进入中国境内管道的原油过境费按 1 美元/吨计算。

技术服务费和其他运营费按 2018 年数据计列。技术服务费主要包括人员技术服务费等；其他运营费包括工程保险、差旅、日常消耗、护照签证等费用。

其他管理费用包括培训费、差旅费、办公费用、通信费、HSE 费用、施工管理费用等，按 2018 年数据计列（相关人员、折旧摊销费用计入作业成本）。培训费为 10 万美元，其他管理费为 268 万美元。

（2）折旧。

2018 年折旧按实际发生值计，剩余资产按直线法折旧，综合折旧年限为 13 年直线折旧，残值率按 0 计。

（3）财务费用。

该项目建设全部为自有资金无贷款，财务费用主要指利息收入、汇兑收益等，2018 年按实际计取，2019 年以后不考虑。

经测算，该项目生产评价期内年均总成本费用为 16312 万美元，其中年均经营成本为 9154 万美元，单位总成本费用为 13.07 美元/吨。

4）营运收入估算

2018 年营运收入按照实际发生值计，2018 年以后按预测输量和输油单价数据计算，管输价格为 33 美元/吨，生产评价期内年均管输收入为 36434 万美元。

5）营运税金及附加估算

培训基金：运营期内培训基金为 10 万美元/年。

路权费：运营期内路权费为 700 万美元/年。

6）盈利能力分析

经测算，在项目实际投资、管输价格及预测输量前提下，项目税后财务内部收益率为 7.05，税后净现值小于 0。自评价主要经济效益指标见表 6-10。

表 6-10 自评价主要经济效益指标表

序号	项目名称	单位	指标	备注
1	项目税后财务内部收益率	%	7.05	
2	项目税后净现值（$i_c = 10\%$）	万美元	-28081	
3	项目税前财务内部收益率	%	8.18	
4	项目税前净现值（$i_c = 10\%$）	万美元	-5609	

续表

序号	项目名称	单位	指标	备注
5	总投资收益率	%	10.23	
6	投资回收期	年	17.43	
7	全线平均管输费	美元/吨	33	

四、经济效益评价结论

截至2019年3月底,该项目已投产运营1年,尚未完成竣工决算及财务结算。

对实际建成的1300万吨规模管道工程进行评价。根据《原油运输协议》,该项目实际管输价格为33美元/吨,在项目实际投资及预测输量前提下,项目税后财务内部收益率为7.05%,按海外战略管道项目基准收益率10%折算税后净现值小于0。与可行性研究的预计值相比,输量规模由2200万吨/年调整为1300万吨/年,而管输价格仅提高7.2%,且实际管道主体工程2014年完工,2018年才正式商业运营,从而导致实际项目投资财务内部收益率较低。但较低的管输价格有利于国内炼厂降低成本,提高国内成品油竞争力。

按照相关协议约定,在不扩建炼厂的条件下,原油管道执行固定管输价格机制,该项目在评价期间投资回报率相对保持稳定。同时,在管输价格谈判中,外方坚持将初始管输费、内部回报率及经济模型作为今后调整管输费的因素;中方提出还应增加炼厂的接受能力和国际原油管输费水平两个考虑因素,由于双方未达成一致,因此在管输协议中将调整管输费的因素全部删除,这也为今后管输价格调整奠定了良好的基础,不受制于内部回报率约束。

第六节 影响与持续性评价

一、影响评价

原油管道建成后,邀请有资质的中资和外资企业,对项目的安全、环保、社会影响等进行了专项评价。相关评价结果表明该项目在安全、环保、社会影响等多方面取得了显著进展,不仅未对当地的安全、环保、社会等产生明显不利影响,而且极大地提高了管道沿线供水、供电、道路、医疗、教育等条件,提高了当地群众生产生活水平。

1. 环境影响评价

油气管道开始建设前,就严格遵守国际管理和外方有关法律,优先进行了环境影响评价工作。通过国际招标方式,确定项目公司进行项目的环境影响评价,并形成了环境影响评价报告书,获得了外方政府认可。

1)首次引入独立的第三方环境监理对项目建设期进行环境保护

油气管道工程为全面落实环境保护措施,保护当地的原生态环境,首次在长输管道工程项目中引入独立的第三方环境监理。2012年2月,中方安全环保机构受委托开展该项目的现场环境监理工作。编制了《原油管道工程环境监理规划》和《原油管道工程环境监理实施细则》,经项目公司会同监理总部审核后发布,作为原油管道工程环境监理工作展开的指导性文件,用于规范所有参建单位的环境保护及管理行为。

2) 采取切实有效的环境保护措施

环境监理对各 EPC 承包商施工组织设计方案中的环境保护措施进行严格审核；向 EPC 承包商所承担施工标段的环境敏感区域提供相应的环境保护资料，用于 EPC 承包商进行施工组织设计中环境保护方案或环境敏感区域专项方案的制订；对检查出来的各 EPC 承包商存在的环境管理问题提出了整改要求，对整改过程进行跟踪，对一些存在有环境隐患的问题进行关注。施工阶段环境监理重点关注环境影响报告书相关措施的落实，根据施工的不同阶段，环境监理的重点有所不同。不同的生态类型段，环境监理重点也不同。

通过以上工作的展开，有效地促进现场各施工承包商环境保护意识的提高。

3) 生态恢复保障了可持续发展的环境

施工阶段做到了地表恢复平整，无堆土及废物，做到工完料净场地清。试运行阶段检查全线地貌、植被恢复。2013 年底环境监理上报原油管道工程地貌恢复工作总结报告，同时完成对原油管道地貌恢复的验收工作，并出具《施工永久用地环境合格证明证书》《施工临时用地地貌恢复无异议证明证书》。总结环境敏感点、影响景观段的环境治理经验，为类似工程环境与生态恢复积累经验。

2. 安全评价

重点采取以下措施：

（1）紧抓 QHSE 管理体系建设，提升安全生产管理水平；

（2）做好工程现场监管工作，加强承包商安全管理；

（3）强化作业许可管理，将作业方案审批与作业许可证签发的权限分开，确保作业风险受控；

（4）着力抓好安全环保隐患治理工作；

（5）做好项目投产前期的竣工验收和专项准备工作。

3. 社会影响评价

油气管道项目在外方开展的社会援助项目保证了项目建设质量合格、结构安全，满足预期使用功能；项目选址定位精准，辐射合理，基本实现预期目标；项目周边民众广泛受益，社会认同度与满意度较高，起到了预期的社会正面反响。油气管道建设是必要的，做到了利于社会、人文和经济的可持续发展。

4. 科技进步影响评价

管道途经高地震烈度区，油气管道近距离双线并行及复杂多变的外部环境等，都使得该项目成为我国管道建设史上难度最大的项目之一，有众多世界级难题需要攻克。面对挑战，充分利用中国石油优势资源，在以往成果和经验基础上，利用中国石油几千人的研发团队，经过多年攻关，在管道设计施工、复杂环境管道设计施工等方面取得了重大技术创新成果，具体如下：

（1）并行油气管道设计关键技术研究：机载激光 LiDAR 测量技术研究、大口径并行管道设计技术、穿跨越设计技术。

（2）复杂地区管道施工技术研究：大落差管道施工技术研究、油气双管大型桁架跨越施工监测研究、定向钻穿越辅助夯套管施工减阻技术研究。

（3）无人机线路巡检技术。

二、持续性评价

1. 资源规模评价

原油管道所输资源全部来自中国石油国际事业（香港）有限公司从国际市场采购原油，原油采购价格会随国际油价波动，但原油采购总量有充足保障。该项目建设的相关设施按照2200万吨/年规模，原油资源进口能力完全能够满足要求。

自评价认为，原油管道资源有保障，但采购价格可能随国际油价显著波动，存在较大风险。

2. 市场可持续性

中缅原油管道可行性研究及初步设计阶段安排的市场主要包括缅甸境内分输200万吨/年，向中国云南炼油厂供油1000万吨/年，管道一期输量达到1200万吨/年。未来随着规划建设的重庆炼油厂建成投产，管道二期输量达到2200万吨/年。

实际运行阶段，外方境内的原油炼油厂迟迟未能开工建设，未能从管道中下载原油，中国炼油厂推迟建设，未来几年该项目管输规模逐渐接近1300万吨/年。

总体来说，原油管道项目符合国家的发展战略，得到外方政府和人民的大力支持，若中国境内市场空间充足，管道输送能力还会进一步提升。

3. 规模及技术可持续性

原油管道设计输量1200万吨/年，未来设计输量达2200万吨/年。根据《原油运输协议》，自合同运输日开始，第一个合同年为400万吨，第二个合同年为900万吨，第三、第四个合同年为1000万吨，第五个合同年和剩余的合同期限为每个合同年1300万吨。

管道投运前两年的实际管输量就明显超过了《原油运输协议》中规定的管输量，未来一段时间规划输量接近并超过设计输量。但管道未来规模的市场存在较大不确定性，可能对项目未来工程的建设投产带来不确定性。

自评价认为，该项目采用同时规划、两期建设运营的方案显著规避了由于市场不确定性带来的风险，目前及未来一段时间管道实际输量接近并超过管道设计输量，与现有的管道设备设施匹配良好，也给项目未来的增产增输预留了充足的空间。

三、影响与持续性评价结论

本着"人文管道、绿色管道、安全管道"的设计理念和建设目标，管道建设和运营过程采取多种有针对性的环境保护和水土保持措施，有效地保护了管道沿线的生态环境、自然环境和人文环境，对管道沿线的自然、人文、经济、社会等环境起到了积极的促进作用。

管道采用同时规划、分期建设运营的方案显著规避了由于市场不确定性带来的风险，不仅适应项目当前的实际输量，也为项目未来的增产增输预留了充足的空间。

第七节 综合评价

一、目标实现程度评价

通过与可行性研究主要评价指标对比（表6-11），原油管道项目主要指标符合率较好。

表 6-11 主要评价指标对比表

序号	项目	单位	可行性研究阶段	实际情况	符合率（%）
1	设计输量	万吨/年	1200/2200	1300/—	108
2	实际输量				
2.1	第1年	万吨/年	600（2013年）	505（2017年）	84
2.2	第2年	万吨/年	1200（2014年）	1011（2018年）	84
3	设计压力	兆帕	8~15	8~14.5	97
4	管道长度	千米	781	771	99
5	管径	毫米	813	813	100
6	首站油管罐容	万立方米	120	120	100
7	管材	—	X70	X70	100
8	全线泵功率	兆瓦	32.4/57.6	36/—	111
9	隧道工程	座	5	0	—
10	输油（气）站场	座	7/7	5/5	71
11	阴极保护站	座	10	10	100
12	线路截断阀室	座	32	31	97
13	通信方式	—	光纤通信为主，卫星通信备用	光纤通信为主，卫星通信备用	
14	敷设电缆（含外电）	千米	22	208.1	
15	组织机构	人	453/463	中方：229 缅方：889	—
16	总占地面积	万平方米	261.1	1299.2	—
17	伴行路	千米	165	—	
18	维抢修机构	—	4个维抢修队分别为新康丹、品达、地泊、南坎	3个维抢修队分别为马德、新康丹、地泊；1个曼德勒维抢修中心	
19	项目投资财务内部收益率	%	12.88	7.05	45
20	资本金财务内部收益率	%	15.5	—	
21	单位能耗	千克标准煤/（万吨·千米）	65.4	47.2	72

在工程建设方面，通过不断优化工程方案，管道长度较可行性研究减少10千米；站场减少2座；综合能耗大幅度降低。

在输量方面，截至自评价时点，项目实际输量略低于可行性研究预测值。主要是由于项目投产晚于可行性研究预测，自2018年2月正式进入商业运营开始，管道输量截至评价仍处于渐增期，管道输量取决于炼油厂接收原油能力和处理能力，随着国内炼油厂能力达到设计规模，预期未来管输量将达到可行性研究预测值。

在综合效益方面，根据《原油运输协议》，该项目实际管输价格为33美元/吨，在项目实际投资及预测输量前提下，项目投资财务内部收益率为7.05%，按海外战略管道项目基准收益率10%折算税后净现值小于0。与可行性研究的预计值相比，输量规模由2200万吨/年

— 72 —

调整为1300万吨/年，而管输价格仅比可行性研究值（29.44美元/吨）提高7.2%。缅甸境内原油管道管输价格和内部收益率控制在合理水平，节约了原油进口成本和中石油云南石化有限公司成本，提高了中石油云南石化有限公司成品油的竞争力。

综上所述，与可行性研究报告对比，原油管道工程实际管输能力、输量、投资控制均得到了较好实现，达到了预期目标。原油管道工程效益指标控制在合理水平，有利于降低国内炼油厂成本，提高国内成品油竞争力，保障下游炼油厂和成品油销售的整体利益。

二、项目总体评价

原油管道工程是一项庞大的系统工程，是我国四大油气战略通道的重要组成，有利于维护和保障国家能源供应安全与稳定。

原油管道工程项目决策依据充分，可行性研究、初步设计的编制单位资质符合要求，所依据的基础资料较为翔实、齐全。可行性研究推荐的管道路由、工艺方案较为合理，设计水平和质量能够满足后期的工程建设需要；初步设计严格遵照各种设计标准规范，贯彻了可行性研究中确定的设计思路、技术路线、工艺水平，经过审查符合设计标准及相关要求。初步设计能够满足管道的建设、运营、维护和安全保障的要求。从前期工作与管道运行实际情况总的对比分析结果来看，原油管道工程（境外段）的前期工作较为合理、可行，基本能够满足实际生产运行需要，前期工作程序合规合法。在今后工作中，需进一步加强对输油规模等关键参数的风险分析和论证工作。

该项目根据项目特点采用了"业主＋监理总部＋监理分部＋EPC承包商"四位一体的项目管理模式，并引入了环境监理，加强了工程全过程管理，排除了多重不利因素的影响，实现了项目建设目标。该管道工程的招投标和采购工作严格按照程序进行，实现了全过程质量管理，开工准备充分。各线路EPC承包商克服了地质地形条件复杂、技术要求高、大型河流穿跨越较多、环境敏感点多、社会环境复杂、雨季时间长等不利因素，各标段施工单位施工质量总体良好，保证了工程进度，基本实现了项目目标。各监理公司基本能够按照监理管理文件的规定和要求，根据设计文件、相关标准规范、制度实施工程监理，完成该项目的监理任务。总体来看，原油管道的建设基本达到了预期目标，实现了工程的顺利投产和交接。

该管道分期投产，投产组织机构设置合理，分工明确，人员配置充分，培训工作较为扎实，规章制度全面合理，投产前的准备较为充分，能够满足后期的投产需要。整体来看，投产过程较为顺利，管道及自控、供配电、通信等相关单体均实现一次性投产，投产试运中未出现重大问题。该项目特殊地段敷设方式选择合理，水工保护措施等防护方法基本能够满足要求。该管道机构设置比较合理，岗位配置能够满足正常生产的要求。由于该项目投产时间推迟，运行初期输量渐增期也随之后延，与可行性研究预测输量相比，管道投产初期，输量略低于可行性研究预测值，实际资源有保障。该管道采用的技术较为成熟可靠，项目可持续前景良好。但未来输量受下游炼油厂规模限制，达到预期规模困难较大，影响到该项目的持续性和效益。

三、经验

原油管道工程建成充分展示了我国油气管道建设的最新技术成果，标志着我国长输管道工程建设技术水平上了新台阶，为我国今后管道建设积累了宝贵而丰富的经验。该原油管道工程可供其他工程借鉴的经验和方法主要包括以下几个方面：

（1）超前谋划商务模式，保障原油产业链整体利益。在管输价格谈判中，外方坚持将初始管输费、内部回报率及经济模型作为今后调整管输费的因素，中方提出还应增加炼油厂的接受能力和国际原油管输费水平两个考虑因素，由于双方未达成一致，因此在管输协议中将调整管输费的因素全部删除，这也为今后管输价格调整奠定了良好的基础，不受制于内部回报率约束。较低的管输价格有利于国内炼油厂降低成本，提高国内成品油竞争力，有利于保障原油产业链整体利益。

（2）注重文化交流，深化国际情谊，使管道工程建成友谊工程。油气管道架起了两国互利合作、增进友谊的桥梁。大量的属地化用工不仅增加了外籍员工的收入，更重要的是为当地培养了一批技术人才。

（3）保护生态环境，首次采用独立的第三方环境监理，使管道建成绿色工程、优质工程。环境监理对全线油气管道工程施工过程中的环境保护进行监督检查，确保全线施工过程中对沿线生态环境、自然保护区、饮用水水源等的保护，体现了项目公司对建设"绿色管道、环保工程"的高度重视和坚持"环保优先"的理念。

四、教训

海外项目前期工作和设计阶段需要充分考虑所在国法律政策、社会依托、基础设施、气象水文、人文环境等因素，以及与中国的差异，在可行性研究或初步设计阶段根据海外项目建设地的特殊情况，提出针对性强和适应性好的方案，尽量减少进入建设和运营阶段之后的方案调整和变化。

五、问题和建议

通过项目的实施和运作，中国石油在当地已经初步扎下了根。原油管道项目已成为中国和缅甸两国维系全面战略合作伙伴的重要纽带。为更好地发挥好管道的战略作用和平台作用，同时兼顾和提升项目的经济价值，有以下几点建议：

一是进一步落实资源，提高输量，提升管道项目整体价值最优。原油管道实际设计规模为1300万吨/年，未来设计规模为2200万吨/年，项目税后财务内部收益率为7.05%。如果输量得以增长，不仅可以提升管道利用效率、利用国外资源优化国内能源结构，更可以降低境外段管输费和提高管道税后财务内部收益率。努力实现管道、炼化、销售原油产业链一体化效益最优。

二是进一步争取财税、投融资等优惠政策。例如，国家开发银行、中国进出口银行优惠贷款资金、专项扶持资金，尤其是新发起的亚投行和丝路基金，促使项目资金更多进入油气合作领域和基础设施领域，为深化能源合作提供有力保障。

三是加快实施综合治理方案，减小并消除汛期露管风险。穿越河道与河岸的演变过程中，直接导致穿越处的风险隐患有两种：一是由于河道的演变，主航道向西岸迁移，直接冲刷穿越处护岸，导致护岸水工失效风险；二是河岸与河道中的浅滩变为河道后，水流下切，使得穿越处管道埋深大为降低，汛期水流湍急，河床极不稳定，易导致局部出现深坑冲沟，管道存在发生露管和悬管风险，危及管道的运行安全。

第七章 海外炼化项目自评价内容及案例

与第六章某海外管道项目自评价类似，本章以海外某炼化项目为例，介绍海外炼化业务自评价开展的相关内容。

根据中国石油天然气集团有限公司《关于做好2019年集团公司投资项目后评价工作的通知》的要求，按照《中国石油天然气股份有限公司投资项目后评价管理办法》等规定，G公司先行组织开展自评价工作。在充分消化自评价要求的基础上，经过前期准备，G公司于2019年2月组织召开了该项目的后评价工作视频启动会，集团公司规划计划部后评价处、后评价中心和G公司等单位参会。会后成立了以G公司主管领导为组长的项目后评价工作小组，按照分工要求，G公司负责组织、协调工作，G公司相关部门共同参与并积极配合，对该项目整体内容进行梳理、完善和评价。

该项目自评价报告编制工作按照《中国石油天然气集团公司炼油化工建设项目后评价报告编制细则》的内容和要求进行。自评价所依据的基础资料包括项目可行性研究报告、评估报告及其批复文件、基础设计及其批准文件、年度投资计划，以及其他有关批准文件、设计总结、施工总结、监理总结、项目竣工决算审计和竣工验收报告等，自评价工作严格按照程序开展。

该项目自评价采用有无对比增量分析的方法，后评价时点为2018年12月31日，2017年11月1日至2018年12月31日数据采用实际值，2019—2038年数据为预测值。

第一节 项目概况

一、项目基本情况

1. 项目建设地点和概况

G公司下属新加坡石油公司（SPC）是该项目股东。该项目坐落于新加坡裕廊岛石油化学工业园新加坡炼油公司（SRC）炼油厂现有厂区内，无须新征土地。

经过多次改扩建，项目现有原油加工能力达到1500万吨/年，占地130公顷[1]。表7-1中列出了SRC发展历程和股权变动情况。

表7-1 SRC发展历程及股权变动情况表

时间	变动情况
1973年	新加坡石油公司（SPC）炼油厂装置开工，1号蒸馏装置产能7万桶/日（350万吨/年）
1979年	新加坡石油公司、英国石油公司和加德士公司合组成立新加坡炼油公司（SRC）
1980—1986年	第一阶段增加的新工艺装置：2号蒸馏，催化重整，减黏裂化，加氢裂化
1995—1996年	第二阶段新增催化裂化装置系统：3号蒸馏，催化裂化，第三套柴油加氢脱硫，2号制氢，烷基化和MTBE装置；炼油厂蒸馏处理能力提高到29.0万桶/日（1450万吨/年），加工复杂度倍增

---

[1] 1公顷=10000平方米。

续表

时间	变动情况
1998年7月	由于装置分属各个股东,并炼制各自的产品,资产管理混乱,装置使用效率低,激励作用不足。经股东多次协商,新加坡炼油公司正式成为商业单元,按利润中心进行考核
2004年7月	英国石油公司撤资退出,新加坡石油公司和雪佛龙公司各自拥有50%的资产和权益。目前新加坡石油公司资产中75%的部分体现在双方股东账面,25%的资产体现在新加坡炼油公司账面
2009年	中国石油收购了新加坡石油公司全部股份。新加坡石油公司从股票交易所除名
2017年10月	清洁汽油与热电联产项目完成投产

2. 项目简介

该项目实施前,SRC炼油厂汽油产品的硫和苯含量只能符合欧Ⅱ标准。新加坡国家环保署(NEA)要求炼油厂2013年10月1日起为新加坡的加油站提供硫含量不大于50毫克/千克的清洁汽油,同时要求自2015年/2016年起炼油厂禁止采用高硫燃料油作为燃料。

为满足未来目标市场对清洁汽油的需求及更严格的环保要求并降低外购电力成本,SRC拟建设清洁汽油和热电联产项目。该项目实施后,炼油厂可生产和供应硫含量不大于50毫克/千克及10毫克/千克和苯含量不大于1.0%(质量分数)规格的清洁汽油产品,并降低经营成本,提升炼油厂竞争力。

该项目建设内容包括清洁汽油和热电联产两部分:清洁汽油部分新建一套110万吨/年汽油脱硫装置(GDS),生产硫含量不大于50毫克/千克及10毫克/千克和苯含量不超1%(质量分数)的清洁汽油;建设一套新的胺液处理装置(ATU-5),用于吸收GDS装置产生的硫化氢;改造现有的石脑油分离装置(NSU),新增一套石脑油分馏系统,使现有装置的处理量从85万吨/年提高到126万吨/年。热电联产(Cogen)部分建设两台35兆瓦的独立燃气轮机发电机组,配套新建2台产汽能力165吨/时的高压余热蒸汽锅炉。

3. 项目公司情况

项目公司SRC是一家独立经营的公司,有独立管理团队,股东双方都未派人在管理层中任职,员工总数659人(不包括项目合约员工)。注册地为新加坡裕廊岛,由SPC[中国石油国际事业(新加坡)有限公司的全资子公司]、雪佛龙新加坡私人有限公司(CSPL)和雪佛龙贸易私人有限公司(CTPL)(后两者合称CVX)所共有,股比分别为50%、27.8%和22.2%。

二、运作机制

1. 管控模式

SRC董事会下设HSE委员会、薪酬委员会、审计委员会和企业管理委员会。董事会共有9名董事,其中SPC委派包括董事长(常务)在内的5名董事,雪佛龙公司委派包括副董事长在内的4名董事,表决权为50:50。

董事会的主要职责是评估和批准SRC重要经营管理事项,包括年度生产计划、营运费用、资本支出、薪酬等,并监督SRC日常管理,确保SRC的经营和管理符合相关法律和法规要求。

2. 投资项目决策机制

投资额超过50万美元但小于1亿美元的项目,统称为SRC内部项目。内部项目执行分为五个阶段：第一阶段为预可行性研究方案研究，第二阶段为可行性研究方案研究（FSR），第三阶段为基础设计（FEED），第四阶段为项目实施（EPC），第五阶段为运营。从第一阶段至第三阶段，在每个阶段完成前SRC递交决策支持文件包（DSP）给股东审核和批准。

投资额介于50万~6000万美元的内部项目，项目和业务工作组（PCWG）在每个阶段都会对DSP进行审查。PCWG由股东代表组成，每月至少召开一次会议评估DSP。监督和管理委员会（UJV）作为项目的背书人，遵照SPC的内部授权文件（DOA），依据DSP对项目是否进入下一阶段进行审批。

投资额介于6000万~1亿美元的大型项目，将由双方股东代表组成联合管理委员会（JMC）负责审批。JMC的股东代表也是决策评估委员会（DRB）成员，遵照SPC的DOA，对决策评估阶段的所有审批进行把关。

3. 项目审批授权规定

SPC在批准SRC炼厂内部项目时要遵循公司内部授权文件（DOA）的规定。对于非扩能和改造项目且投资额少于6000万美元的项目，最终投资决定（FID）要获得SPC常务董事和执行副总裁的批准。对于所有扩能和改造项目及投资额在6000万~1亿美元的项目，最终投资决定需要获得SPC管理层的批准。项目总投资额超过1亿美元的项目，即SPC投资超过5000万美元的项目，SPC将按照中国石油天然气集团公司的要求编制可行性研究报告并上报总部，获得总部的审核和批准后方可进入项目下一阶段。

雪佛龙公司、SPC和SRC各自委派代表成立共同管理委员会，作为项目管理组织来推动重大项目的执行。三方代表同时担任决策评估委员和决策执行委员，负责指导与批准项目及向监事委员会与SRC董事会申请项目款项。

4. 运营模式

SRC炼油厂作为加工车间，按照计划加工股东轮流负责采购的原油并收取加工费，最后将产品交付股东。在整个生产过程中，原油和产品的所有权一直属于股东，股东以利润为指标对SRC进行考核。

5. 联席决策会议

SRC生产运营的核心理念是经济效益最大化。最优加工方案由线性规划模型（LP）来确定，以市场预期为输入条件，输出结果即为生产计划。全程尽量避免人为干预，但可以根据市场和价格变化情况进行适当调整。

监督和管理委员会（UJV）采用以商业开发与项目委员会、供应链优化委员会、供应委员会为核心的"联席决策会议"机制。委员会由SRC炼油厂、股东双方团队组成，定期（年、季、月）召开会议并制定决策。炼油厂负责提供装置情况、检修计划、物流计划等信息，股东团队提供下一周期的原油、成品油市场预测信息，双方通过线性规划模型计算获得最优方案。各方生产活动按照最优方案执行，每周通过会议进行情况更新。

6. 原油采购

炼厂每年加工20~30种不同的原油，平均API度为35。约40%的原油来自长期合同，剩余60%从现货市场采购。约90%进口原油来自中东，其余来自南美、远东、俄罗斯和西非。SRC作为商业炼厂，除了对原油品质有一定要求，最终选油、采购按照整体经济效益最大化的原则进行。

三、决策要点

1. 决策背景

当地环保要求及执行情况如下：

（1）SO_x 总排放量。

新加坡政府于 2009 年制定了可持续蓝图，目标是到 2020 年将大气中的硫氧化物（SO_x）水平控制在 15 微克/米³，并将这一水平保持到 2030 年。为了实现这一蓝图目标，新加坡国家环保署（NEA）要求炼油厂在 2020 年前减少 SO_x 排放量的 50%，并自 2015 年/2016 年起禁止炼油厂采用高硫燃料油作燃料。

（2）二氧化碳排放。

2012 年外方政府成立了委员会和工作组来解决与气候变化相关的问题，目的是到 2020 年将碳排放量降低 7%～10%，低于常规水平。同年，外方政府颁布了《节能法》，强制要求企业提高能效和能源管理，促进节能减排、降低对环境的影响。此外，外方政府还引入了碳税作为政府控制排放的手段（SRC 的年二氧化碳排放量为 210 万～220 万吨）。

（3）汽油硫含量。

在环保立法要求和消费者需求的推动下，亚太市场对清洁汽油（特别是苯、硫含量指标）的要求日益严格。外方国家环保署要求自 2013 年 10 月 1 日起，炼油厂要为加油站提供硫含量不大于 50 毫克/千克的清洁汽油，为此各大炼油公司都在制定措施以满足政府这一强制性要求。

（4）其他目标市场要求。

目标市场有望在 2015 年或 2016 年执行欧Ⅳ汽油标准（硫含量 50 毫克/千克，苯含量 1%），到 2020 年将实现欧Ⅴ标准（硫含量 10 毫克/千克）。因此长远来看，到 2020 年亚太市场将普遍采用欧Ⅴ汽油标准。

2. 建设内容

项目建设内容如前文所述，此外不再赘述。

3. 项目预期目标

自建热电联产装置，使用清洁的天然气生产蒸汽和发电，既可降低外购电力成本、确保蒸汽供应，又可满足外方政府的环保法规要求。

该项目实施前 SRC 炼油厂电力主要由外部电网供应。新加坡电力成本较高，2012 年电价为 0.1718 美元/（千瓦·时），SRC 每年电力成本约为 8300 万美元，未来电价还将继续上涨，所以自建热电联产装置可以大幅度节约 SRC 的外购电力成本。

该项目实施后，SRC 炼油厂改用清洁天然气来生产蒸汽，符合政府的环保法规要求。炼油厂平均综合能效从 68.99% 提高到 78.49%，综合效率提高 9.51%；炼油厂每年可以减少 SO_2 排放 6168 吨，降低大约 20%；减少 CO_2 排放 22.5 万吨，降低大约 10%，CO_2 排放达到新加坡政府的要求。

4. 项目决策过程

该项目（MCP）原本是两个独立项目，最早于 2005 年开始。由于目标市场推迟实施清洁汽油标准，清洁汽油项目于 2006 年暂停。另外，在 FEED 完成之后，热电联产项目也于 2006 年暂停。2008 年，第二阶段可行性研究方案研究重新启动时将两个项目结合，利用蒸汽集成的协同效应，产生更大的规模经济效益。

第三阶段基础设计是由 Jacobs Engineering 与兼职雪佛龙公司专家负责，FEED 在 2010 年 1 月获得双方股东的批准。由于区域国家（目标市场）推迟采用欧Ⅳ/Ⅴ标准，FEED 在 2010 年 10 月暂停。在 2012 年 3 月再次启动，项目聘请 Jacobs Engineering 重新核实成本估算和进度表。

基于 SPC 内部决策的需要，中国寰球工程有限公司（以下简称寰球公司）在 2013 年 12 月编制完成可行性研究报告并上报中国石油总部审批。2014 年 1 月 23 日石油计〔2014〕15 号文批复了该项目（表 7-2）。

表 7-2　基础文件编制情况表

序号	项目	开始时间	完成时间	文号	部门/单位
1	BusinessCase Study	2005 年	2005 年	Clean Fuels Report	SRC
2	Pre-FEED	2006 年	2006 年	JGC Engineering Document	JGC 公司
3	可行性研究报告编制	2012 年 9 月	2013 年 12 月	MCP 可行性研究中文版-批复投资版	寰球公司
4	环境影响报告编制	2010 年	2011 年 3 月	0119481 SRC PCS	ERM
5	环境影响报告批复	2013 年 7 月	2013 年 7 月	PCS Clearance – SRC Cogen_ Mogas	新加坡国家环保署
6	安全评价报告编制	2014 年 7 月	2015 年 6 月	13R3-102 SRC	DNV GL
7	安全评价报告批复	2015 年 7 月	2015 年 7 月	SRC Cogeneration and MOGAS（QRA approval）	新加坡民防部队
8	节能评估报告编制	2014 年 4 月	2014 年 6 月	MCP 可行性研究中文版-批复投资版	中国石油天然气股份有限公司
9	节能评估报告批复	2014 年 6 月	2014 年 12 月	MCP 可行性研究中文版-批复投资版	中国石油天然气股份有限公司
10	可行性研究报告批复	2013 年 2 月	2013 年 12 月	MCP 可行性研究中文版-批复投资版	中国石油天然气股份有限公司
11	核准报告批复	2013 年 12 月	2014 年 1 月 23 日	石油计〔2014〕15 号	中国石油天然气股份有限公司
12	基础设计编制	2010 年 1 月	2010 年 12 月	Jacobs Engineering Document	Jacobs Engineering
13	基础设计审查	2012 年 6 月	2012 年 12 月	Jacobs Engineering Document	Jacobs Engineering
14	基础设计批复	2013 年	2013 年	Invitation to Bid	SRC 项目团队
15	施工图设计编制	2013 年	2014 年	JGC Document	JGC 公司
16	开工报告批复	2014 年 4 月 14 日	2014 年 4 月 14 日	Commence Construction	SRC 项目团队
17	开工建设	2014 年 6 月	2017 年 3 月	System Completion	JGC 公司
18	投产运行	2017 年 3 月	2017 年 4 月	Pre Startup Safety Review（PSSR）	SRC
19	竣工验收	2017 年 4 月	2017 年 10 月 16 日	SRC/MC/02-2012	SRC CEO

四、项目实施情况

该项目于 2014 年 4 月末开工建设，2017 年工程中交，2017 年 4 月至 8 月装置试车，2017 年 10 月全部装置产出合格产品，实现了安全、优质、高效并一次性开车成功。

五、项目运行情况

GDS 装置于 2017 年 10 月投产,石脑油分离装置（NSU）于 2017 年 4 月投产,Cogen 1 号和 Cogen 2 号单元分别于 2017 年 5 月和 7 月投产。各新建装置投产后运行平稳。

第二节　前期工作评价

一、可行性研究评价

1. 2010 年之前历史

该项目最初由 2005 年开发的两个独立项目 Mogas 和 Cogen 组成,基础设计（FEED）均由 JGC 公司完成。由于目标市场推迟实施清洁燃料汽油标准,2006 年 Mogas 项目被暂停。在基础设计完成后,Cogen 项目也在 2006 年暂停。2008 年两个项目的第二阶段研究（Pre-FEED）重新启动。考虑到两个项目的结合可以利用蒸汽一体化的协同效应产生更大的规模经济效益,因此股东双方决定将两个项目有机结合,并采用单一项目管理团队方式以节省资源和成本。

2. 审批过程

第一阶段：选择投资业务,确保项目机会良好、稳健并与公司发展战略一致。商业方案成本估算精度为 ±50%。

第二阶段：制订一组备选方案,进行合理评价和比较,选择最优方案。设计基础文件为各方案的设计依据,而评价标准由各方商定。Pre-FEED 成本估算精度为 ±30%。

第三阶段：优化推荐方案,以便更好地定义项目范围,进行成本估算和推进项目进度。制定合同战略、EPC 执行计划,开展可施工性审查。FEED 成本估算精度为 ±10%。

第四阶段：EPC 执行项目。

第五阶段：运营及后评价。

3. 股东在各阶段的参与

在 Pre-FEED 和 FEED 阶段,公司合作方 SMC 积极参与所有重大决策（包括工艺配置、项目团队的组织和规模、承包商和专利商选择、合同和采购战略、可施工性审查和批准）、所有阶段预算和执行计划。两方股东都会仔细审查所有借调人员的成本、项目预算,并尽量降低各阶段整体支出。双方通过相关委员会与项目团队定期沟通,以便掌握项目进展并做出决策。

4. 编制单位资质及基础资料评价

该项目的可行性研究报告由寰球公司承担,寰球公司是一家一体化的国际型工程公司,主要从事炼油工程、石油化工工程、LNG 天然气液化及接收处理、新型煤化工、有机化工、无机化工、医药化工工程的建设。寰球公司拥有国家颁发的工程设计综合甲级资质、工程咨询甲级资质、环评甲级资质、工程造价甲级资质,特种设备设计、制造、维修资质；化工石油工程施工总承包特级资质、对外工程承包资质；拥有 ISO9001、ISO14001、OHSAS18001 和中国石油 HSE 等管理体系认证证书。因此,该可行性研究编制单位具有与承担的工作内容相适应的资质,满足要求。委托寰球公司开展可行性研究工作符合中国石油投资的审批流程。

5. 资源与原料评价

汽油脱硫装置（GDS）的原料为待加氢催化汽油（CCS），来自常压渣油催化裂化（RCC）装置。石脑油分离装置（NSU）原料为来自常减压装置－1/2/3 的直馏石脑油和加氢裂化装置－2 的重石脑油。

该项目实际主要原料来源、性质、数量、组成与可行性研究相比没有重大变化。

6. 产品市场评价

项目所在国是地区唯一采用汽油硫含量 10 毫克/千克规格的市场，但亚洲其他国家汽油标准也在逐步升级，该项目汽油产品产销量及库存始终保持基本平衡。因周边市场推迟升级欧Ⅳ/Ⅴ标准，当时实际销售以东南亚市场为主。

7. 总平面布置及外部条件评价

该项目总平面布置结合现有厂区布置特点，就近已有装置，汽油脱硫及胺液处理装置布置在原有常压蒸馏－3 装置东侧的预留空地上；石脑油分离装置的改造在本装置内实施，位于现有的催化重整联合装置区内；新建热电站拟建于厂区西北部。该项目还需要拆除现有的一些办公室和临时仓库。

热电联产装置 Cogen 1、Cogen 2 和石脑油分离装置（NSU）处于北工艺区（PN2）区域，而汽油脱硫装置（GDS）和胺液处理装置（ATU－5）处于南工艺区（PS）。

该项目新增的给排水、电信、暖通、消防、安全、环保等公用工程均能依托原有公用工程设施，部分在原有资源的基础上新增或改扩建，系统工程设计合理。根据储运系统现状和装置的布置情况新建储罐。该项目实际实施方案与可行性研究一致，自开工以来，装置所需的公用工程及系统配套工程均满足实际生产需要。

建设期间主要变化之一是在热电站和公用设施之间建造一个新的 400 米互连管架，将现有管架、地下和地上障碍物的基础加固，降低工作期间施工风险。另一个变化是增加了一台新的预热交换器，以降低燃气轮机发电机（GTG）天然气燃料的露点腐蚀风险。

8. 建设规模及工艺方案评价

根据全厂催化汽油产量确定汽油脱硫装置的规模为 110 万吨/年，装置投产后的生产数据表明该规模满足实际需要。可行性研究阶段根据生产需要对国内外催化汽油脱硫工艺和技术特点进行了深入调研。Prime－G 技术是 Axens 公司早期开发的催化汽油脱硫技术，该技术是把 127℃以上的催化重汽油馏分加氢脱硫，混合后的全馏分汽油含硫 100~150 毫克/千克。随着对脱硫要求的进一步提高，Axens 公司进行技术改进后推出了采用双催化剂系统的 Prime G＋技术，汽油脱硫的同时避免产生过大的辛烷值损失。生产运行情况表明，该技术是先进、成熟、可靠的，能够满足欧Ⅴ标准汽油生产技术需要。

石脑油分离装置（NSU）是 1984 年建造的催化重整联合装置（NSU、NHT、CRU－CCR）的一部分。重整产物的苯含量约 5%（质量分数），不能满足欧Ⅳ/Ⅴ车用汽油标准 1.0%（质量分数）的要求。

NSU 热量经新增的汽轮发电机（STA）优化后，可以利用高压蒸汽减压至中压蒸汽的功率发电；同时，新配置低压蒸汽和冷凝水回收系统作为节能措施。

总之，在整体燃气轮机发电机和热回收蒸气发生器方案选择中，综合考虑了最小负荷和最大负荷，另外考虑了（包括主要炼油厂项目）在不同运行工况下动力蒸汽供应的可靠性及动力进口/出口价格。对比了单系列和双系列配置方案后，选择了双系列的 Cogen 配置，当一个系列停工时，如维护、法定检查等，另一个系列还可以正常工作。并制定了退役锅炉的长期计划，首期计划是停用第 3 台锅炉，下一阶段考虑另一台锅炉的停工。

9. 风险评价

该项目在可行性研究阶段通过风险因素识别对各风险因素进行了分析，并提出了相应防范和降低风险的措施。项目实施过程与可行性研究保持一致，规避了风险出现的可能性，前期风险分析合理有效。

1）承包商风险

承包商作为 EPC 总承包商，具有在建设方面取得的成功经验和在运营中实现施工安全可靠的额外优势。

2）采购风险

提前购买长周期设备，计划提前融资。没有延误项目进度。

3）操作风险

操作工因为缺乏经验无法操作好 Cogen。为了提升炼油厂操作水平，对操作人员进行了广泛培训。另外，炼油厂还派遣运营团队到其他炼油厂进行培训和了解炼厂操作流程等。项目专家也参与了预调试、调试和启动。过去一年半装置的运营是可靠和令人满意的，没有重大的意外停工事件。

4）商业风险

在可行性研究阶段未预测电力价格巨大变化会对效益产生的负面影响。可行性研究的依据是由第三方顾问 P&G 根据市场分析提供的价格预测、邻国的供应和需求情况等资料。

二、前评估工作评价

2013 年 2 月，咨询机构召开评估会，组织专家对可行性研究报告进行评估论证。该咨询机构具有工程咨询甲级资质，业务涵盖炼油化工、石油天然气、油气勘探开发等领域。

与会专家从项目建设的必要性、原料供应、建设规模、产品方案及市场、工艺流程及技术选择、设备选型、自控水平、公用工程、投资估算、财务评价等方面进行了深入细致的审查，提出 63 条需要修改、补充、核实的意见和建议。评估认为，在后续设计和生产运行中应尽量减少催化汽油（CCS）的辛烷值损失；另外，项目总投资估算偏高。

自评价认为专家组的评估工作客观、公正、科学，评估报告结论准确、全面，对下一步的基础设计起到了指导性作用。寰球公司根据专家组评估意见，对可行性研究报告进行了认真的核实、修改和完善，于 2014 年 12 月完成可行性研究报告终版编制并获得批复。

三、基础设计评价

1. 设计单位资质与进度评价

新建汽油脱硫装置的基础设计和详细设计工作委托 Jacobs Engineering 公司，该公司是领先的国际技术专业服务公司，提供工程总承包、工程设计、开车指导、建设监理等功能，具有较强的竞争力和较高的技术水平，该设计单位的资质完全符合项目工程需要。

2. 主要设备选型评价

1）汽油脱硫装置（GDS）和石脑油分离装置（NSU）设备选型评价

基础设计阶段主要设计指标与可行性研究保持一致，部分指标有优化。这表明基础设计符合工艺要求，与可行性研究吻合度较好，科学合理。

该项目基础设计规模、原料、产品方案与可行性研究报告一致。出于确保运营安全的考虑，仅增加2套设备：NSU 增加一台蒸汽涡轮交流发电机，用于动力回收和改进蒸汽冷凝水回收；锅炉增加了天然气蒸汽预热器以避免燃气发电机的露点腐蚀。

该装置中的非标静设备包括塔器、容器、反应器和换热器四种类型。装置中的关键设备包括一段加氢脱硫（HDS）反应器、二段 HDS 反应器和选择性加氢（SHU）分离塔等。一段 HDS 反应器和二段 HDS 反应器均为下流式反应器。一段 HDS 反应器共有3个床层（第一层是砷保护床，另外两层为脱硫床），二段 HDS 反应器有两个 HR806 催化剂脱硫床层。

SHU 分离塔直径为2700毫米/3800毫米，长度约46米，有56层塔盘。该设备存在运输超长的问题，需要考虑分段运输，现场组焊，因此运输和制造难度较大。

空气预热器系统（APH）的加热炉 GDS7101-b 的设计热效率是90.4%，GDS7102-b 的热效率是90.2%。两台加热炉均为立管圆筒炉，共用一套余热回收系统。炉管均采用 A312 TP347 材质，炉衬采用导热系数较低的衬里材料以降低炉体及余热回收系统的散热损失。由于加热炉燃料气硫含量较低，在未来详细设计阶段可通过降低排烟温度等措施进一步提高加热炉热效率。加热炉采用模块化供货方式制造安装，尽量减少现场施工的工作量，缩短制造周期。

循环氢压缩机的设计能力是36678千克/时（100516米^3/时的供氢量），含有10%余量。由于汽油脱硫装置（GDS）采用两段脱硫，有两股循环氢气体，因此压缩机负荷较大。鉴于压缩机的高可靠性（可靠性99.89%），多套加氢装置（加氢裂化、柴油加氢等）均使用一台离心式压缩机，无备用机组，运行可靠。因此，该项目设一台循环氢压缩机是合理的。

2）热电联产（Cogen）部分设备选型评价

根据燃气发电机（GTG）和来自热回收蒸汽发生器（HRSG）的4.137兆帕蒸汽设计了两个独立的热电站。两台锅炉经过改造后使用天然气生产蒸汽，并维持在最低生产能力下运行，目的是最大限度地提高热电站的蒸汽产量，从而提高能源效率。Cogen 比锅炉产蒸汽和发电更有效率，可以满足炼油厂的蒸汽需求。

3. 总图及系统工程评价

该项目除了蒸汽涡轮交流发电机和天然气蒸汽预热器，总图、储运、公用工程及辅助工程等主要建设内容与可行性研究报告一致。

四、对基础设计审查意见的评价

当 Jacobs Engineering 公司接近完成基础设计（FEED）时，FEED 没有做大的修改，最终项目建设成果与 FEED 设计比较匹配。评价认为，审查意见客观、公正、准确，对项目的详细设计具有较好的指导性，从而对工程建设起到了积极的引领和促进作用。

五、项目决策程序评价

1. 项目公司批准

2017年10月进行的估算和进度保证审查及成本和进度风险评估结论表明，主要由于 EPC 承包商风险的不确定性导致成本和进度估算不符合预期。随后，在商业投标阶段开始采用适当的应急措施来弥补EPC承包商风险的不确定性。基础设计同行评审于2018年3月进行,共收到37项重要观察点,其中包括7项优势。组织能力不足是同行评审结果中的一个关键问题。2018年7月,确定关键项目的领导职位。项目公司于2018年11月收到有附加条件的最终投资决策,附加条件为该项目需经过中国石油批准。

2. 中国石油批准

项目建议书和可行性研究报告由寰球公司编制并于2013年2月提交,随后中国石油于2014年3月组织专家召开研讨会。从工艺(6条)、工程(32条)、Cogen(7条)和经济(18条)四个专业共提出63条评论意见。主要意见集中在替代配置、催化裂化汽油的辛烷值损失及成本估算过高等方面。除费用估算外,专家小组审查产生的所有技术意见都在2013年7月寰球公司完成的可行性研究报告修订版中采纳。寰球公司于2013年10月再次提交修订后的可行性研究报告。业主团队于2014年1月向主管部门提交了修订后的预算方案并获得批复。

该项目前期工作周期科学合理,各个阶段承接合规紧凑,各项意见论证翔实,决策程序科学有序,符合项目管理程序规定,满足项目建设的实际需要。

六、前期工作评价结论

总体上该项目前期各阶段工作依据充分,衔接紧凑合理,项目运作、决策程序符合规定,决策及时正确,科学前瞻。

前期工作经验教训有以下几点:

(1) 设计方案论证严谨,不断优化。寰球公司对工程设计、成本估算和经济评价进行了细致研究和持续优化。

(2) 与政府部门沟通及时到位,及时取得环境评价、安全评价批复,这些批复文件也为项目各阶段工作按步骤、有序进行提供了支持和指导。

(3) 支持自有技术,工艺方案论证严谨。前期进行了深入调研,对当前国内外技术在流程原理、工艺特点、产品质量、应用业绩、投资等方面进行了充分比选,最终选用Prime G+技术。装置实际运行数据表明,该技术满足标准要求和市场需求,产品质量优良,达到了预期目标。

(4) 在整个Pre–FEED、FEED和施工阶段,SMC通过组织阶段预算和控制项目团队规模来降低项目成本。SMC推动SPC选用当地人员加入项目团队,减少使用成本更高的外籍员工。但因区域市场推迟实施欧Ⅳ汽油标准,该项目不得不中途停滞而后重新启动,导致Pre–FEED和FEED产生额外成本。

第三节 建设实施评价

一、工程建设管理模式评价

1. 项目范围、管理和规划

该项目是SRC自1997年以来执行的第一个大型项目,采用"业主+EPC+专家团队"的管理模式。EPC承包商全面负责工程设计、设备采购和施工管理。项目的建设实施工作管理有效,实现了质量、安全、进度和投资的总体目标。该项目于2014年4月开工建设,2017年10月中旬一次投产成功。

多年来，该项目总承包商一直协助进行炼油厂提升，特别是 RCC 装置的建设。对于项目公司，满足项目要求（如成本、进度和质量）及实现最高水平的安全绩效至关重要，有助于长期保持与 SRC 及其股东的互信合作关系。

2. 项目管理

该重点领域详细说明了通过执行该项目创造的价值和战略。

施工完成时无安全事故发生（IIF）；保持承包商与公司之间的专业关系；满足项目的成本、进度和质量目标；设施可靠，实现安全操作和维护。

3. 项目组织

项目组织能力对该项目至关重要。承包商必须提供有能力的项目组织成员确保项目成功执行。

由于该项目需要对现有炼油厂进行大量整合和改造，因此承包商成立了运营中心，由项目经理领导的核心成员组成，最大限度地加强了项目组织与 SRC 团队之间沟通。同时项目团队还可以充分利用承包商的组织和资源。

4. 目标

在项目的初期阶段是由一个联合团队领导；在业主的支持下，项目团队有足够的组织能力；领导团队对在项目建设期间填补新职位或更换现有员工保持一致意见；有效资源保障，按时交付所需的结果；明确角色和责任，提高工作效率和精简人员队伍；承包商和横滨总部之间保持完全一致。

5. 公共和政府参与

虽然该项目得到外方政府大力支持，但仍然需要政府的审批并遵守当地法规。

根据项目进度表推动政府审批流程；确保从 JTC 集团获得临时土地租赁；获取最大劳工分配配额以保证施工所需的必要劳动力。

6. 风险与不确定性管理

EPC 项目执行期内的风险管理非常关键。EPC 承包商在项目的早期阶段识别风险及其大小，并针对风险因素制定不同的风险控制策略。通过有侧重地加强工程管理，预防风险的发生。工程管理人员在项目全程对风险进行监控，及时发现风险隐患，适时化解、分散、转移风险，直到风险结束（减轻、转移、接受或取消）。

通过及时降低风险达到降低项目生命周期成本的目的；尽量降低绝对风险的后果；管理由变更引起的风险（避免成本、进度、质量和安全影响）。

7. 接口界面管理

EPC 施工期间的主界面介于 EPC 承包商、SRC 和项目团队之间。进入现有炼油厂设施需要许可和工作协调，这在施工期间尤其重要。

项目团队在必要时协助 EPC 承包商与当地政府和监管机构进行沟通，EPC 承包商负责管理与项目工程许可和批准相关的所有接口工作。

及时识别和解决所有项目界面问题，尽量减少对项目目标的影响（如进度、成本、范围、质量和安全）；项目团队和 EPC 承包商的界面清晰、责任明确；将变更通知所有相关方；将其他项目对该项目执行的影响最小化。

8. 范围管理

对于 EPC 总承包合同，业主采用积极的范围管理措施来避免范围扩大和索赔，避免项目结果不佳。

9. 质量管理

该项目减少 SO_x 和 NO_x 排放的目标及低硫汽油产量方面的目标可能会因 EPC 执行期间质量管理不善而受到直接影响。

对于该项目质量管理，项目符合 SRC 质量期望（可操作性、可维护性、可靠性）；早期管理质量问题最大限度地缩短了总执行时间表（最小化后期更改、返工时间和成本）；优化实施质量管理所需的时间和资源；确保保存工作；正确拧紧控制法兰（Controlling Flange）。

10. 项目技术和执行管理

1）设计管理

承包商确保成果符合项目的期望和要求。设计团队了解合同约定的内容，并确保设计成果满足预期，避免造成范围变更。

通过细致的详细工程设计（DED），避免施工和设计返工；详细设计在预算和时间表内完成；在详细设计期间通过检查和审查最大化工厂的可操作性和可靠性；为确保实现安全可靠的设施目标，对技术工作流程和设计可交付成果进行适当的监督和核查。

2）健康、安全和环境管理

健康、安全和环境的成功管理是执行该项目的基础。该项目利用 SPC 的无事故和无伤害计划来实现 HSE 目标。

施工完成时无事故和无伤害（IIF）；提高组织对 QHSE 意识；为所有从事该项目的人员推广 IIF 文化；各级人员在各自的专业中都有相关的 HSE 培训；在项目管理团队和承包商组织内推广安全流程意识；调试和启动完成无事故和无伤害发生。

3）施工管理

施工计划侧重于设计和施工阶段所考虑的施工活动，即施工性、现场物流、工作许可、整体项目进度表、天气风险和缓解、施工管理策略。

在该项目中，承包商指派一个施工管理人员小组管理承包商的施工工程。SRC 负责试车和开车，并根据需要利用承包商的资源提供技术和现场支持。

施工期间无安全事故发生；施工过程最小化返工和延迟；最小化与施工相关的变更；施工符合 ORM 要求（可操作性、可靠性、可维护性）；施工活动对炼油厂运营和风险的影响降至最低；炼油厂活动对项目施工影响降至最低；降低与主要设备安装和运输相关的风险；临时设施计划和与炼油厂运营计划的整合；优化分包商选择和合同签订；根据项目进度表和预算管理分包商，确保其工作合格；按照项目要求安全准时地拆除现有设施。

4）项目建设管理组织结构及职责

该项目由从项目资源公司借调的项目经理领导。其他主要管理人员包括工程经理、执行经理和系统完成经理，剩余职位由 SRC 长期工作人员和 SRC 合同工作人员担任。通过聘请第三方代理公司员工及 BV 等专业公司的顾问，进行质量检查和 MCCS 预调试等。项目的支持管理层是 SRC 副总经理，项目经理由该项目领导团队直接担任。

项目经历了从设计、施工、完工到运营/调试的 4 个不同阶段，用工高峰期时约有 160 名员工。

2018 年 7 月，该项目从建设阶段过渡到系统完工阶段。

5）业主团队选择

为了控制业主团队成本，股东双方首先制定了招聘政策。该项目业主团队的选择标准如下：符合职位的资质、经验水平；SRC 员工优先，其次是当地员工、区域员工；找不到满足上述要求的合适人才，再考虑股东员工。SMC 请求其总部以及中国石油委派专家，但未找到合适人选，为此汽油脱硫装置（GDS）、石脑油分离装置（NSU）、热电联产装置（Cogen）和系统工程的实施工作由合作方提供的 4 位员工负责。

业主团队在某个领域没有足够的专业技能时，会选择聘用专家。如果是长期项目服务，则启用与合作方签订的 SRC 技术服务协议。

6）系统完工

基于 2016 年的 API 新标准和经验，新工程质量保证体系包括遵循体系文件、工作流程、作业表格、技术措施等。整合了施工、中交、试生产前等多个阶段，不同主体所进行的工程质量的检验和完工确认工作，做到一次到位，不反复、不遗漏，从而本质上保证了工程质量，体现了业主在专家团队指导下对工程质量的主导控制作用。

系统完工是一个过程，在这个过程中，新建设施的技术完整性得到验证，设施从项目移交到炼油厂。项目团队在承包商和专利商的协助下负责设施的最终试车。

承包商了解系统完工的相关流程，并在合理的计划下迅速执行；按照计划和时间表有效和安全地执行系统完工和移交；稳健周转流程，实现炼油厂的安全性和可操作性。

7）运行

该项目确保尽可能顺利过渡到 SRC 运营，并确保在整个 EPC 执行过程中实现可操作性、可维护性和可靠性的目标。承包商按照项目要求（包括时间、安全和质量）交付项目，确保新设施尽量无缺陷并顺利移交至 SRC 手中运营。承包商通过提供必要的数据，协助 SRC 建立运营和维护所需的数据库。

运行目标包括：项目启动和移交到运营团队的时间最小化；建设过程中尽早纳入运营要求（ORM），避免后期变更（成本和延迟）；对正常运营和大修计划没有意外影响；团队使用现有流程来管理运营，最大限度地减少所需资源；新设施安全可靠地支持炼油厂运营；运营费用（Operating Expenses）预算。

8）项目控制

费用控制：因 EPC 总承包合同，承包商没有义务提供除投标要求之外的详细费用。EPC 执行期间要优化的关键活动是变更单管理。业主团队成本费用估算基于对中标者的管理需要、团队工作制度和工作中的变更。变更单数量和费用最小化；通过更新最终成本估算和趋势来避免资金延迟支付。

进度管理：承包商负责管理项目整体进度（MIS）。在 MIS 中明确标识"业主活动时间表（OAS）"，以便 SRC 跟踪其自身项目管理活动的进展情况（如 HSE 和运营保证）。所有利益相关方详细讨论进度，必要时及时修订（针对改造升级及管道连接活动）。

9）SRC 的项目控制

SRC 团队通过检查承包商的工作来维护项目控制权。所有范围变更由 SRC 团队审核和批准。在整个过程中，项目控制人员确保与承包商的流程和程序无缝对接。

合同和采购：通过制定相关流程来管理合同，以适应项目的独特性并顺利执行项目。

采购和材料管理。项目有两个采购重点领域：（1）推进采购活动使项目进度表与炼油厂停工检修期保持一致，并遵循合同中规定的机械完工日期。该项目加快采购所有长周期设备，如 GTG、HRSG、重型/大型设备、大型电力设备、MAC 等，以满足 EPC 的可交付要求。（2）从 SRC 的批准供应商列表（AVL）中选择合适且有能力的供应商，承包商推荐的任何 AVL 列表外的供应商都要获得 SRC 批准，审核标准是质量、经验、成本、进度和操作保证。承包商进行必要的协调、催货、检验和文件审查工作，以确保在指定的时间内交付符合项目标准要求的成果文件。

10）项目收尾

当项目的所有方面都已移交给 SRC 时，进行项目收尾。炼油厂人员在承包商的协助下完成调试，部分交接在预试车后进行。

二、招投标评价

该项目采用竞争性投标的 EPC 总承包策略。

EPC 承包商的谈判和选择按照 SPC 和合作方于 2013 年 2 月批准的合同程序进行，在公平竞争的基础上授标给技术方案最佳和投标价格最低的投标人，如证明其具有充分理解和实现项目目标的能力；维护 SRC 在公平、客观和公正招标方面的声誉，吸引更多投标人参与 SRC 未来项目的竞争性招标；确保业主团队以有效和及时的方式提出建议；确保股东能够出席并参与制定公司的所有决策；商业信息不能影响技术评估和筛选。

2012 年 9 月向 6 名潜在投标人发送了投标邀请书（ITB），但只有 4 个投标人参与投标。

投标文件在 2013 年 2 月递交。采用两步评估程序，只有经过技术评标和入围的投标者，才会进行商业评估。技术和商业投标评估耗时 12 个月完成。

Jacobs Engineering 公司能够中标的原因是与其他投标人相比，其 FEED 报价优势明显。2013 年 10 月评标小组与 Jacobs Engineering 公司进行了最后一次谈判并获得进一步的价格优惠。

三、施工图设计评价

1. 设计进度评价

由于详细设计与施工活动重叠导致整体进度放慢 5~7 个月。施工与现场设备安装工作重叠导致大量的设计图纸和施工工作返工。

FEED 是基于初步设计完成，而最终投资决定之后的详细设计中，项目规范和标准发生了变化；同时为了增加项目的灵活性和可靠性，SRC 要求 EPC 承包商更改工程范围。以上原因造成项目进度延误。

其中，2 个月的延误由以下原因造成：

（1）长期的 PID 设计、审查和 HAZOP（Hazard and Operability）会议及 SRC 造成的设计变更，导致基础工程包延迟完成；

（2）SRC 要求承包商向其施工场地延迟发布结构图纸，延迟开始制造，直至完成 60% 的模型审查，以减轻 SRC 模型审查后可能发生的变化带来的影响。

剩余的 3~5 个月的延误主要是由以下原因造成：

（1）承包商的多中心工程界面：由横滨以外的工程中心协调的多中心工程是承包商的新试验，可能是为了降低承包商的执行成本。

（2）设计变更：由于地下和地上障碍物，最终投资决定之后引入了新安全标准和要求，如隔离原理，天然气规范在最终投资决定后最终确定，SRC 和承包商对 FEED 进行了重大修改，造成项目范围扩大。增加额外的预热设施，并建造一个新的约 400 米长的互连管架，以减轻现有管架等基础加固工作中的操作风险。承包商对桩的类型和布局设计也进行了后期改造，用于节省成本。地下障碍物的存在也导致一些重新设计工作，并直接影响到土木设计和监管部门的批准。

2. 施工图设计与批复后基础设计符合性评价

1）新系统完成

在 EPC 合同中，没有关于预调试和调试的系统化和技术验收标准的系统完工定义。为了确保能够按照设计验证已完成的所有施工工作，达到所需的质量标准，确保首次正确启动并长期可靠运行，采用了新的系统完成过程。

系统完工过程被定义为项目中的顺序活动，用于验证和证明系统的选择、设计、构造、安装、集成、测试和准备工作已正确完成，确认设备连续运行。

这符合 1FSC 推荐的 API 标准。系统完工程序由项目团队与项目专家协商制定。所采用的程序可以充分识别和处理所有因设计不符合工程质量引发的问题，直至 422 系统中的每一个都经过认证，技术上已准备好进行移交、调试/启动。

2）400 米 Cogen 公用管架结构

在 FEED 中，新 Cogen 装置与现有锅炉/公用设施之间的 11 个新连接管道最初计划安装在现有的公用工程管廊上，通过进行基础加固和结构修改来增加空间和装载支持。规格为"2-20"的 11 条管道包括天然气、蒸汽、锅炉给水、新鲜水、冷凝水等管道及连接新 Cogen 装置和现有锅炉/公用设施两个区域所需的其他介质管道。

在 EPC 合同澄清时，承包商已经确定了这种潜在风险，并且在 EPC 协商期间双方一致同意将该风险单列在 EPC 合同之外，改变路线则视作变更。而预算也是在此基础上进行的。由于现有设施在地下、地上均有分布，有阻塞问题，因此 FEED 方案在详细设计中被证实为不可行（表 7-3）。在进一步的工程评估和现场勘察之后，发现场地严重阻塞/拥堵而难以避免过程安全问题和操作风险，故确定 FEED 设计路线在技术上不可行后，在初步设计重新研究了三个方案。

表 7-3 施工图设计变更内容及原因

序号	变更内容	金额（万美元）	原因
1	新系统完成	2252	系统完成是 2013 年研发，基础设计未考虑到
2	增加 400 米 Cogen 公用管架结构	844	基础设计是直接用现有的管架从北到南，但管架没空间需要绕炼油厂

3. 设计水平及质量评价

表 7-4 中列出了批准后的施工设计变更情况。

表7-4 影响工期重（较）大设计变更及原因分析

单元	描述	原因
汽油脱硫装置（GDS）	GDS 关闭采样点修改	选择实验室倾向的采样工具
	安全淋浴的移位	阻碍人员通行
	GDS 界区内消防雨淋阀移位	为未来项目的空间优化
	GDS/ATU-5 过滤器容器的高位排气管线通往油水系统（OWS）路径改变	将油输送到大气/地面的安全原因
	重新定位 GDS 的应急关闭开关	改善锅炉紧急关闭的安全通道
胺液处理装置（ATU-5）	为 Amine 再生器进料/底部交换器 7151 CA/CB/CC 增加旁路设计	为在线清洁做好准备，以避免热交换器结垢
石脑油分离装置（NSU）	SW-6208 功能更改/CRU 通用和 6200U C&E 图表更新	更安全的关闭顺序
热电联产装置	连接现有 4 号线路和 8 号线路的新交汇处的电缆保护	承包商忽视了对电缆管道的要求
锅炉	3 号锅炉供应备用热源	要求灵活性的运营

承包商在 SRC 执行过多个项目，熟悉 SRC 的工程标准。该项目使用基础工程设计数据（BEDD）和当地工程标准（CES），符合炼油厂的标准。为更好地管理成本，防止承包商对风险费用估算过高并体现在合同总价中，业主保留与承包商协调沟通后的详细风险清单。承包商的风险配额已包含在业主的预算中，一旦风险发生则批准变更单。影响投资设计变更情况详见表7-5。

表7-5 影响投资重（较）大设计变更及原因分析

序号	变更内容	金额（万美元）	原因
1	设计改变	360	提高炼油厂的运营灵活性和可靠性
2	22 千伏电气切换	670	FEED 设计可以在各个工艺装置的未来改造升级、大修期间执行，事实证明，这假设在技术上是不可行的
3	Cogen 安装新的天然气预热器	200	FEED 期间不提供完整的天然气规格（露点）
4	低压气体减排站的重新安置	312	以解决质量可靠性保证（QRA）的批准风险及其他安全缓解措施
5	新隔离原理	115	采用新的全新隔离原理，用于系统和设备隔离，确保人员在停机和维护期间的安全

(1) 22 千伏电气切换。

在执行该项目之前，SRC 从 SP-Power Grid 66/22 千伏主进口变电站获取 4×22 千伏电力连接。变电站内有两台 22 千伏交换机 SB-1 和 SB-2，分别从 2×75 兆伏安和 2×31.25 兆伏安变压器接收电力。SB-1 为处理单元供电，SB-2 向公用工程和油品储运区（OMA）供电。共有 23 个馈线，包括连接主进气变电站和各变电站的电缆。

FEED 设计认为每根馈线的连接可以在大修期间切换到新的变电站。然而，SRC 炼油厂在最终投资决定之前确定大修期间无法完成该项工作，并要求在该项目执行期间完成所有 22 千伏切换工作。为此，投资预算也涵盖了该项工程。

由于每根电缆在带电操作期间被切断，因此在切割之前需要确定电缆的可靠性并且确保切割工作的质量过关，以避免长时间停机。

（2）Cogen 安装新的天然气预热器。

在 FEED 期间，因为没有完整的天然气规格（露点），所以没有预热设计。在合同招标和澄清期间，承包商表示他们没有考虑提供预热设施。直到前期设计完成后才确定需要增加预热设施。但因现场没有足够的空间容纳加热器，并且需要增加新的结构和管道，这些工作范围的增加会导致成本显著上升。加热器的安装会提高天然气的温度，避免露点腐蚀。

（3）低压气体减排站的重新安置。

在 FEED 期间，25 巴[1]的天然气管道被设计为沿着 8 号道从 Cogen 到公共区域旁边的围栏线。Cogen 质量可靠性保证研究表明，管道泄漏或破裂导致的风险等值线明显会延伸到 SRC 边界之外，这是外方政府不能接受的。

为了确定 SRC 边界内的风险等值线，需要将低压减压站（包括其他相关设施）从公用设施区域重新安置到 Cogen 地区的东侧，这样可以通过时减少 6~25 巴的压力。由于 QRA 的批准风险由 SRC 承担，因此不在总价合同范围内。

（4）新隔离原理。

在 FEED 期间，NSU、GDS 和 Cogen 没有标准化的隔离理念。每个工厂单元被定义为在最初建造时在每个区域采用相应的标准，因此隔离方法存在不一致。在 FEED 之后，Jacobs Engineering 公司发布了隔离理念标准 FRS – DU – 5267，该标准适用于下游业务，用于紧急系统和设备隔离，在正常运行、维护和停工维护期间保障人员安全。该项目采用了新发布的标准，并由此制定了新的隔离规范，要求承包商实施约定内容。

四、工程承包商或施工单位评价

1. 施工准备评价

所有装置调试活动均在项目范围内进行，并得到了专利商、供应商和承包商的技术支持。

1）招标完成

2012 年 9 月向 6 名潜在投标人发出邀请招标（ITB）。技术和商业投标评估耗时 1 年。合作方和中国石油批复之后，2014 年 2 月授予承包商该项目的 EPC 合同。

2）分包商确定

承包商管理所有施工进度和现场施工进度，并监督分包商的工作进度。SRC 项目团队参与监督、管理，并按时参加承包商和分包商的定期日会、周会和月会。该项目从建设向运营过渡时，SRC 的项目管理团队承担系统完工的主导角色，全面负责试车和开车，承包商提供技术支持。表 7-6 为分包商名单表。

表 7-6 分包商名单表

项目	工作范围	公司名称
1	土木和混凝土结构	Scan Bilt
2	建筑	JDC
3	设备安装	Scan Bilt
4	机械（管道和结构）[Cogen、油品储运区（OMA）、天然气]	Hiap Seng

---

[1] 1 巴 =0.1 兆帕。

续表

项目	工作范围	公司名称
5	机械（管道和结构）（GDS、NSU）	PEC
6	仪表	Kokusai
7	电气	Rotary Engineering
8	保温和防火	Meisei
9	脚手架	Hai Leck

为实现安全管理目标，项目公司安全专家团队与 JMJ 代表一起推进安全管理。HSE 计划由 SRC 和 EPC 的 HSE 团队共同制定。

项目商务团队根据已批准的投资额进行资金管理。定期进行内部审计和股东审计，确保所有资金申请和向承包商付款都有支持性文件。

施工人员是该项目最受限制的资源，由人力部（MOM）根据每年外劳配额（MYE）进行管控。MYE 是根据业主授予特定项目给总承包商的合同金额，分配给总承包商的外国施工人员配额，根据人力部发布的公式计算。承包商/SRC 与政府协商寻求豁免以增加人力来支持项目的建设活动。

3）材料准备

在 EPC 总承包合同下，承包商负责采购、催货、检验、运输、清关、接收和管理项目所需的所有材料和设备。SRC 的项目团队与承包商密切合作，确保按时采购和交付材料，重点关注安全性、成本、进度和质量。

4）施工计划

为了更有效地管理，施工被分为 Mogas（GDS/NSU）、Cogen（1 号和 2 号单元）、公用工程和 OMA、电气和仪器四个重点领域。

5）开车批准

系统完工（SC）过程定义了项目的活动顺序，用于验证和证明系统的选择、设计、构造、安装、集成、测试和准备工作已正确完成，确认设备已经做好安全预测和连续运转准备。

在施工结束和预调试活动之前，SRC 项目管理团队对可预测的启动计划予以监督。SRC 与承包商签订了"预调试和系统完工"合同 A15，确定承包商和 SRC 在预调试和调试活动中的范围、作用和责任。通过对设备结构的验证检查、安装、测试正确完成，实现安全的首次正确启动。

6）系统完工的简短描述

系统完工（SC）过程被定义为项目中的顺序活动，用于验证和证明系统的选择、设计、构造、安装、集成、测试和准备工作已正确完成，确认设施已做好可预测且可靠的启动准备，确保设施可以连续运行。

当建筑工程基于工程量清单（BQ）达到 70% 完成时，项目从 BQ 进度转变为系统完工。

系统完工首先定义项目的系统定义，将项目拆分为可管理的较小系统/子系统，以便预先进行通信。

2. 施工计划的执行情况

项目整体进度表（MIS）用于控制 EPC 工作，需要与承包商达成一致。该时间表在延迟情况下可作为评估延误时间（EOT）的基准。如果基于合同的 EOT 条款确定延误是 SRC 造成的，则 SRC 发布 EOT 以解除承包商的违约责任，并可能在特定条件下支付额外的经济补偿。

MIS-2C 是基于原始 EPC 合同里程碑里 MIS 而制定的初始版本。SRC 在设计开发阶段向承包商发出 2 次延期（EOT）。

2012 年 12 月的 EOT-1：长时间的 P&ID 开发/审查和 HAZOP 会议及 SRC 的新设计变更导致基础设计延迟完成。SRC 向承包商颁发了延期 2 个月通知，补偿金额为 70 万美元，然后将 MIS-2C 版本修订为 MIS-2D。

2012 年 1 月的 EOT-2：SRC 通知承包商推迟制造开始日期直到完成 60% 的模型审查以减轻 SRC 模型审查后可能发生的变化带来的影响。该事件造成进度滞后 1 个月，没有给予承包商补偿金。MIS-2D 进一步修订为 MIS-2E。

表 7-7 中总结了从 MIS-2C 到实际完成的机械完工和开车进度的演变。机械完工时间推迟 5~7 个月，开车时间为 5~8.5 个月。

表 7-7 EPC 时间表

项目	里程碑	NSU	Cogen 1	Cogen 2	GDS/ATU
MIS-2C	机械完工	2016 年 7 月 31 日	2016 年 6 月 30 日	2016 年 8 月 31 日	2016 年 10 月 31 日
	开车	2016 年 8 月 15 日	2016 年 7 月 31 日	2016 年 10 月 30 日	2016 年 11 月 30 日
MIS-2D	机械完工	2016 年 8 月 31 日	2016 年 7 月 31 日	2016 年 9 月 30 日	2016 年 12 月 31 日
	开车	2016 年 9 月 15 日	2016 年 8 月 31 日	2016 年 10 月 31 日	2017 年 1 月 31 日
MIS-2E	机械完工	2016 年 10 月 31 日	2016 年 8 月 31 日	2016 年 9 月 30 日	2017 年 1 月 31 日
	开车	2016 年 11 月 15 日	2016 年 9 月 30 日	2016 年 10 月 31 日	2017 年 2 月 28 日
实际完成	机械完工	2017 年 4 月 8 日	2017 年 3 月 24 日	2017 年 5 月 5 日	2017 年 8 月 24 日
	开车	2017 年 4 月 17 日	2017 年 5 月 26 日	2017 年 7 月 15 日	2017 年 10 月 16 日

五、采购工作评价

根据 EPC 总承包合同，承包商负责采购、催货检验、运输、清关、接收管理所有材料和设备及项目所需的其他施工服务。承包商承担所有采购和分包风险，除了长周期交货设备，如 2 台燃气轮机发电机（GTG）、2 台热回收蒸汽发生器（HRSG）和 1 台石脑油分离器装置（NSU）塔柱由 SRC 负责采购并及时送到现场。承包商负责确保采购活动符合质量要求并符合项目规范和施工进度表。

1. 采购控制和执行系统

利用承包商采购控制和执行系统确保采购活动得到有效执行，包括以下子系统：询价支持系统（ISS）、承包商采购电子解决方案系统（J-PLUS）、采购跟踪和控制系统（PTCS）、评标系统（BIDS）、采购订单系统（PCOM）、催交货和运输系统（ETRS）、海外款项支付系统（ORS）、物料跟踪和控制系统（MTCS）。

2. 采购程序

在该项目开始时建立了详细的采购程序，包含如下工作流程：

（1）投标人名单。

投标人名单是根据 SRC 的批准供应商名单（AVL）建立的。当 AVL 中的供应商不足或

AVL 中的供应商无法供应时，承包商将根据 SRC 的供应商资格认证流程向 SRC 提供建议的新供应商的信息。

（2）询价文件包准备。

询价文件包将详细说明所购材料和设备的技术要求、质量保证、质量控制和商业要求。常规的询价文件包包括以下文件：询价单（RFQ）、RFQ 确认、项目规格，数据表，图纸和检验计划，备件要求、合规条款、通用采购条款补充、通用采购条款、供应商专家的通用条款（如适用）、出口许可证要求说明、保密声明表格、履约保函格式，银行担保（如适用）、退还保函表格，预付款表格（如适用）。

（3）评标。

承包商根据以下内容进行详细和广泛的投标评估：交割时间；完成范围所需的要求（包括包装、图纸和文件、喷涂、测试等）；用于变更单的价格，如 I/O 的添加/删除、额外的钢结构；所有备品备件的推荐和价格；交货地点和交货条款；接受技术和商业要求的投标声明；确认投标满足所有要求，在技术上和商务上均可接受，并且能够满足现场要求的日期（ROS）；确认推荐的供应商接受项目采购条款和条件（或列出商定的偏差）；推荐的供应商投标文件里任何技术或商业偏差声明；作为授标建议的一部分，承包商负责编制技术评标报告提交 SRC 批准。该项目 EPC 为总承包合同，SRC 不参与商务评标。

所有设备和材料共计 233 个询价包，共采购了 14590 种物品（表 7-8）。采购过程总体上是有效的，大多数材料在施工要求的日期前交货。

表 7-8 询价包数量和种类

采购	询价包	种类
设备包	25	559
散材包	208	14031
总计	233	14590

为确保及时终止任何未解决的事宜，SRC 和承包商采购团队之间每周举行一次会议，对采购情况进行更新和跟进。

六、工程质量评价

项目质量管理是该项目的重点之一。项目组制定并执行了全面的执行计划，以便于对承包商和供应商进行有效的监察、监控和监督。评价执行计划包括设备、材料、技艺，确保工艺设备和操作的安全性和可靠性。

选用合格的工人做合适的工作，向新工人（如焊工和架子工）介绍质量和技术评估，并进行适当的培训。其他重点关注领域是设备保护和总体法兰保证（TFA）。由于该项目涉及不同民族、不同背景的工人，施工现场质量控制具有很大的挑战性，需要定期审核不合格项，附上质量 4 级审计报告，同时附上质量关键绩效指标月报以备检查。

七、HSE 管理评价

1. HSE 计划

在施工阶段，该项目 EPC 工厂注册获得监管许可，处理和使用受控物质的许可和开始土方工程的许可证。

在项目办公室（POA）建立了一个诊所，SRC 的 HSE 提供应急响应资源，如电动救援挂钩和 AED 等。指定了应急响应协调员（来自 SRC 和 EPC），负责应急响应计划、演习、应急设备维护、项目和 SRC 指挥中心之间的紧急通信等。对于特定的活动，如密闭空间、高空作业、水上作业、深挖、变电站的电气工作和关键升降机，制订救援计划。EPC 承包商承担工作许可系统管理。EPC HSE 拥有专门的设备检查资源（预动员和定期）。建立 HSE 审理委员会，对 HSE 违规和违法行为进行处罚，同时也为了加强 SRC、EPC 承包商和 HSE 与违规人员之间的沟通。

2. HSE 指标、报告、通信

制定了报告制度，鼓励和认可各级 HSE 问题的报告。调查受伤、事故和未遂事故的风险，也会聘请第三方顾问对高风险未遂事故和已发生事故进行调查。

现场活动开发并使用了 29 种类型的验证和确认（V&V）清单。在最初版行为安全中可以查到结果并通过月度报告进行发布。

SRC 和承包商人员通过观察和参与系统获得最终版行为安全。

采用 HSE 观测分类（1 级、2 级、3A 级、3B 级），以确保对重大伤害事故（SIF）给予足够的关注。现场参与和与管理层讨论解决了低风险问题。

每周对提交的数据进行分析并发送给所有项目团队成员。从 2018 年初开始，SRC 和承包商 HSE 联合团队每周都会与分包商管理层会面，讨论安全问题及如何解决这些问题。

向项目团队成员和 SRC 管理层发布月度 HSE 绩效报告。HSE 经理主持与项目团队的月度 HSE 会议，项目团队后来被整合到 Townhall 会议中，分享 HSE 绩效和问题的最新情况。

HSE 总体执行情况较好，基本达到预期目标。

八、工程验收评价

系统完工过程定义了项目中的活动顺序，用于验证和证明系统的选择、设计、构造、安装、综合、测试和准备工作已正确完成，确认设施已准备好进行 SAFE 可预测和可靠的开车和设施的连续运行。

系统完工过程中包括了两个待检点，即施工完工证书（CCC）和机械完工证书（MCC）。施工完工证书（CCC）是系统完成过程中的一个待检点，用于检查并确保系统已完成施工并为预开车活动做好准备。机械完工证书（MCC）是一个待检点，用于确保系统根据技术咨询包（ITP）进行预试车并且机械完成，随时可以进行试车。在完成每个设施[包括开车前安全评审（PSSR）]的施工和机械完工后，设施将交给炼油厂进行试车和开车。在装置成功开车并处于稳定运行状态后进行性能测试。成功完成性能测试后，承包商和 SRC 都签署了性能测试证书。

九、建设实施评价结论

该项目制订并实施了施工阶段的综合实施计划，其中包括首次在 SRC 中引入系统完工。HSE、质量保证和系统完成计划非常精细和严格。在 SRC 的项目管理团队中重新分配了许多资源、角色和责任。

所有工艺装置首次开车无泄漏且安全无任何过程安全事故，实现了整体效益。作为这次成功的经验，系统完工推广到 SRC 的所有主要未来项目，如催化重整升级改造（CRU）项目和丙烯精炼装置（PPU）项目。

第四节 生产运行评价

一、生产准备评价

1. 人员安排与培训

过程单元由北工艺区1和2（PN1和PN2）、南工艺区（PS）和油品储运区（OMA）组成。区域流程经理负责并授权以安全有效的方式规划、组织、管理和操作所有单元。他们还要确保操作人员接受相应的培训，以履行其职责，同时还要不断改进工厂运营。工艺经理向运营副经理报告。该项目北工艺区PN2增加了12人（3班×4人/班）和1个热电联产装置工程师，南工艺区（PS）增加了4人（1班×4人/班）。运行维护部门还将其共享资源增加7人，以满足新工厂的需求。

所有倒班操作人员都经过专利商技术培训（Axens、GE、Halmon Deltak）及内部工艺工程师和运营工程师的课堂培训。培训还包括设备和管道标记。此外，为了解和熟悉Cogen工厂的运营情况，两批操作员还分别被派往El-Segundo Cogen工厂［该工厂与SRC拥有相同的燃气轮机发电机（GTG）］培训一周，培训内容如下：MS设备培训、Cogen操作员内部培训、ERC维护培训、ERC操作员培训、ESD系统培训等。

2. 其他准备措施

更新了石脑油分离装置（NSU）和锅炉装置操作手册，包括装置操作应急程序和启动/关闭检查表。项目运营主管和工艺工程师为汽油脱硫装置（GDS）和热电联产装置（Cogen）编制了操作手册，经过南北工艺区PN2/PS区域经理批准，还为特种设备操作编制了若干常规指导工作实践手册（SIWP）。

在FEED和EPC阶段审查了该项目消防和安保（FFS）设施，并且提供了处理紧急响应所需的所有设施。根据ISO标准，存档现有的SRC应急响应计划、炼油厂应急程序和危机事件管理。

根据设计工况，石脑油分离装置（NSU）的进料为来自常压蒸馏（CDU1/2/3）的直馏石脑油和加氢裂化装置（HCU2）的重石脑油（HcHN）。汽油脱硫装置（GDS）从现有的催化裂化（RCC）装置中获取全馏程催化裂化汽油（FRCCS）作为原料，而锅炉和热电联产装置（Cogen）则从外部资源获取天然气。汽油脱硫装置（GDS）加热器的燃料按照设计由炼油厂的燃气管网供应。两座新的热电联产装置（Cogen）为整个炼油厂提供所需的蒸汽和电力。

该项目从规划到施工许可到最终认证，都需要政府机构的批准。前端批准包括对当地经济发展局及对国家环保署的激励拨款申请，重建局的规划批准，当地建设局的建筑/结构计划批准，以及人力部对工厂注册、压力容器和起重设备等各种批准，能源市场管理局颁发发电运营商许可证。

该项目在调试前应获得所有需要的证书，主要证书包括当地民防部颁发的消防安全证书、国家环保署颁发的合规证书和建设局颁发的完工证书。

二、联合试运与试生产情况评价

EPC承包商、专利商、项目团队和SRC的运营部门在下述日期一起进行了单元性能测试：

石脑油分离装置（NSU）：2017年5月22—24日。
汽油脱硫装置（GDS）：2017年10月28—30日。
胺液处理装置（ATU-5）：2017年11月2—3日。
热电联产装置（Cogen 1）：2017年5月23—26日。
热电联产装置（Cogen 2）：2017年7月10—15日。

2017年11月成功生产硫含量小于10毫克/千克和苯含量小于1%（质量分数）的汽油。

除了石脑油分离装置（NSU）推迟2天完成，所有装置均一次试车和开车成功，没有安全事故，并按计划完成，详见表7-9。

表7-9 试运时间表

项目	计划（日）	实际开始	实际结束	实际（日）	差异（日）
NSU启动	6	4月9日	4月17日	8	2
Cogen 1启动	55	4月3日	5月26日	54	-1
Cogen 2启动	55	7月2日	7月15日	44	-11
GDS/ATU-5	52	8月28日	10月16日	50	-2

石脑油分离装置（NSU）按照设计能力进行了测试，满足重石脑油（HN）和苯前驱物的分离精度。

汽油脱硫装置（GDS）/胺液处理装置（ATU-5）按照设计能力进行了测试，分别符合全馏程催化裂化汽油（FRCCS）产品硫含量和清澈硫化氢含量规格。

热电联产装置（Cogen 1和Cogen 2）在最大功率和最大蒸汽产量及最大功率和最小蒸汽产量下进行测试，均符合设计规范。

使用低NO_x燃烧器，在用天然气生产最小蒸汽产量下测试锅炉1/2/4，符合国家环保署排放规范。

三、运行评价

1. 原料供应评价

原料数量、性质及组成与可行性研究基本一致。自装置运行以来，原料供应基本充足，能够满足装置生产需要。装置原料为炼油厂三套催化裂化装置的催化裂化汽油，所需新氢来自炼油厂现有氢气管网。天然气来自全厂气管网和外购管道。

2. 达标评价

1) 原料工作评价

性能测试按照批准的性能测试程序和履约保证进行。承包商发布完成的性能测试报告，SRC颁发性能测试证书，确认性能测试的最终结果。

2) 全厂达标评价

（1）石脑油分离装置（NSU）开车后运行情况。

NSU产量和产品质量符合基础设计值。2017年10月启动后，NSU的设计能力超出了设计能力，催化重整升级改造（CRU）装置的进料质量（重整指数）最大化，最大限度地提高了重整产能。CRU能力也从16000桶/日增加到17000桶/日。

（2）汽油脱硫装置（GDS）开车后运行情况。

由于含硫 10 毫克/千克汽油市场需求较低，GDS 目前以最低设计能力运行。除了当地市场，其他市场尚未采用含硫 10 毫克/千克汽油规格。尽管大多数国家都将采用新的欧洲排放标准，但每个国家的实施日期各不相同。

（3）热电联产装置（Cogen 1 和 Cogen 2）开车后运行情况。

Cogen 1 和 Cogen 2 分别于 2018 年 5 月和 6 月投入使用，并与当地政府签订了 37.5 兆瓦的容量。Cogen 1 和 Cogen 2 通常在炼油厂蒸汽需求的基础上运行。任何额外的电力都会输出到电网。

（4）锅炉开车后运行情况。

锅炉 1/2/4 可实现最低负荷生产高压蒸汽，分别为 20 吨/时、8 吨/时和 10 吨/时。两台 Cogen 投入运营后，SRC 只需要在最低负荷下运行 2 号锅炉并灵活调节 4 号锅炉的蒸汽产量以维持高压蒸汽集管压力。锅炉 1 处于备用状态，只有在其中一台 Cogen 装置停工进行维护时才会启动。

3）生产工艺技术评价

石脑油分离装置（NSU）满足 FEED 设计要求汽油苯含量不高于 1.0%（质量分数）。石脑油分离塔有 80 块塔盘，可从重质石脑油中除去苯前驱物。该装置会给 SRC 带来良好效益，因为它能为 CRU 提供芳烃潜含量更高的原料，使重整产品辛烷值最大化。

汽油脱硫装置（GDS）选用 Axens 公司选择性脱硫技术，在生产含硫 50 毫克/千克和 10 毫克/千克全馏程催化裂化汽油（FRCCS）时辛烷值损失较低。因市场对含硫 10 毫克/千克汽油的需求较低，汽油脱硫装置（GDS）保持 65% 负荷运行，避免过度脱硫和过量的辛烷值损失。剩余的未经处理的全馏分催化裂化汽油 FRCCS（35%）被送到现有的汽油 Merox 装置进行脱硫，生产含硫 350 毫克/千克的汽油。

Cogen 的 GTG（燃气轮机发电机）技术系列和 Halmon Deltak 的热回收蒸汽发电（HRSG），均运营平稳。

4）设备运行评价

关键设备实际运行参数和设计参数基本吻合，自投产以来技术状况良好，运行基本平稳，总体能够满足装置正常生产需要。

5）公用工程及辅助设施合理性评价

公用工程及辅助设施合理使用良好，完全能够满足生产运行需要。

四、生产运行评价结论

所有装置（NSU、GDS、ATU-5）一次开车成功，并且操作员经过装置开工初期的熟悉和稳定期后，已经可以按照设计甚至优于设计操作。除了地方当局的法定检查要求外，没有重大的计划外停工。

石脑油分离装置（NSU）分离塔除去苯前驱物，避免在重整产物中形成苯。装置已经过优化，可以在更高的处理量下运行，产品具有更高的重质石脑油初馏点，从而为催化重整升级改造装置（CRU）提供更优质的高芳烃潜含量原料，使得 SRC 能够生产苯含量小于 1.0%（质量分数）的汽油并具有更高的辛烷值。该技术还可以产生更多氢气并避免重整产物辛烷值损失。

来自汽油脱硫装置（GDS）的含硫 10 毫克/千克全馏程催化裂化汽油（FRCCS）产品

使 SRC 能够为当地市场生产欧 V 规格汽油，选用的两段脱硫 Prime G + 技术在脱硫过程中可以维持较低的汽油辛烷值损失。

因目标市场对欧 V 汽油的需求有限，汽油脱硫装置（GDS）在维持最低反应工况下调整至最低负荷运行，最大限度地减少辛烷值损失。

随着两套热电联产装置（Cogen）的投入运营，SRC 能够优化动力和蒸汽生产。当电力行业行情好时，多余的电力会出售给电网，以增加炼油厂的收入。

除了获得新设备的实际操作培训，催化裂化（RCC）和燃气轮机发电机（GTG）操作员还通过模拟器（OTS）接受了培训。高保真和动态 OTS 增强了 SRC 对技术人员的培训、认证能力。

新建汽油脱硫装置投用后进行了生产标定，装置各项参数运行正常，设计能力和处理量达到 128 吨/时，满足生产需求。汽油脱硫装置（GDS）系列催化剂的活性较高，混合汽油产品的硫含量、硫醇含量能够达到质量标准；混合汽油的硫含量、硫醇硫、研究法辛烷值损失、干点后移、芳烃增量、蒸气压增加、铜片腐蚀、试验和 C_{5+} 液体收率均满足协议指标要求。装置能耗好于设计指标。在装置满负荷工况下，设备运行平稳，能够满足生产需要。

第五节　经济效益评价

一、主要经济指标实现程度评价

该项目为改扩建项目，主要建设内容为新建工艺装置和热电联产装置，改造工艺装置及配套的公用工程和辅助生产设施。收入和成本计算范围为项目建成前后整个炼油厂的收入和成本核算及增量收入和成本计算。后评价经济指标与可行性研究报告相关指标对比情况见表 7 - 10。

表 7 - 10　主要经济指标对比表

序号	项目名称	单位	可行性研究值	后评价值	差值	比例（%）	备注
1	项目报批总投资	万美元	54600	51129	-3471	-6	
1.1	建设投资	万美元	50822	51106	284	1	
1.2	建设期利息	万美元	3352	0	-3352	-100	
1.3	流动资金	万美元	426	23	-403	-95	
2	营业收入	万美元	10964	12117	1153	11	各年平均值
3	原材料成本	万美元	9939	6823	-3116	-31	各年平均值
4	经营成本	万美元	-7570	-2543	5027	-66	各年平均值
5	息税折旧摊销前利润（EBITDA）	万美元	8595	7837	-758	-9	各年平均值
6	资本减免/投资减免	万美元	2932	3041	109	4	各年平均值
7	税前利润	万美元	5663	4797	-866	-15	各年平均值
8	所得税	万美元	963	815	-148	-15	各年平均值
9	税后利润	万美元	4700	3981	-719	-15	各年平均值
10	税后内部收益率	%	13.55	12.83%	-0.72	-5	
11	税后净现值	万美元	4771	2280	-2491	-52	折现率12%
12	税后投资回收期	年	10.24	11.18	0.94	9	含建设期

后评价经济指标与可行性研究报告经济指标对比结果表明：

（1）项目总投资比可行性研究批复投资估算低6%，显示投资控制效果较好；

（2）与可行性研究报告目标值相比，项目后评价息税折旧摊销前利润（EBITDA）、内部收益率（IRR）分别降低了9%和5%，投资回收期增加了0.94年；

（3）该项目效益盈利水平高于12%的基准收益率，财务评价指标好。

二、投资和执行情况评价

1. 投资控制及变动原因分析

可行性研究的批准投资额为36066万美元。EPC承包商在合同谈判后提供折扣，最终EPC合同额确定为34010万美元。2056万美元的差额被重新分配为EPC津贴，并作为项目应急费用的一部分。

EPC工程最终支出为41777万美元，高出EPC合同总价7766万美元，主要是EPC合同范围变更引起（表7-11）。

表7-11 建设投资变动情况表

序号	内容	金额（万美元）	原因
1	新的系统完成方法	2252	为了实施更可靠的启动和工作安全
2	项目中断和延期索赔	1500	索赔：业主要求新安全标准提升、更改运营要求、合同外的变更
3	400米Cogen公用管架结构	844	炼油厂缺乏路线空间，同时避免炼油厂关闭风险
4	FEED更换	683	更好的操作灵活性和可靠性改进
5	22千伏电切换	647	在FEED估计假设不需要，但实际上技术不可行
6	新的预热交换器	358	减轻天然气的露点风险
7	低压气体减排站的重新安置和防火墙安装	340	以减轻QRA风险和其他安全风险
8	新下游标准	311	新隔离原理，用于系统和设备隔离，确保人员在停机和维护期间的安全
9	油污水下水道系统	199	解决油水系统（OWS）容量不足以从Cogen获得额外冷却水负荷的问题
10	调试/进度保证	149	额外的测试、检查、泵对齐，以确保调试/启动的进度可预测性
11	其他	483	

业主最终费用为12548万美元，但原价为10252万美元，高出2296万美元。

2. 投资水平分析

与国内同类项目相比，该项目投资较高，具体原因如下：

（1）汽油加氢脱硫装置通过两段脱硫最终达到含硫量10毫克/千克。与一段脱硫相比增加一台反应器、硫化氢汽提塔、加热炉及相关分离设备，另外压缩机能力也相应增加，导致汽油脱硫装置投资较高。

（2）项目前期工作持续时间长。每一步骤都要经过双方股东批准，预FEED和FEED时间经历4年，导致相关费用增加。

（3）EPC临时设施需要在炼油厂外租赁土地，成本较高。大型设备的运输由于限制使用现有的道路，需要对路桥进行改造，增加了成本。现有厂区内的地下管网开挖时需要开挖更深，导致建设成本增加。

（4）施工费用较高。在当地的施工费用比国内高很多，主要原因有以下几点：

① 由于建设条件的限制和当地政府对石化行业的规定，该项目建设成本比国内高20%~30%。SRC非常重视安全的重要性，承包商应配备现场监理管理现场工人的工作，监理人员与工人的比例最低为1:10，并需要严格遵守当地人力部的要求，导致成本较高。

② 由于SRC是正在运行的工厂，厂里施工每天都需要日常工作许可，对施工时间也有很多限制，暴雨等自然条件等都会导致施工效率降低，施工时间延长，施工成本增加。

③ 当地劳动力有限，同时当地政府通过征税等方式控制外国工人数量，每个需要工作许可证的外国工人在开始工作之前，必须取得强制性培训证书。工人劳务费较高，除了工人工资外的食宿、交通，还有交给政府的管理费。

④ 政府有严格的加班规定，工人加班的费用较高。

⑤ 由于任何材料都需要进口，建筑材料价格很高。

⑥ SRC厂区内空间有限，承包商需要租赁额外的土地用于建筑材料和设备材料处理及现场组装，导致产生额外的成本。

3. 资金来源及到位评价

该项目实际以自有资金建设，不需要银行贷款。建设资金及时到位，满足了工程建设需要。

4. 投资控制的经验和教训

为了确保投资成本，EPC合约是一次性整体总包执行。另外，业主团队会保留某些高风险工作，防止EPC承包商在合同内以溢价承担高风险的不确定性。一旦风险实现时，业主才会批准EPC承包商变更单。虽然部分工程费用超投资，但通过对项目整个建设过程的投资动态管理，最终项目总投资控制在批复范围内并实现了投资节余，投资效果控制较好。

三、经济效益分析

1. 该项目投产以来生产经营及效益状况

该项目于2017年10月中旬投产，后评价时点为2018年12月31日，该项目从投产到后评价时（2017年11月—2018年）原料的构成情况、主要产品的产量、营业收入、成本费用和利润水平等指标的实际值及可行性研究报告预测值对比情况见表7-12。

2. 营业收入变动分析

实际营业收入低于预期，主要原因是2018年汽油总销量较低。邻国延迟采用欧Ⅴ汽油标准，只有当地市场使用欧Ⅴ汽油。2017年11—12月实际生产负荷为105%，实际产欧Ⅴ汽油7.1万吨；2018年实际生产负荷为68%，实际产欧Ⅴ汽油35.4万吨。该项目实施前，炼油厂4台蒸汽锅炉的部分燃料由LPG供应。建设热电联产装置之后，4台锅炉满负荷运行将缩减到2台低负荷运行，LPG需求量减少，相应有更多LPG可以销售。

表7-12 生产经营及效益情况对比表

项目		单位	2017年11—12月				2018年			
			可行性研究报告		实际值		可行性研究报告		实际值	
			无项目	有项目	无项目	有项目	无项目	有项目	无项目	有项目
运行情况	生产时数	小时	1464	1464	1463	1463	8480	8480	8455	8455
	负荷率	%	100	100	105	105	100	100	68	68
主要原料价格	下扎库姆原油	美元/桶	121.89	121.89	—	—	127.25	127.25	—	—
	穆尔班原油	美元/桶	122.28	122.28	63.16	63.16	127.67	127.67	73.51	73.51
	上扎库姆原油	美元/桶	118.14	118.14	—	—	123.39	123.39	—	—
	阿拉伯中质原油	美元/桶	116.16	116.16	59.70	59.70	121.34	121.34	74.57	74.57
	科威特原油	美元/桶	115.15	115.15	58.18	58.18	120.29	120.29	68.64	68.64
	阿拉伯轻质原油	美元/桶			56.72	56.72			69.13	69.13
	混合原油	美元/桶			62.20	62.20			72.02	72.02
	科威特掺杂原油	美元/桶			57.00	57.00			67.08	67.08
	非催化裂化原油	美元/桶			58.05	58.05			68.25	68.25
	催化裂化原油	美元/桶			65.18	65.18			75.16	75.16
	外购氢气	美元/10^6英尺^3	7258.90	7258.90	3701.91	3701.91	7591.04	7591.04	4471.89	4471.89
	甲醇	美元/桶	53.28	53.28	49.19	49.19	54.34	54.34	55.38	55.38
	天然气	美元/千米^3	130.82	130.82	428.40	428.40	136.75	136.75	506.78	506.78
主要产品价格	LPG（INLAND G-101）	美元/桶	82.58	82.58	51.36	51.36	86.52	86.52	46.77	46.77
	92号汽油(350毫克/千克硫,3.5%苯)	美元/桶	127.16	127.16	73.74	73.74	132.68	132.68	77.79	77.79
	95号汽油(350毫克/千克硫,3.5%苯)	美元/桶	129.31	129.31	76.08	76.08	134.92	134.92	80.07	80.07
	92号汽油(50毫克/千克硫,1%苯)	美元/桶	130.72	130.72			136.32	136.32	81.26	81.26
	95号汽油(50毫克/千克硫,1%苯)	美元/桶	132.87	132.87			138.55	138.55	83.41	83.41
	92号汽油(10毫克/千克硫,1%苯)	美元/桶	132.50	132.50	80.98	80.98	138.14	138.14	84.72	84.72
	95号汽油(10毫克/千克硫,1%苯)	美元/桶	134.66	134.66	84.33	84.33	140.37	140.37	86.74	86.74
主要产品年产量	下扎库姆原油	千桶/日	43.49	43.49	—	—	43.49	43.49	—	—
	穆尔班原油	千桶/日	43.49	43.49	47.74	47.74	43.49	43.49	33.16	33.16
	上扎库姆原油	千桶/日	65.45	65.45			65.45	65.45	—	—
	阿拉伯中质原油	千桶/日	65.45	65.45	16.12	16.12	65.45	65.45	16.55	16.55
	科威特原油	千桶/日	65.45	65.45	16.41	16.41	65.45	65.45	14.12	14.12
	阿拉伯轻质原油	千桶/日			49.92	49.92			62.38	62.38
	混合原油	千桶/日			63.32	63.32			53.62	53.62
	科威特掺杂原油	千桶/日			34.02	34.02			39.09	39.09
	非催化裂化原油	千桶/日			61.45	61.45			37.49	37.49
	催化裂化原油	千桶/日			16.14	16.14			27.13	27.13
	外购氢气	10^9英尺^3/日	0.01	0.01	0.03	0.03	0.01	0.01	0.02	0.03
	甲醇	千桶/日	0.46	0.46	0.51	0.51	0.46	0.46	0.54	0.54
	天然气	10^6米^3/日	3.76	5.08	0.31	0.54	3.76	5.08	0.31	0.57

续表

项目		单位	2017年11—12月				2018年			
			可行性研究报告		实际值		可行性研究报告		实际值	
			无项目	有项目	无项目	有项目	无项目	有项目	无项目	有项目
主要产品年销售量	LPG（INLAND G-101）	千桶/日	4.03	4.92	0.34	3.06	4.03	4.92	0.39	3.11
	92号汽油(350毫克/千克硫,3.5%苯)	千桶/日	16.86	—	30.91	30.17	16.86	—	14.44	13.57
	95号汽油(350毫克/千克硫,3.5%苯)	千桶/日	29.12	—	23.38	14.76	29.12	—	36.23	28.58
	92号汽油(50毫克/千克硫,1%苯)	千桶/日	—	17.36	—	—	—	17.36	—	—
	95号汽油(50毫克/千克硫,1%苯)	千桶/日	—	13.91	—	—	—	13.91	—	—
	92号汽油(10毫克/千克硫,1%苯)	千桶/日	—	9.47	—	0.75	—	9.47	—	0.86
	95号汽油(10毫克/千克硫,1%苯)	千桶/日	—	4.85	—	8.62	—	4.85	—	7.66
主要费用	电力成本	万美元	1335	—	571	631	8476	—	4237	4386
	出口电	万美元	—	—	—	-635	—	—	—	-5070
	非电力可变成本	万美元	514	527	363	368	3176	3255	2277	2307
	工资	万美元	2226	2321	30		13754	14344	180	
	维修费	万美元	—	35	—	8	—	216	—	50
	保险、房产税	万美元	—	—	—	10	—	—	—	60
	土地租金	万美元	—	1	—	1	—	9	—	4
有无对比	毛利	万美元		-82		690		-670		1653
	成本费用	万美元		-1191		-521		-7584		-4597
	息税折旧摊销前利润（EBITDA）	万美元		1109		1211		6914		6251

注：1英尺=0.3048米。

3. 总成本费用变动分析

总成本费用节省低于预期，主要是自建热电联产装置省下的电力成本与可行性研究相比较低。在新加坡，95%的电力生产是以天然气为燃料。2009年能源市场管理局（EMA）向发电公司提供LNG归属计划，鼓励投资者多使用LNG替代煤作为燃料。发电公司在2012—2014年增加了近3000兆瓦的容量。新加坡的发电行业当时总容量为13350兆瓦，平均最高需求仅为7000兆瓦，导致备用容量为48%。可行性研究的电价假设在2017年为0.1725美元/（千瓦·时），2018年为0.1825美元/（千瓦·时），但实际价格分别为0.0742美元/（千瓦·时）和0.0921美元/（千瓦·时）。

此外，可行性研究未考虑到建设价值提高所造成的保险和房产税上涨。

4. 资本减免、土地减免和投资减免变动分析

投资抵减会在三年内分别递减成本。按可行性研究是在建设期间开始抵免，但为了确定总投资，更好地控制抵免，实际抵免选择从2018年开始。

另外，实际情况由于没符合土地减免条件，最终未申请到土地减免。

5. 项目经济效益后评价

1）计算范围及评价方法

该项目后评价范围界定为改扩建项目，主要建设内容为新建工艺装置和热电站、改造工

艺装置及配套的公用工程和辅助生产设施。收入和成本计算范围为项目建成前后整个炼油厂的收入和成本核算及增量收入和成本计算。后评价经济指标与可行性研究报告相关指标一致。后评价时点前的财务数据采用已发生的实际值,后评价时点后的数据采用预测值。

该项目建设和预备期4年,运营期22年,计算期26年;年操作时间为8480小时;基准收益率取12%。

汽油脱硫装置(GDS)负荷率预测:2019年为70%,2020年为85%,2021—2033年为100%。随着市场需求增长和标准提升,预计欧Ⅳ汽油销售额将逐渐增加导致GDS负荷率也相对增加。

2) 营业收入

产品产量基于SRC提供的LP模型的物料平衡和总加工流程物料平衡确定。考虑目标市场对清洁汽油产品规格的要求,2018—2020年生产硫含量分别不高于350毫克/千克、10毫克/千克的92号和95号清洁汽油,2021—2038年生产硫含量不高于10毫克/千克的92号和95号清洁汽油。

3) 主要生产经营指标

原油及辅助材料消耗量基于SRC提供的LP模型的物料平衡和总加工流程物料平衡确定。原油价格采用市场分析报告中预测的名义美元价格,以布伦特原油65美元/桶为基准预测。原料价格包括当地运杂费,均为到厂价。主要生产经营指标见表7-13。

表7-13 主要生产经营指标表

	项目	单位	2019—2035年			
			可行性研究报告		实际值	
			无项目	有项目	无项目	有项目
运行情况	生产时间	小时	8480	8480	8480	8480
	第三方顾问P&G市场分析提供了价格预测、邻国的供应和需求情况	%	100	100	97.8	97.8
主要原料价格	下扎库姆原油	美元/桶	164.23	164.23	—	—
	穆尔班原油	美元/桶	164.78	164.78	88.88	88.88
	上扎库姆原油	美元/桶	159.22	159.22	—	—
	阿拉伯中质原油	美元/桶	156.49	156.49	83.10	83.10
	科威特原油	美元/桶	155.12	155.12	76.95	76.95
	阿拉伯轻质原油	美元/桶	155.56	155.56	86.81	86.81
	混合原油	美元/桶	—	—	91.36	91.36
	科威特掺杂原油	美元/桶	—	—	74.90	74.90
	外购氢气	美元/10^{6}英尺^3	9776.54	9776.54	4841.62	4841.62
	甲醇	美元/桶	67.34	67.34	55.33	55.33
	天然气	美元/千米^3	175.74	175.74	516.73	516.73
主要产品价格	丙烯	美元/桶	178.51	178.51	98.11	98.11
	LPG(INLAND G-101)	美元/桶	112.54	112.54	63.18	63.18
	石脑油	美元/桶	1403.89	1403.89	735.85	735.85
	航空煤油	美元/桶	264.14	264.14	104.53	104.53

续表

<table>
<tr><th colspan="2" rowspan="2">项目</th><th rowspan="2">单位</th><th colspan="4">2019—2035 年</th></tr>
<tr><th colspan="2">可行性研究报告</th><th colspan="2">实际值</th></tr>
<tr><td colspan="2"></td><td></td><td>无项目</td><td>有项目</td><td>无项目</td><td>有项目</td></tr>
<tr><td rowspan="13">主要产品价格</td><td>柴油，硫含量50毫克/千克</td><td>美元/桶</td><td>194.36</td><td>194.36</td><td>103.66</td><td>103.66</td></tr>
<tr><td>柴油，硫含量10毫克/千克</td><td>美元/桶</td><td>195.42</td><td>195.42</td><td>104.75</td><td>104.75</td></tr>
<tr><td>燃料油（黏度为380厘斯，硫含量3.5%）</td><td>美元/桶</td><td>133.90</td><td>133.90</td><td>437.57</td><td>437.58</td></tr>
<tr><td>沥青</td><td>美元/桶</td><td>131.93</td><td>131.93</td><td>391.41</td><td>391.41</td></tr>
<tr><td>渣油（VFR）</td><td>美元/桶</td><td>133.27</td><td>133.27</td><td>344.79</td><td>344.79</td></tr>
<tr><td>硫黄</td><td>美元/吨</td><td>30.04</td><td>30.04</td><td>145.78</td><td>145.78</td></tr>
<tr><td>催化澄清油</td><td>美元/桶</td><td>122.19</td><td>122.19</td><td>452.89</td><td>452.89</td></tr>
<tr><td>92号汽油（350毫克/千克硫，3.5%苯）</td><td>美元/桶</td><td>165.75</td><td>165.75</td><td>93.28</td><td>93.28</td></tr>
<tr><td>95号汽油（350毫克/千克硫，3.5%苯）</td><td>美元/桶</td><td>168.57</td><td>168.57</td><td>96.01</td><td>96.01</td></tr>
<tr><td>92号汽油（50毫克/千克硫，1%苯）</td><td>美元/桶</td><td>174.39</td><td>174.39</td><td>—</td><td>—</td></tr>
<tr><td>95号汽油（50毫克/千克硫，1%苯）</td><td>美元/桶</td><td>177.20</td><td>177.20</td><td>—</td><td>—</td></tr>
<tr><td>92号汽油（10毫克/千克硫，1%苯）</td><td>美元/桶</td><td>175.68</td><td>175.68</td><td>—</td><td>101.18</td></tr>
<tr><td>95号汽油（10毫克/千克硫，1%苯）</td><td>美元/桶</td><td>178.49</td><td>178.49</td><td>—</td><td>103.15</td></tr>
<tr><td rowspan="11">主要原料年产量</td><td>下扎库姆原油</td><td>千桶/日</td><td>43.49</td><td>43.49</td><td>—</td><td>—</td></tr>
<tr><td>穆尔班原油</td><td>千桶/日</td><td>43.49</td><td>43.49</td><td>86.64</td><td>86.64</td></tr>
<tr><td>上扎库姆原油</td><td>千桶/日</td><td>65.45</td><td>65.45</td><td>—</td><td>—</td></tr>
<tr><td>阿拉伯中质原油</td><td>千桶/日</td><td>65.45</td><td>65.45</td><td>45.00</td><td>45.00</td></tr>
<tr><td>科威特原油</td><td>千桶/日</td><td>65.45</td><td>65.45</td><td>45.00</td><td>45.00</td></tr>
<tr><td>阿拉伯轻质原油</td><td>千桶/日</td><td>—</td><td>—</td><td>28.88</td><td>28.88</td></tr>
<tr><td>混合原油</td><td>千桶/日</td><td>—</td><td>—</td><td>45.00</td><td>45.00</td></tr>
<tr><td>科威特掺杂原油</td><td>千桶/日</td><td>—</td><td>—</td><td>33.07</td><td>33.06</td></tr>
<tr><td>外购氢气</td><td>10^6 英尺^3/日</td><td>0.01</td><td>0.01</td><td>0.03</td><td>0.03</td></tr>
<tr><td>甲醇</td><td>千桶/日</td><td>0.46</td><td>0.46</td><td>0.51</td><td>0.51</td></tr>
<tr><td>天然气</td><td>10^6 米^3/日</td><td>4.03</td><td>6.01</td><td>0.31</td><td>0.77</td></tr>
<tr><td rowspan="11">主要产品年销售量</td><td>丙烯</td><td>千桶/日</td><td>3.98</td><td>3.97</td><td>4.11</td><td>4.11</td></tr>
<tr><td>LPG（INLAND G-101）</td><td>千桶/日</td><td>4.03</td><td>4.92</td><td>1.15</td><td>3.87</td></tr>
<tr><td>石脑油</td><td>千桶/日</td><td>4.23</td><td>4.19</td><td>3.89</td><td>3.79</td></tr>
<tr><td>航空煤油</td><td>千桶/日</td><td>49.65</td><td>49.05</td><td>60.77</td><td>60.77</td></tr>
<tr><td>柴油（50毫克/千克硫）</td><td>千桶/日</td><td>51.03</td><td>51.97</td><td>61.47</td><td>61.44</td></tr>
<tr><td>柴油（10毫克/千克硫）</td><td>千桶/日</td><td>19.99</td><td>19.99</td><td>26.11</td><td>26.08</td></tr>
<tr><td>燃料油（黏度为380厘斯，硫含量3.5%）</td><td>千桶/日</td><td>37.49</td><td>37.40</td><td>4.98</td><td>4.98</td></tr>
<tr><td>沥青</td><td>千桶/日</td><td>9.29</td><td>9.38</td><td>1.64</td><td>1.64</td></tr>
<tr><td>渣油（VFR）</td><td>千桶/日</td><td>3.40</td><td>3.40</td><td>0.49</td><td>0.49</td></tr>
<tr><td>硫黄</td><td>千吨/日</td><td>0.37</td><td>0.37</td><td>0.30</td><td>0.30</td></tr>
<tr><td>催化澄清油</td><td>千桶/日</td><td>2.40</td><td>2.40</td><td>0.55</td><td>0.55</td></tr>
</table>

续表

项目		单位	2019—2035年			
			可行性研究报告		实际值	
			无项目	有项目	无项目	有项目
主要产品年销售量	92号汽油（350毫克/千克硫，3.5%苯）	千桶/日	16.86	—	10.76	0.55
	95号汽油（350毫克/千克硫，3.5%苯）	千桶/日	29.12	—	37.51	0.55
	92号汽油（50毫克/千克硫，1%苯）	千桶/日	—	2.14	—	—
	95号汽油（50毫克/千克硫，1%苯）	千桶/日	—	1.72	—	—
	92号汽油（10毫克/千克硫，1%苯）	千桶/日	—	24.96	—	23.77
	95号汽油（10毫克/千克硫，1%苯）	千桶/日	—	16.63	—	23.82

注：1厘斯=1毫米^2/秒。

4）成本费用

操作成本包括电力成本、非电力成本和固定成本，无项目操作成本按照实际发生核算，有项目操作成本按照物料平衡消耗及价格核算。

毛利：2.0%，基于至2040年的人口与GDP增长。

通货膨胀率：1.7%，取历史10年平均值。

表7-14为2018年成本费用变化表。

表7-14 成本费用变化表

序号	费用内容	可行性研究	实际
1	定员及工资和福利	216万美元/年；新增定19人	180万美元/年；新增定24人
2	维修费	按建设投资的1%计取	
3	水、氮、氧与化学品	79万美元/年	30万美元/年
4	保险费	无	20万美元/年
5	财产税	无	40万美元/年
6	土地租金	9万美元/年；罐区需要租赁土地5000平方米，每平方米租金为17.26新加坡元/年	4万美元/年；天然气管道租赁土地2854平方米，每平方米租金为13.01美元/年

5）资本减免（CA）和投资减免（IA）

根据《新加坡所得税法》，固定资产折旧并非可扣除税款的项目，固定资产余值按照最后五年净利润均值核算。相反，在折旧项目重置时，允许公司按照规定申请下列税收减免：

（1）资本减免（CA）。

资本减免适用于交易中购买及使用的装置及机器的磨损（其定义见《新加坡所得税法》第19/19A款：机器与装置）。

应根据下列方式，按照装置及机器的类型进行申请：在一年内100%冲销的资产成本；或在三年中冲销的资产成本；或在资产规定使用寿命期内冲销的资产成本。

该项目按照资金投入比例，在三年内分别递减成本。

（2）投资减免。

投资减免（IA）指对既定期间内建设符合条件的设备所发生的成本而提供的资本减免。

该设备有助于提高效率,或向该行业引进新技术。投资减免额度通常为设备成本的30%或50%。

该项目投资减免计算方法:从评价期第2年,分4年逐年递减50%。

6)税金

根据新加坡的税法规定,公司所得税率为17%。

7)盈利能力分析

该项目后评价财务内部收益率(税后)为12.83%、财务净现值(税后)为2280万元,均低于可行性研究报告预期的13.55%、4771万元。投资回收期(税后)为11.18年(含建设期),高于可行性研究10.24年。对照可行性研究报告,将建设投资、原料价格、产品价格及消费税、生产负荷因素按后评价数据进行重新测算,计算其对项目财务内部收益率的影响程度,见表7-15。

表7-15 不同因素变化对项目内部收益率的影响

序号	项目	财务内部收益率(%)	变化幅度
1	可行性研究报告	13.55	
2	后评价报告	12.83	-0.72
3	建设投资	15.05	1.50
4	价格体系	3.86	-9.69
5	生产负荷	13.19	-0.36

从表7-15中可以看出,不同因素变化对项目内部收益率产生不同影响,其中建设投资对内部收益率产生正面影响,价格、生产负荷对内部收益率产生负面影响。总体来说,后评价的经济指标低于可行性研究报告值,主要原因在于邻国汽油欧Ⅴ标准推迟实施和当地电价下降。

四、不确定性分析

该项目的主要风险来自产品销售价格、原材料价格和生产时数等,整体来看该项目有一定的抗风险能力。计算项目投资财务内部收益率为基准收益率时的生产时数、产品价格和原材料价格等的参考值见表7-16。

表7-16 内部收益率为基准收益率时不确定因素临界点或临界值

序号	项目		单位	数值	备注
1	生产负荷		%	90.55	
2	产品价格	LPG	美元/桶	55.09	
		92号汽油(10毫克/千克硫,1%苯)	美元/桶	99.84	
		95号汽油(10毫克/千克硫,1%苯)	美元/桶	101.79	
3	天然气(主要原材料)价格		美元/千米³	564.18	

五、经济效益评价结论

该项目建设实施组织较好,装置的各项技术指标达到设计要求,在工程规模、建设进度、工程质量和投资控制等方面都较好地实现了预期目标。该项目实施后完成了汽油质量要求的升级任务,适应目前市场需要。该项目财务内部收益率(12.83%)高于行业基准收益率,实现了效益预期目标。

该项目投产以来由于产品结构及原材料发生变化,总成本费用大幅度减少,息税折旧摊销前利润(EBITDA)与可行性研究报告预测值相比逐年减少。后评价项目税后内部收益率达到12.83%,财务净现值(税后)为2280万美元,投资回收期(税后)为11.18年(含建设期)。与可行性研究报告目标值相比,EBITDA、内部收益率值分别下降了9%、5%,投资回收期长了0.94年,但依然实现了基本收益率。

第六节 影响与持续性评价

一、影响评价

1. 环境影响评价

该项目进行定量风险评估(QRA)以识别和评估所有潜在的风险因素。总体风险等级在资源国环保署监管限制范围内,顾问所提的建议在项目中逐项落实。此外,该项目还进行了污染控制研究(PCS),评估空气、水、噪声、有毒废物等风险因素,以期减小风险影响。总体评估符合当地规定,接受和实施了顾问所提的建议。

该项目环保措施满足生产需要,装置产生的污染物均得到有效控制。通过环保设施的日常管理和维护,确保各项污染物稳定达标排放,环境影响较小。

2. 安全影响评价

评价认为,所有安全计划和应急措施都是标准化和有效的,包括炼油厂的应急响应计划、更新的ISO安全管理系统手册和安全管理手册。

3. 科技进步影响

采用两段Prime G+技术可使汽油质量达到欧V标准,并且辛烷值损失小。评价认为,该技术成熟、稳定。

4. 项目社会影响评价

该项目生产满足资源国环保署标准的汽油产品,符合市场需求,不但有效保护了空气环境,提高了炼油厂的整体效益和自身竞争实力,而且有助于不断提升企业形象。该项目既促进了当地经济发展,又稳固了SRC在社会上的地位。

5. 项目影响评价结论

该项目环保措施满足项目需要,安全预案、应急措施规范有效;采用较先进的生产技术,不但保护了空气环境,而且提高了企业的经济效益,有较好的发展前景。

二、持续性评价

1. 资源分析

汽油脱硫装置(GDS)原料来自RCC,石脑油分离装置(NSU)原料主要来自常压蒸馏装置(CDU 1/2/3),所以该项目都来自炼油厂的上游装置,并通过现有管网输送。天然气供应与合资公司签订五年定期供应合同,合同期至2022年9月,股东代表会时刻观察市场以寻找良机续约或低价锁定。该项目原料来源充足,供应方便可靠且持续稳定,具有明显的原料优势，持续性较好。

2. 产品分析

该项目生产的汽油质量能够满足当地的规格要求。由于高规格产品要求仅限于本地市场，因此汽油脱硫装置（GDS）当时的运营水平低于设计规模。随着邻国逐步采用欧V标准，预计GDS负荷率将会上升。热电联产装置（Cogen）生产的蒸汽能够满足炼油厂数量和质量要求。当经济状况良好时，可以生产额外的电力外输，为炼油厂带来乐观的收入。

3. 主要技术及经济指标对比

新建汽油脱硫装置主要技术指标对比情况见表7-17。该项目与可行性研究相比，装置生产能力、工艺技术、投资及成本大致相当。

表7-17 主要技术指标对比表

项目	可行性研究	实际
生产规模	500万吨/年	
工艺名称	法国Axens公司Prime G+	
工艺流程	SHU反应器+分馏塔+第一HDS反应器+第二HDS反应器+稳定塔	
纯氢耗量占总进料的质量分数	0.11%~0.34%	0.15%~0.34%
液体收率	>99.8%	101.1%
辛烷值损失	-2.9~-0.7	<1.9
"三废"排放	无碱液处理，无污染	无

4. 项目可持续性评价结论

该项目既实现了产品质量升级，又提高了企业经济效益和社会效益。该项目原料来源充足，供应方便可靠、持续稳定，具有明显的原料优势，持续性较好。公用工程、辅助工程依托条件良好。根据所在国环保署要求及邻国市场需求，及时调整产品结构和产品质量，目标市场逐渐稳定。生产成本、利润及能耗指标都处于较好水平。未来高环保性能、高附加值的汽油产品市场前景将更加广阔，具有较强的竞争力和可持续发展能力。

第七节 综合评价

一、综合评价结论

该项目以炼油厂现有设施和技术资源为依托，新建汽油脱硫装置规模兼顾炼油结构调整及转型升级需要，以生产优质汽油、提高产品质量和改善产品结构为目标，增强了企业的社会效益和竞争力。该项目立项依据充分，决策程序合理，工艺技术方案、设备选型与可行性研究报告相符。工程管理实行业主+EPC管理+专家团队的管理模式，责任明确，措施得力，使工程管理更加高效完善。生产组织严谨有序，装置开车一次成功；投产后经济效益和社会效益良好，安全、卫生、环保等各项指标均符合标准规范要求。

目标实现方面：该项目社会效益和经济效益显著。实现了质量优良、安全达标、开车一次成功和长周期平稳生产的目标。产品产量、生产成本和能耗指标均处于较好水平。汽油产品硫含量符合所在国标准和环保要求，取得了良好的社会效益和经济效益，促进了企业经济的发展，提升了企业竞争力。主要目标全部实现，此方面综合评定为优秀。

前期工作方面：严格执行基本建设程序，对资源、依托条件、工艺技术、建设规模等进行了深入论证，重视审查意见，不断优化设计，决策科学前瞻。前期工作方面综合评定为优秀。

建设实施方面：设计合理，工程管理高效，施工实现了全过程安全，施工质量良好，竣工决算与概算批复投资大致相同。建设实施方面评定为良好。

生产运行方面：生产准备充分，生产组织合理，管理精细科学，操作逐步优化，适时调整产品结构，不但实现了产品质量升级，保证了清洁生产，而且达到了节能降耗的目的。装置在正常生产运营下，各项主要技术经济指标实现可行性研究预期。生产运行方面综合评定为优秀。

经济效益方面：该项目总投资控制在批复范围内并实现了投资节余，投资控制效果较好。尽管投资回收期增加了0.94年，但经济效益和社会效益良好，达到了项目建设的主要目的。经济效益方面综合评定为良好。

影响与持续性方面：该项目具有资源优势，综合成本低，技术水平高，环境污染小，整体竞争能力强。该项目既实现了产品质量升级，又提高了企业经济效益和社会效益。影响与持续性方面综合评定为优秀。

成功度评价：根据中国石油规划计划部发布的《炼化项目打分管理办法》，从前期工作、建设实施、生产运行、投资与经济效益、影响与持续性等方面对该项目进行综合评价和量化打分，项目综合得分8.9，评级为良好，项目综合评分见表7-18。

表7-18 项目综合评价评分表

指标	要素	要素权重	要素评分	要素得分	指标评分	指标权重	指标得分
前期工作	资料完备性	0.4	9	3.6	9.0	0.2	1.8
	程序规范性	0.4	9	3.6			
	前期工作质量	0.2	9	1.8			
建设实施	施工图设计质量	0.2	8	1.6	8.2	0.2	1.6
	管理规范性	0.2	9	1.8			
	合同、招投标及采购	0.2	8	1.6			
	工程质量及进度	0.2	8	1.6			
	施工安全	0.1	8	0.8			
	竣工验收	0.1	8	0.8			
生产运行	生产准备	0.1	9	0.9	9.4	0.2	1.9
	生产装置负荷率	0.3	10	3.0			
	生产达标率	0.3	9	2.7			
	生产运行周期	0.2	9	1.8			
	安全环保达标情况	0.1	10	1.0			
投资与经济效益	投资控制	0.5	9	4.5	8.5	0.2	1.7
	经济效益	0.5	8	4.0			
影响与持续性	装置规模和技术竞争力	0.4	9	3.6	9.2	0.2	1.8
	安全环保节能等政策影响	0.3	9	2.7			
	科技进步和社会影响	0.1	9	0.9			
	资源持续性	0.2	10	2.0			
综合得分						1.0	8.9

二、主要经验

该项目主要经验如下：

（1）项目消耗资源（时间、人力等）大量增加，但承包商承诺按预算顺利完成项目。承包商信用比较可靠，并想与 SRC 设立长期的合作关系。

（2）虽然承包商获得了一口价 EPC 合同，但合同策略是业主承担适当的风险来控制总成本。项目团队较好地管理了若干指定风险，避免了承包商合同价格中加入高风险溢价的不确定性。只有当风险实现时，才会批准变更单。在项目执行期间，项目团队主动管理风险，最终实现了安全建设的目的。

（3）如果分包商能执行项目，溢价聘用仍然对项目有益。承包商聘请的大多数分包商都熟悉炼油厂。合同中也加入了经批准的分包商名单，以确保优先使用。

（4）业主项目团队主动管理监管许可，直接影响项目的效益和成功。外方政府使用外劳配额（MYE）来规范从选定国家进入的工人数量。承包商单方申请的 MYE 只获得 10 个名额的批准。业主介入与人力部谈判，从而降低了工人严重短缺的风险。

（5）尽早部署运营团队以熟悉资产、确保调试顺利进行。自 FEED 以来，业主团队和运营团队及时对接，共同工作，确保在每个阶段充分解决并协调所有运营要求。在开车前至少 3 个月，操作员全职工作以确保经过足够的培训并足够熟悉现场情况。

三、问题与建议

该项目的问题与建议如下：

（1）承包商低估了在现有炼油厂执行建设该项目的难度，同时因管理经验不足导致该项目进度延误。由于该炼油厂的道路通道有限、地下有障碍物、众多高架造成阻碍等原因，业主团队增加了人力，导致业主成本增加。对于未来 EPC 总承包建设项目的投资估算，必须以更高要求验证和审查，而不能对所需的承包商资源、经验和人员配备妥协。

（2）由于加氢脱硫装置（GDS）没达到负荷率和未考虑当地电价下降的因素，经济效益不理想。虽然委托了第三方顾问 P&G 对当地价格预测、邻国的供应和需求情况进行市场分析，还是预测得不够准确。为了确保准确性，未来可考虑聘请两个市场顾问。

（3）SPC 通过委员会与项目团队会面更新项目进展并做出决策。在 EPC 阶段责任转移到项目组，通过相同的委员会监控进度、成本及范围变更审核。对于未来的 SRC 重大项目，建议中国石油能够派人参与项目团队或者提供具有国际项目开发、执行能力经验的专家，有助于控制和管理整体建设投资和进度。

第三篇
海外投资项目独立后评价

第八章　海外投资项目独立后评价

项目独立后评价是以第三方咨询机构为实施主体，对项目的全过程与管理、投资及财务效益、环境和社会影响、目标与持续性等进行全面、客观的分析与评价。独立后评价的特点决定了其能够更好地为投资决策部门提供项目实施成效的客观评价结论，总结出项目成功的经验、启示与教训，并提出项目存在的主要问题及其有针对性的意见和建议，成为投资决策部门项目决策的参考和项目建设单位问题整改的重要依据。

第一节　项目独立后评价特点

项目独立后评价是以第三方咨询机构为实施主体，在项目建设单位自评价和现场调查研究的基础上，针对项目特点和委托要求，对项目的全过程与管理、投资及财务效益、环境和社会影响、目标与持续性等进行全面、客观的分析与评价。

独立后评价与自评价二者在项目评价的主体、目的、角度、客观性和成果应用等方面存在差异。

（1）评价者不同。自评价的评价者是项目建设单位，而独立后评价的评价者既不是项目决策者，也不是项目建设单位，而是与项目决策与实施都无关的第三方。

（2）评价目的不同。自评价的主要目的如下：一是通过对本单位完成的某一项目（或项目的某一阶段）进行计划与实施的全过程回顾，侧重项目各项指标的计划完成情况评价；二是为开展独立后评价提供全面系统的基础资料和数据。独立后评价的目的主要是分析评价项目投资决策的成效、可持续性和存在的不足，为项目决策单位提供客观的评价结论和有针对性的意见和建议，同时也为项目建设单位进一步加强项目管理、提高效益提供重要参考。

（3）评价角度不同。自评价主要从计划与实施对比分析角度评价项目实施效果或成功度，而独立后评价更加关注的是项目成功与否的经验教训的总结、项目在同类项目中所处的位置，更加关注影响项目可持续发展的关键问题及其整改的意见或建议，为其他类似项目的决策部署与实施提供借鉴。

（4）评价结论的客观性不同。自评价是项目建设单位对自己实施项目进行的自我后评价，往往对项目成功方面评价得比较充分，对项目存在问题的分析存在一定局限性。独立后评价因其相对独立性，评价结论更具有客观性、公正性。

（5）后评价成果应用范围不同。自评价成果应用范围主要限于项目本身或项目所在企业范围内；而独立后评价成果应用不仅限于自我后评价单位，还可推广应用到决策部门及其所属单位。

第二节　项目独立后评价作用

一、项目实施成效的客观评价

项目的投资决策部门委托第三方咨询机构开展独立后评价的目的，就是全面真实地了解投资项目的实施情况、目标的实现程度和项目的可持续性。首先，独立后评价受托方既不是项目的投资决策部门，也不是项目的实施单位，能够站在独立公正的立场上分析评价项目决策与实施的正确性、规范性和可持续性。其次，受托方组成的独立后评价专家组是由行业内具有较高专业水平和实践经验的专家组成的，有能力对项目实施成效进行客观公正的评价。最后，独立后评价专家组针对被评价项目不同工程阶段和效益评价，从纵向、横向上进行深入对比分析和评价，从而给出被评价项目在行业内所处位置及今后发展努力方向。

二、项目投资决策的重要参考

独立后评价不但能够对项目实施成效进行客观公正的评价，而且能够深入分析总结项目取得的经验和教训，并对影响项目目标实现和可持续发展的决策、管理、技术等主要或关键问题提出有针对性的意见或建议，为项目投资决策提供重要的参考依据。

三、项目问题整改的重要依据

独立后评价所提出的问题与建议，一般都是针对项目在实施及运营过程中发现的主要问题或关键问题，无论是项目投资决策部门还是项目实施单位，都可以根据独立后评价提出的意见和建议制订整改落实方案，从而改进项目绩效水平。

第三节 项目独立后评价内容与方法

一、评价内容

独立后评价内容包括项目全过程梳理和回顾、项目独立后评价结论、项目经验与教训、项目问题与建议四个方面。

1. 项目全过程梳理和回顾

项目过程梳理和回顾具体如下：

（1）项目前期工作的梳理和回顾，主要对项目尽职调查、法律意见书、商务模式、可行性研究、项目评估或评审、项目总体规划年度计划的审批等过程进行总结评价。

（2）项目实施阶段的梳理和回顾，主要对项目管理（工程招投标、设计、监督、HSE、竣工验收等）、工程实施（工程量、工期、进度、质量等）、技术适应性等内容进行总结评价。

（3）项目实施效果的梳理和回顾，主要对投资决策和目标实现、成本控制和效果、组织管理等内容进行总结评价。

（4）项目基础数据、图件资料的梳理和核实。主要内容包括项目后评价期间的计划、实施、成效的对比等数据，以及效益分析等图件和资料等。

2. 项目独立后评价结论

独立后评价以自评价为基础，是再评价过程。从委托方的视角，审理和核实自评价采用的资料，分析和横向对比自评价给出的结论，结合项目的类型和所在的时空环境（如某个时间段的中间评价、项目评价等），有侧重点地进行评价，给出独立后评价主要结论。通常把握好三个方面环节：首先，核实自评价内容中的数据和相关资料；其次，分析自评价给出的结论及其依据、存在的问题；最后，结合项目自身情况和类比项目或行业情况给出独立后评价结论，并论证和阐述结论的依据。主要从目标实现程度、项目组织管理、决策及部署、工程管理与技术适应性、投资与效益、影响与持续性和项目综合评价及评定等级7个方面对项目进行独立的分析评价。

3. 项目经验与教训

从项目的决策、实施、组织管理、科技创新和应用，以及影响与持续性等方面，分析项目取得成功的主要因素，提炼出值得推广、具有指导意义的经验；分析项目存在的问题和失利的主要原因，深刻总结应吸取的主要教训。

4. 项目问题与建议

针对项目决策部署、管理、技术和成效等方面存在的问题，提出必要可行的建议。

二、评价方法

针对海外项目独立后评价内容，重点采用的方法有调查法、对比分析法、统计预测方法、因果分析法、成功度评价法。其中，调查法贯穿独立后评价全过程，是客观评价的基础，采用的方法主要有现场调查，根据需要也采用咨询调研、函询调研等方式；对比分析法是独立后评价的最主要的评价方法，采用纵向对比评价项目历史和发展趋势，横向对比评价工程技术能力和水平，评价项目效果和效益；利用统计预测方法预测分析项目可持续潜力；因果分析法可找出项目成功的经验和失利的原因，更好地提出措施和建议。独立后评价中成功度评价法的应用，更多的是采用德尔菲法，通过专家对项目评分，给出项目成功度。

第九章 海外投资项目独立后评价工作体系

按照独立后评价工作的要求,结合海外项目特点,独立后评价工作体系主要包括接受任务、前期准备、现场调研、独立后评价、评价报告与验收等环节(图9-1)。

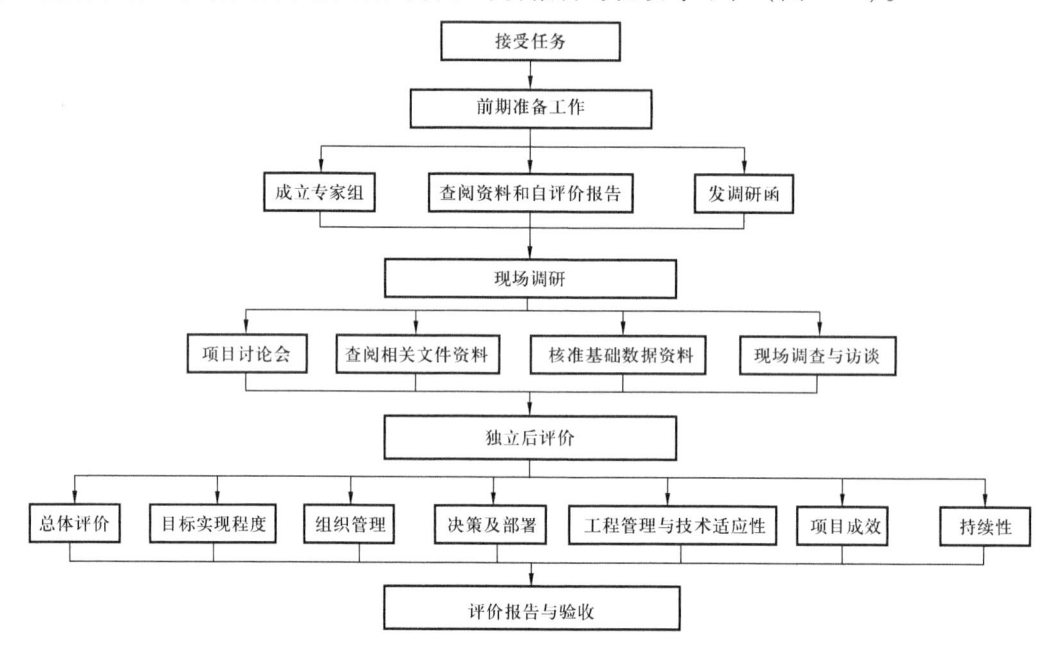

图 9-1 项目独立后评价体系略图

第一节 项目独立后评价准备工作

一、专家成员组织与职责

当独立后评价承担单位接受委托方的委托后,首先应了解被评价项目的特点、任务和内容,并据此成立独立后评价专家组。一般地,项目独立后评价专家组至少由3~5人组成,成员要求和主要职责见表9-1。

表9-1 项目独立后评价成员职责表

专业	要求	职责
组长	经委托方同意并备案,高级职称及以上,熟悉海外业务,具有10年以上专业工作经验,有责任心,未参与该项目工作的技术、工程、经济、管理等相关专业人员	① 制订后评价工作计划;② 组织完成自评价报告审查验收意见;③ 编制现场调研提纲,组织现场调研;④ 组织完成独立后评价报告;⑤ 负责独立后评价成果汇报、修改和上报工作;⑥ 负责后评价资料管理、归档
成员		① 参加自我后评价报告审查验收、现场调研、讨论座谈等后评价活动;② 根据独立后评价要求,查验相关专业的资料,核准相关专业数据,访谈相关专业项目情况;③ 完成本专业独立后评价报告编写任务;④ 后评价结论,要充分论证其依据,并提出建议和措施

表9-1中主要是针对一般项目提出的职责要求。成立专家组的目的是聘请有经验、能理解委托方需求、熟悉项目实施情况的人员，能客观、公正地评价，并提供有价值的评价意见。

二、查阅资料和评审自评价报告

依据独立后评价职责和任务，专家组成员通过与被评价项目单位联系，采用多种调查方式，查阅相关资料，收集相关数据，梳理项目全过程。

针对自评价报告，专家组成员要在数据、文图、文表等基础资料方面指出存在的问题；在报告内容方面提出需要补充完善、需要修改的问题；在报告中有疑问的方面提出需要解释的内容，如报告给出的结论是否有依据、是否有数据支撑等；并根据报告内容对项目进行分析，发现问题并分析原因，提出修改意见。自评价报告审查意见应以书面方式给出。

三、办理出国相关手续

一是了解资源国外访人员入境的相关要求；二是根据资源国与本国相关要求，进行防控培训、资源国法律法规和风俗文化的学习等；三是做好出入境人员安全卫生防疫措施；四是办理签证及其他相关手续等。

四、发调研函

调研函是独立后评价专家组与被评价项目单位直接联系的方式。明确调研函内容能够使评价方和被评价项目单位提高现场调研效率，准确掌握项目关键环节和节点，以便有效地开展独立后评价工作。

调研函需要明确三个方面内容：一是提出需要访谈的被评价项目单位的相关组织和人员名单；二是需要查阅和核实的项目数据、资料和图件，明确自评价报告中需要修改、补充和完善的内容；三是明确具体调研日程和工作安排。

第二节　项目独立后评价现场调研

一、项目研讨会

项目研讨会一般由独立后评价专家组组长主持。被评价项目单位应根据独立后评价调研函的内容和要求进行项目汇报。项目研讨会主要是针对项目决策、部署、管理、技术适应性、项目成效、可持续性等重要问题进行研讨。

二、调研与访谈

后评价专家组到各个专业领域查阅相关资料，核准有关数据。对重大结论问题应与现场管理和技术人员进行讨论。调研和访谈应有针对性地向项目的有关部门（包括计划、工程、环保、财务、审计等）和参与工程的设计、施工、监理等单位的相关人员，收集、核实与项目有关的资料信息。如发现问题，应和有关人员进行交流，共同探讨，分析原因。

三、现场考察

项目独立后评价专家组到施工区记录所见所闻，并加以整理，以期获得真实的项目资料和数据信息。例如，勘探项目的施工进度、质量、安全环保等，规章制度的建立和落实情况，主要工艺技术的适应性和设计施工参数的合理性等；对转入新一轮勘探或进入开发阶段的项目，可直接到现场考察项目工程质量、进度控制、监督管理、HSE和技术的应用情况；

因勘探失利等其他原因暂停的项目,可查阅项目验收总结和项目实施过程中的工程、质量、安全等工作日志,或到邻近区块正运作的项目间接了解现场情况。

第三节 项目独立后评价报告编制

本节以海外勘探项目为例介绍海外项目独立后评价报告编制的主要内容。

一、项目概况

1. 项目背景

简述项目所在资源国的地理位置、自然地理概况和区域构造位置,并在图中标示出项目的具体位置(附项目登记区块地理位置图)。

说明勘探合同的签署时间、中方权益比例、勘探期、义务工作量、退出机制、探区区块总数、合同规定的勘探面积、总资源量及后评价时点的勘探面积等。

简述项目实施前所属探区的勘探程度(附项目实施前勘探程度图),包括进入前完成勘探工程量、地质认识和主要勘探成果等(表9-2)。

表9-2 项目实施前勘探现状表

项目名称	油气储量(百万桶/百万英尺^3)				油气资源量(百万桶/百万英尺^3)	地震工作量		探井工作量	
	P1	P2	P3	EV		二维(千米)	三维(平方千米)	井数(口)	进尺(万米)
项目1									
子项目1									
……									
项目2									
子项目1									
……									

2. 项目实施基本情况

简述项目完成的工程量、投资情况、取得的主要油气勘探成果和勘探成效,或项目地质任务完成情况及主要地质认识(表9-3)。

表9-3 项目实施情况表

项目名称	油气储量(百万桶/百万英尺^3)				油气资源量(百万桶/百万英尺^3)	地震工作量		探井工作量		勘探投资(万美元)	发现成本(美元/桶)
	P1	P2	P3	EV		二维(千米)	三维(平方千米)	井数(口)	进尺(万米)		
项目1											
子项目1											
……											
项目2											
子项目1											
……											

注:说明储量换算系数。

二、投资决策过程评价

1. 投资必要性评价

简述进入前关于立项必要性要点（如时机、前景研判等），结合项目实施情况，评价项目对投资前景研判是否准确、进入时机是否合适、是否达到了预期目标。

2. 资源国投资环境评价

说明投资前后资源国政治、经济、文化、宗教、法律等投资环境的变化，通过对比中国石油进入后的宏观环境的不同，说明投资环境变化对于项目产生的影响。

3. 前期相关工作评价

主要对前期相关专业单位所作的法律、储量及财务报告进行评价。

1) 尽职调查工作（法律意见书）评价

说明尽职调查工作（法律意见书）的编制时间和单位，结合项目的实际运行情况，评价尽职调查工作（法律意见书）是否全面、准确地对项目可能面临的各种问题和风险进行了客观分析，提出的建议是否合理。

2) 合同评价

简述合同要点及合同的签订和审批过程，根据项目建设和运行的实际情况评价项目合同对中国石油的利弊。

3) 储量评估报告评价

说明储量评估报告的编制时间和单位，通过与获取项目后核实储量进行对比，评价储量报告是否准确。

4) 勘探策略评价

根据勘探方案实施情况和实施效果评价勘探策略的科学性、前瞻性和适应性，分析产生变化的原因。

5) 财务报告评价

说明财务报告的编制时间和单位，通过与项目实施后的情况进行对比，评价财务报告的准确性。对前期相关工作进行满意度评价，从比较满意、基本满意、不太满意和不满意中选择。填写前期相关工作满意程度表（表9-4）。

表9-4 前期相关工作满意程度表

序号	报告名称	编制单位	比较满意	基本满意	不太满意	不满意
1	尽职调查工作（法律意见书）评价					
2	储量评估报告					
3	财务报告					

4. 决策程序评价

简述项目决策过程，重点评价主要决策时点的审批流程。评价决策依据是否充分，各项论证、审批或批复程序是否规范。填写项目决策程序表（表9-5）。

表 9-5 项目决策程序表

序号	报告或文件类型	报告或文件名称	编制或批复单位	时间	文号
1	项目建议书批复				
2	规划方案（或可行性研究报告）编制				
3	规划方案（或可行性研究报告）评估报告				
4	规划方案（或可行性研究报告）批复				
5	××年项目分批下达的计划批复文件				
6	××年项目部署方案				
7	××年项目部署方案批复				
8	××年项目调整部署方案				
9	××年项目调整部署方案批复				
10	环境评价报告批复				
11	工程技术设计审查会议纪要				
12	重点探井设计审查会议纪要				
13	工程验收报告				
14	项目（年度）财务决算报告				
15	资源国政府审批意见书				
16	储量评审意见书（核准文件）				
17	项目总结报告				
…	……				

5. 评价结论

根据前述项目投资决策、投资环境、前期工作评价及决策程序评价结果，给出项目投资决策过程评价结论。

三、勘探部署及地质资源评价

1. 部署评价

1）规划方案（总体部署）评价

简述批复的勘探规划方案部署原则、依据及任务目标和工程量等；附项目部署与实施对比图；简述勘探规划方案对年度计划的指导作用。将项目最终实施结果与规划方案进行对比（表9-6），说明变化情况，分析原因及影响，从部署原则、依据等方面给出规划方案评价结论。

2）阶段（或年度）部署评价

简述阶段（或年度）部署思路、依据及部署调整的主要内容，包括任务目标、主攻区带和工程量等。说明年度部署调整的原因和审批过程，评价部署调整后的效果。

将项目实施结果与批复计划进行对比（表9-7），说明任务目标、主攻区带和工程量等内容的变化情况并分析原因，从阶段（或年度）部署思路、依据及重要意见和建议的采纳情况等方面给出年度部署评价结论。

表9-6 总体部署与实施结果对照表

序号	目标和工作量	规划	计划	实施	实施-计划	实施-规划	符合率（实施/计划）（%）	符合率（实施/规划）（%）
1	储量（百万桶/百万英尺^3）							
1.1	P1							
1.2	P2							
1.3	P3							
1.4	EV							
2	工作量							
2.1	二维地震（千米）							
2.2	三维地震（平方千米）							
2.3	探井井数（口）							
2.4	探井进尺（万米）							
2.5	评价井口数（口）							
2.6	评价井进尺（万米）							
3	投资							
3.1	二维地震（万美元）							
3.2	三维地震（万美元）							
3.3	探井（万美元）							
3.4	评价井（万美元）							

表9-7 阶段（或年度）部署方案与实施结果对照表

序号	目标和工作量	规划	计划	实施	实施-计划	实施-规划	符合率（实施/计划）（%）	符合率（实施/规划）（%）
1	储量（百万桶/百万英尺^3）							
1.1	P1							
1.2	P2							
1.3	P3							
1.4	EV							
2	工作量							
2.1	二维地震（千米）							
2.2	三维地震（平方千米）							
2.3	探井井数（口）							
2.4	探井进尺（万米）							
2.5	评价井口数（口）							
2.6	评价井进尺（万米）							
3	投资							
3.1	二维地震（万美元）							
3.2	三维地震（万美元）							
3.3	探井（万美元）							
3.4	评价井（万美元）							

对于工程量、储量计划调整达到±10%及以上的子项目，应列表详细说明调整原因和实施效果。对于未达到预期效果、未经过上级主管部门批准的部署调整，应详细说明原因。

2. 地质成果评价

从区域地质背景、构造、储层、生储盖组合、圈闭和油气资源量等方面简述地质成果，重点分析地质认识和地质成果的前后变化，分析原因。

3. 地质效果评价

1）地质综合评价

从储量丰度、埋藏深度、产能情况、储量规模、试采效果等方面简要评价发现储量的地质特征。

2）储量评价

简述采用的储量规范以及资源量（储量）变化情况（表9-8）。说明储量计算的方法及参数，说明是否按照相关规定进行了储量复算，列出复算储量的计算方法以及批复文件名称。如果前后储量变化达到±10%及以上，从评估方法、参数选择及对风险考虑等方面分析产生差距的原因，评价储量变化对项目的影响。

表9-8 储量变化情况表 单位：百万桶/百万英尺^3

序号	层系	批复探明储量		方案拟动用储量		实际动用（复算）储量		差异原因
		地质	可采	地质	可采	地质	可采	
1								
2								
3								
…								
合计								

3）储量复算评价

分析项目前后储量级别、数量的变化情况；评价勘探期结束后储量动用及建产情况及储量变化情况，分析变化原因。

4. 评价结论

根据前述项目地质资源及勘探部署评价结果，主要从地质认识过程、储量计算是否变化和总体规划方案部署效果等方面给出评价结论。

四、工程评价

1. 地震工程评价

非地震物化探参照以下评价。

1）采集评价

技术设计评价：简述项目主要技术设计方案的上报审查和批复情况，说明实施过程中对审查意见和建议的执行和采纳情况及实施效果。简述项目采用的主要技术、工程量、工期和施工进度，与设计进行对比（表9-9和表9-10），如果差异达到±10%及以上，应说明变化的原因和实施效果。

表9-9 二维地震实施与设计对照表

序号	工区名称	二维（千米）		测网密度		进度（起止日期）		工期（日）	
		设计	实施	设计	实施	设计	实施	设计	实施
1	区块1								
2	区块2								
…	……								
合计									

表9-10 三维地震实施与设计对照表

序号	工区名称	三维（平方千米）		面元		进度（起止日期）		工期（日）	
		设计	实施	设计	实施	设计	实施	设计	实施
1	区块1								
2	区块2								
…	……								
合计									

采集质量评价：简述项目采集工程采用的质量标准，列出有关质量标准的名称。简述采集质量的验收方式和流程，简述采集质量验收结果（表9-11），评价采集质量是否满足处理和解释工作的要求。对没有进行质量验收的项目，需要说明原因。

表9-11 地震原始记录质量统计表

序号	工区名称	总张数（张）	合格（张）	合格率（%）	废品（张）	废品率（%）	合同要求合格率（%）
1	区块1						
2	区块2						
…	……						
合计							

2）处理评价

简述处理质量（突出信噪比、分辨率、成像精度）控制流程、处理验收的方式和程序。评价处理流程、处理方法是否合理，质量指标（表9-12和表9-13）是否符合设计及合同要求、处理剖面的地质效果是否能满足地质任务需要。

表9-12 二维地震处理资料品质统计表

序号	工区名称	长度（千米）	合格品	合格品率（%）	合同规定合格率（%）
1	区块1				
2	区块2				
…	……				
合计					

3）解释评价

说明质量控制流程、成果验收方式和程序；评价最终归档资料是否齐全、规范。

表 9-13 三维地震处理资料品质统计表

序号	工区名称	面积（平方千米）	合格品	合格品率（%）	合同规定合格品率（%）
1	区块1				
2	区块2				
…	……				
合计					

评价地震地质层位标定、速度资料分析与应用的正确性，根据所提供井位的钻探情况，评价资料解释的合理性和预测结果的可靠性。根据项目实施结果评价圈闭发现成功率、储层预测准确率等。附新老地震剖面对比图。

2. 钻探工程评价

1）实施方案评价

简述项目工程量、工期、施工进度和时效等指标，并与计划指标对比（表 9-14），说明变化的原因及影响。

表 9-14 探井（评价井）实施与设计对比表

序号	指标	方案	计划	实施	实施-方案	实施-计划	变化原因
1	井数（口）						
2	总进尺（万米）						
3	平均井深（米）						
4	平均钻井周期（日）						
5	平均完井周期（日）						
6	平均钻机月速[米/(台·月)]						
7	平均机械钻速（米/时）						
8	平均生产时效（%）						
9	平均纯钻时效（%）						

工程质量评价：通过井身质量、固井质量、钻井取心收获率等指标与计划指标对比（表 9-15），分析产生差异情况及原因，提出改进建议和措施。

表 9-15 钻井质量对比表

序号	指标	计划	实施	第1年 计划	第1年 实施	第2年 计划	第2年 实施	…… 计划	…… 实施
1	平均井身质量合格率（%）								
2	一次固井质量合格率（%）								
3	平均取心收获率（%）								

失利井分析：简述失利井相关情况，分析产生原因，评价相应改进措施或方案调整的效果。

2) 录井工程评价

简述录井选用的录井技术、方法和选择依据，评价其检测、识别油气层的能力。说明施工中的各项质量保障措施，分析影响录井质量的主要因素及采取的控制措施和效果。根据试油结果，总体评价录井质量和效果（表9–16）。

表9–16 录井效果评价表

序号	解释结果（层数）	第1年				第×年			
		录井	试油	符合层数	符合率（%）	录井	试油	符合层数	符合率（%）
1	油层								
2	气层								
3	油水同层								
4	气水同层								
5	水层								
	合计								

注：根据实际情况设计和填写表格，评价期超过1年的项目应逐年对比。

3) 测井工程评价

简述选用的测井系列、测井仪器及为解决特殊地质问题采用的测井方法，说明选择依据，评价各类测井方法的有效性及检测、识别油气层的能力。

分析影响测井质量的主要因素，说明采取的各项质量保障措施及效果。

根据试油结果，总体评价测井质量和效果（表9–17）。

表9–17 测井效果评价表（层数）

序号	测井效果	第1年				第×年			
		测井	试油	符合层数	符合率（%）	测井	试油	符合层数	符合率（%）
1	油层								
2	气层								
3	油水同层								
4	气水同层								
5	水层								
	合计								

注：根据实际情况设计和填写表格，评价期超过1年的项目应逐年对比。

4) 试油及油层改造工程评价

说明试油及油层改造工程设计和施工情况，简述试油及油层改造工程所选择的工艺技术及选择依据，并对工程方案做出总体评价。

评价试油及油层改造工程的实施效果（表9–18），分析说明存在的主要问题，提出改进建议和措施。

5) 辅助工程评价

针对投资较大的辅助工程，简述工程内容、投资和施工进度，评价采取的投资控制方法和效果。

表 9-18 油气层改造效果表 单位：米³/日

序号	油气层改造效果	第 1 年			第 × 年		
		改造前	改造后	增产（注）率（%）	改造前	改造后	增产（注）率（%）
1	油井单产						
2	气井单产						
3	单井注入量						
4	单井产液量						
5	……						

注：根据实际情况设计和填写表格，评价期超过 1 年的项目应逐年对比。

3. 技术适应性评价

说明采集施工设计的主要参数、设备选型及施工方法等，并与审查批复的技术设计进行对比。评价技术设计、施工设计是否适应本区情况、能否完成地质任务。根据后续处理、解释过程中发现的质量缺陷，说明设计和实施过程中存在的问题，提出改进意见和措施。

简述为提高钻井速度、缩短工期和降低成本，在设计和施工中的技术创新及配套技术形成情况，评价其先进性、适应性及推广价值。

评价现有技术管理制度对该项技术推广工作的支持、导向和促进作用，对存在的问题提出相关改进建议。

4. 评价结论

通过对采集技术设计和实施、处理和解释等方面的评价，主要从技术设计的报批程序、工作质量和进度控制、技术适用性及效果等方面，给出地震工程总体评价结论。

根据钻井工程、录井工程、测井工程和试油工程评价结果，主要从设计审查、工程质量与验收、招投标管理、服务合同管理和技术适用性等方面，对钻探工程实施情况做出总体评价。

五、项目管理评价

从项目组织机构、投资管理、项目建设管理、HSE 管理和风险控制等方面，评价项目的管理体制是否能够适应项目的运行，以及针对项目存在的各种风险因素所采取的应对措施。针对目前管理方面存在的问题，提出应对措施和建议。

1. 组织管理评价

1）组织机构

简要说明项目的组织机构及人员情况，并评价能否满足项目建设及生产运行需要。

2）组织管理情况

说明项目管理方式和项目管理机构设置情况，简述主要管理制度和项目工作程序，说明各项工程的主要设计、施工、监理单位名称（表 9-19）、资质情况和选择方式。

2. 投资管理评价

简要说明项目的投资管理流程及相关投资控制措施，并评价其对控制投资的作用。

表9–19 勘探项目设计、施工、监理单位

工程内容	单位序号	设计单位 名称	设计单位 资质	设计单位 选择方式	施工单位 名称	施工单位 资质	施工单位 选择方式	监理单位 名称	监理单位 资质	监理单位 选择方式
物探	1									
物探	2									
物探	…									
钻井	1									
钻井	2									
钻井	…									
录井	1									
录井	2									
录井	…									
测井	1									
测井	2									
测井	…									
压裂	1									
压裂	2									
压裂	…									
试油	1									
试油	2									
试油	…									

注：（1）工程内容可根据实际情况确定，各项工作列出主要承担单位。
（2）物探和钻井可根据工作量情况单独列表。

3. 工程管理评价

简要说明项目的施工组织管理流程，从招投标、设计、施工、监理、合同管理、物资采购和验收等方面评价项目的建设施工管理能否满足项目的建设需要。

1）设计管理评价

说明物探、钻井、录井、测井、试油及油层改造等工程设计单位及资质情况，评价设计单位选择、合同签订、设计验收工作是否规范，简述各项工程设计验收主要结论。

2）施工管理评价

说明物探、钻井、录井、测井、试油及油层改造等工程施工、监理单位及资质情况，说明工程合同中主要考核指标，评价施工方和监理方选择、合同签订、工程监督、工程验收和资料提交情况是否符合规定。简述各项工程验收报告主要结论，以及遗留问题整改落实情况。

3）工程监理评价

简述物探、钻井、录井、测井、压裂、试油等工程监督制度和流程，评价各项监督在工程进度、质量和安全等方面的作用。

重点评价监督队伍建设情况，说明监督人员的构成、资质和持证率等，评价现有监督工作制度是否符合相关规范要求，分析存在的差距和不利影响，提出改进措施和建议。

4）招投标及采购管理评价

简述项目工程设计、施工、监理等承包方选择程序及方式，说明招标数量、工程招标率、招标质量及效果，对未采取招标方式的分析原因。

简要说明关键设备及大宗材料的采购，以及主要设备、物资采购的程序和方式、性能质量、订货价格、供货厂家对工程进度、工程质量和工程投资的影响，对影响较大的因素分析原因。

5）合同管理评价

简述各项工程合同执行情况，重点对合同进度、工程质量和工程结算进行评价。

4. HSE 管理评价

说明在项目建设和生产运行中 HSE 方面采取了哪些措施和应急预案，是否能够达到预期目的。

5. 风险管理评价

分析在项目前期工作、工程建设、生产运行、退出项目等过程中，在资源国的政治、经济、社会、环保、政策及项目的资源、技术、HSE、生产、经营、合同的方面面临的风险，评价风险控制措施是否得当、效果如何等。

6. 评价结论

从该项目的组织机构、投资管理、项目建设管理、HSE 管理和风险控制等方面的评价，提出该项目在管理方面的优势与不足。

六、投资与勘探效益评价

1. 合同模式

说明合同类型、签约方、合同期及主要的商务条款等，并编制收入分配或产品分成流程示意图。商务条款为经济评价需要的财税条款。

2. 投资执行情况分析

将批复的勘探规划方案投资估算、年度投资计划和项目实际发生的投资进行比较（表 9-20），说明投资变化的原因，对单项投资差异达到 ±10% 及以上的，应详细分析。

表 9-20 投资情况对比表

序号	项目	单位	方案	计划	实施	方案-计划	实施-方案	（实施-计划）/计划（%）	（实施-方案）/方案（%）
1	投资								
1.1	二维地震	万美元							
1.2	三维地震	万美元							
1.3	探井	万美元							
1.4	评价井	万美元							
1.5	其他	万美元							
	合计	万美元							
2	工作量								

续表

序号	项目	单位	方案	计划	实施	方案-计划	实施-方案	(实施-计划)/计划（%）	(实施-方案)/方案（%）
2.1	二维地震	千米							
2.2	三维地震	平方千米							
2.3	探井	口							
2.5	探井进尺	万米							
2.6	评价井	口							
2.7	评价井进尺	万米							
3	单位成本								
3.1	二维地震	万美元/千米							
3.2	三维地震	万美元/千米^2							
3.3	探井	美元/米							
3.4	评价井	美元/米							

3. 工程成本分析

1) 工程成本计划与实施对比分析

将批复的勘探规划方案、年度投资计划中的单项工程成本（包括地震、钻井成本等）与实施后的实际成本进行对比（表9-21），说明差异程度，分析差异原因。

表9-21 工程成本计划与实施对比表

年度	指标	单位	方案	计划	实施	实施-方案	实施-计划
××××	二维地震	万美元/千米					
	三维地震	万美元/千米^2					
	探井	美元/米					
	评价井	美元/米					
××××	二维地震	万美元/千米					
	三维地震	万美元/千米^2					
	探井	美元/米					
	评价井	美元/米					

有条件的项目可与同期的邻区、本公司、总部公司或国际大石油公司的单位成本进行横向对比，分析差异和原因。

2) 工程成本变化分析

项目单位工程成本应列表（表9-22），分析单位工程成本变化趋势和原因，提出进一步控制单位工程成本的技术或管理措施和建议。

3) 工程成本水平分析

有条件的项目可与邻区、本公司、股份公司或国际大石油公司近几年的单位工程成本变化趋势进行横向对比，分析差异和原因。

表 9-22 工程成本变化对比表

序号	指标	单位	第一年	第二年	……	平均
1	二维地震	万美元/千米				
2	三维地震	万美元/千米²				
3	探井	美元/米				
4	评价井	美元/米				

4. 勘探成效分析

1）发现成本分析

通过计算项目实施期间的油气发现成本，评价项目新增储量 EV 值发现成本，并与其他地区（项目）、国内公司或国际大石油公司进行横向对比（表 9-23），分析差异和原因。

表 9-23 勘探成效对比表

序号	指标	单位	本项目	公司1	公司2	公司3	……
1	P1 发现成本	美元/桶					
2	EV 值发现成本	美元/桶					
3	综合探井成功率	美元/米					
3.1	探井成功率	%					
3.2	评价井成功率	%					
4	勘探成功率	%					

2）成功率分析

说明项目新发现圈闭数量、面积和资源量，重新落实的圈闭数量、面积和资源量，以及实施钻探的圈闭数量，通过计算项目在实施期间的圈闭钻探成功率和探井成功率，分析钻探效果。有条件的项目要与邻区、本公司、总部公司或国际大石油公司进行横向对比，分析差异和原因。

5. 经济评价

经济评价内容主要适用于勘探开发一体化项目。对于以勘探发现和获得储量为目的的勘探项目，其经济评价部分可按照可行性研究采用评价方法进行勘探效益评价，以实现勘探效益前后对比分析。

1）评价范围及依据

说明经济评价所依据的合同、协议、相关法规及评价范围等。

2）勘探开发规划

勘探规划：说明未来的主要勘探方向和勘探工作量等。

开发规划：开发基本原则，说明开发方案动用储量、钻井方式和开采方式等。开发部署及产能指标预测，说明开发部署采用的井网、井距及开采速度，预测建产能规模、单井产量。表 9-24 中列出了分年度的产量预测指标及开发工作量等。

地面工程概念设计：结合项目的地理位置和开发部署，确定地面工程建设规模、总体布局、油气集输方式和主要工程量等。

表 9-24 开发指标汇总表

序号	指标	单位	第一年	第二年	……	平均
1	投资					
1.1	勘探投资	万美元				
1.2	开发投资	万美元				
1.2.1	钻井投资					
1.2.2	采油气工程投资					
1.2.3	地面建设投资					
1.2.4	其他投资					
2	产量	美元/米				
2.1	原油产量	百万桶				
2.2	天然气产量	百万立方英尺				
3	价格	美元/米				
2.1	原油实现价格	美元/桶				
2.2	天然气实现价格	美元/10^3英尺^3				
3	评价井	美元/米				
4	操作成本	美元/桶				

投资估算：给出投资估算的依据、投资估算结果及分年投资计划。

3) 主要评价参数和基础数据

列出经济评价所采用的主要参数和基础数据，一般包括：计算期（说明项目的计算期及其依据）；开发方案基础数据；油气价格（说明采用的油气价格及其依据，原油价格应以国际市场上的布伦特原油价格为基础，预测本项目的原油价格）；产品商品率；各种税费费率；基准收益率、折现率；其他。

4) 盈利能力分析

结合合同模式，编制盈利能力分析所需表格，一般应包括利润表、项目现金流量表、资源国现金流量表、合同者现金流量表和中国石油现金流量表等。

计算项目、资源国、合同者及中国石油的投资效益，合同者和政府的收入分配比例，对中国石油的盈利能力进行重点分析。

将中国石油的盈利能力指标与勘探方案进行对比，如果相差较大（±10%及以上），从评价方法、产品价格、产量、投资和成本等方面分析产生差距的原因。

编制中国石油现金流量图（包括分年净现金流量和累计净现金流量）。

编制主要技术经济指标汇总对比表，将勘探方案的主要技术经济指标与后评价指标进行对比。主要技术经济指标汇总表可根据合同模式选择相关指标，一般包括投资、成本、产量、收入（收入分配）及利润、中国石油效益（包括内部收益率、财务净现值、投资回收期、累计净现金流量、最大累计负现金流量等）等指标。

5) 不确定性与风险分析

影响项目效益的不确定因素主要包括价格、产量、勘探投资和开发投资等，对不确定因素发生增减变化时对中国石油财务指标的影响进行分析，并计算敏感度系数和临界点，找出敏感因素。编制敏感性分析表（表9-25）。效益指标可选择中国石油投资财务内部收益率。

表 9-25 敏感性分析表

序号	不确定因素	变化率（%）	内部收益率（%）	净现值（万美元）
基本方案				
1	勘探投资	-20		
		-10		
		10		
		20		
2	开发投资	-20		
		-10		
		10		
		20		
3	产量	-20		
		-10		
		10		
		20		
4	价格	-20		
		-10		
		10		
		20		

6. 评价结论

通过以上分析评价，给出勘探投资执行和勘探效益总体评价结论。

七、影响与持续性评价

1. 环境影响评价

简述项目环保工作组织机构和管理制度，评价项目环保风险管理能力。

简述因油气勘探修路、平整井场、地震、钻井、试油等施工对生态环境的影响程度。

预测油田开发对环境的影响。评价项目的现有环境控制能力，若出现过重大环保问题，要说明污染性质、程度、原因和处理结果，并认真总结经验教训。

2. 安全评价

评价项目安全管理制度是否健全、配套措施是否到位、是否建立应对安全事故的预案。

简述工程技术设计中提出的安全方案的执行情况。

说明项目实施过程中是否发生过安全事故，评价各项应急措施取得的实际效果。

3. 风险控制评价

根据项目实施结果，评价项目前期是否对项目风险（社会风险、资源风险、工程风险等）进行了有效分析和预测，评价建议的防范措施可行程度、采纳情况和效果。

4. 持续性评价

1) 外部条件可持续性

评价资源国有关政治、经济、文化、宗教和法律等方面（如劳务签证、外汇管制和融资成本等）的政策对项目持续性的影响。

2) 资源可持续性

对项目的资源潜力进行分析，评价能否给项目的持续发展提供资源基础。

3) 技术可持续性

评价目前的勘探技术能否适应项目的持续勘探需要，评价利用现有技术能否得到有效开发。

4) 项目配套条件

评价项目所在地的依托、配套条件及油气管道和销售渠道等条件对项目持续性的影响。

5. 评价结论

通过对环境与安全影响、风险控制和持续性评价，做出影响与持续性的总体评价结论，预测项目发展前景。

八、综合后评价

1. 评价结论

在项目决策及部署、工程评价、管理评价、投资与勘探效益、影响与持续性等评价基础上，分析项目的目标实现程度、工程实施的成功度和项目的持续能力等，给出整个项目总体评价结论。

2. 经验教训

从项目的决策、实施、工程管理、科技创新和应用、影响与持续性等方面，分析项目取得成功的主要因素，提炼出值得推广、借鉴的经验；分析项目存在的问题和失利的主要原因，深刻总结应吸取的主要教训。

3. 问题与建议

针对影响项目目标实现和持续发展，以及项目实施中存在的技术、管理、安全和环保等方面的问题，提出相应的对策和建议。

第四节　项目独立后评价报告验收

委托方组织对项目独立后评价承担单位完成的独立后评价报告进行验收。独立后评价承担单位应准备独立后评价报告和多媒体等汇报材料，接受委托方的评审验收。

委托方要求独立后评价报告需要进一步修改完善的，专家组组长应根据委托方的意见，组织专家进一步修改完善，经专家组组长和部门负责人审查后，形成最终的独立后评价报告，以文件形式正式报送委托单位，填写独立后评价报告验收单（表9-26）。独立后评价报告报送文件由专家组组长起草，文件应以独立后评价内容报告为依据，简要阐述项目来源、项目概况、后评价结论、主要经验和教训、存在问题及改进建议等，并将独立后评价报告作为文件的附件。后评价报告的形式、版式和格式应符合项目委托方的有关规定。独立后评价报告按委托方要求的数量报送、抄送和分送相关部门或单位。

表 9-26 独立后评价报告验收单

课题研究名称	
主要研究成果	
成果应用情况	
验收意见	
研究经费	
课题承担单位	
承担单位负责人	
委托单位	
委托单位负责人	

第十章　海外勘探项目独立后评价案例

本章以海外某勘探项目为例，介绍独立后评价相关内容。2018年，中国石油天然气集团有限公司下达了2018年度集团公司后评价计划，安排中国石油后评价中心开展海外某勘探项目独立后评价工作。

2018年，后评价中心组织项目组成员，召开了该项目独立后评价策划会议，在认真研究前期收集资料的基础上，对该项目独立后评价范围及评价内容等进行了认真讨论，明确该项目后评价时段与时点，评价范围为评价时段内勘探成效，评价重点为前期决策依据、勘探部署合理性、勘探成效及可持续发展等。针对评价内容，成立了独立后评价项目组及专家组，明确了独立后评价分工及进度安排。

2018年，独立后评价工作组针对项目公司提交的项目自评价报告初稿，经专家组认真细致的审查后，形成函审意见，并及时反馈，有力地促进了自评价单位对自评价报告的修改完善。2018年1月，后评价中心召集独立后评价专家和项目相关技术及管理人员，针对独立后评价专家关注的重点问题进行了深入交流沟通，明确了下一步独立后评价工作重点，对保障该项目独立后评价现场调研顺利开展及独立后评价报告的顺利完成起到了重要促进作用。

2018年，后评价中心在委托单位的组织下对该项目自评价报告进行评审验收，并进行独立后评价现场调研。在调研现场，专家组通过与项目公司就独立后评价重点关注问题进行深入交流，对该项目有了更为充分的了解，对关注的重点问题有了深入的把握，达成了共识，并在调研现场编制完成该项目独立后评价报告初稿。2018年，独立后评价工作组在前期充分准备基础上，依据自评价报告及项目相关决策、运行等文件，编制完成了该项目的独立后评价报告。

第一节　项　目　概　况

一、项目基本情况

缅甸AD-1/6/8勘探项目合同签订于2017年，中国石油作为作业者拥有100%的权益。项目位于资源国中部地区，合同区总面积约1万平方千米。项目毗邻韩国大宇公司的区块。该项目的合同模式为矿税制合同。

2017年，为了分担技术和投资风险，与伍德赛德公司签署权益转让协议（FOA），同年获得中国政府书面备案；2018年获得资源国政府的批复，完成权益转让交割，伍德赛德公司正式获得AD-1/6/8勘探项目50%的权益并成为作业者，中国石油作为合同作业者拥有其余权益。该项目基本情况见表10-1。

中方介入前，项目所在地区总体勘探程度较低，已实施勘探工作量有限，基本为勘探空白区，项目区内仅钻探井1口，设计井深2300米，最浅目标层1600米。

二、项目实施基本情况

1. 政策趋紧前有序勘探阶段

自2007年1月15日合同签署以来，中国石油天然气勘探开发公司（CNPCI）有序开展三个区块的油气勘探。2007年11月至2008年2月，AD-6区块采集二维地震420千米，AD-1/8区块深水区采集二维地震7651千米，2009年6—12月，AD-6区块完成二维地震采集598千米。受缅甸和孟加拉国海域争端影响，2009年仅在AD-1区块南部完成三维地震采集1102平方千米。2009年底，缅甸和孟加拉国海域争端加剧，区块处于争议区内，勘探工作被迫全面中止。

表10-1 AD-1/6/8勘探项目合同期划分

区块	面积（平方千米）	平均水深（米）	合同阶段	时间	义务工作量	投资（万美元）
AD-1	2700	1650	勘探期3年	原2007年2月8日—2010年2月7日	2D：3000千米 3D：400平方千米 2口探井	2500
			缅孟（缅甸和孟加拉国）海域纠纷	2008年8月—2012年3月		
AD-6	2100	<50	研究期2年	原2007年4月1日—2009年4月10日	2D：3000千米 G&G研究	300
			缅孟海域纠纷	2008年8月—2012年3月		
			资源国石油公司同意研究期延伸	2012年4月—2013年3月31日		
			勘探期3年	2013年4月1日—2016年3月31日	1口探井	1300
AD-8	5000	1850	研究期2年	原2007年4月11日—2009年4月10日	2D：3000千米 G&G研究	300
			缅孟海域纠纷	2008年8月—2012年3月		
			资源国石油公司同意研究期延伸	2012年4月—2013年9月30日		
			勘探期3年	2013年10月1日—2016年9月30日	1口探井	1300

2. 政策放松后的重新勘探阶段

2012年，资源国政府对合作项目政策放松，勘探工作重新启动。经协商后，重新界定了各区块合同期，义务工作量不变。项目区初始勘探期延长至2013年。项目公司抓住机遇，扩大项目区勘探面积及工作量部署。

截至2018年8月底，项目共完成可控源电磁勘探500千米，二维地震采集9000千米，三维地震采集4000平方千米，探井4口。X-3探井有石油重大发现，同时更加明确了项目区勘探潜力和重点勘探目标，坚定了该区下步勘探信心。

第二节 投资决策过程评价

一、决策背景及依据评价

中国石油对资源国多个区块的勘探前景已关注多年，在考虑邻区勘探成果、国家能源安全及公司长远发展目标等因素后，建议投标。

1. 邻区勘探取得突破，推测目标区具有一定的资源潜力

中国石油对有限的目标区域油气勘探现状和区域地质资料系统分析研究后，认为目标区除圈闭条件以外的地质条件与已有发现的邻区具有良好的类比性，预测 AD-1/6/8 项目远景资源量巨大。因此，中国石油将该区域作为投标目标区。

2. 国家地缘和能源安全的需要

随着中国经济的高速发展，油气能源消费剧增且严重依赖进口；资源国具有丰富的油气资源，但其缺乏开发资金和技术，需要合作开发。综合以上因素，在资源国投标勘探开发油气资源势在必行。

3. 中国石油发展的需要

在中国石油加大海外新项目勘探开发的大背景下，同时考虑到资源国的地理位置，如能成功中标该项目，将奠定中国石油在资源国的资源规模基础，并为滚动利用毗邻地区的油气资源提供有利条件，也将为中国石油海外油气勘探提供潜在协同发展机会，因此有必要在该区域获取更多的油气资源，为今后中国石油在资源国的油气勘探业务发展创造条件。

通过该项目的实施与合作，可以学习和借鉴国际能源公司该类项目的勘探经验，增强中国石油的勘探能力。

二、投资风险评价

中国石油依据掌握的区块地质等资料，结合自身的条件，客观地分析了投资决策该目标区的风险：一是中国石油对类似勘探项目的勘探技术、经验不足导致的风险；二是产量分成合同（PSC）谈判条款设计的风险；三是对该地区地质资料掌握不足、认识不够导致的地质风险；四是资源国政策、法律等风险。针对以上风险，采取了有针对性的措施，最大限度地降低了风险。

1. 创新模式降低自身风险

针对中国石油类似勘探项目地质研究等存在不足的现实情况，项目采取了"国外取经、国内交流"的运作模式补足短板。首先，将部分关键技术研究合同授予具有类似项目丰富作业经验的国际知名服务公司进行学习取经，同时及时与该项目毗邻区块勘探取得成功的公司进行资料交换，不断充实中方地质资料库；其次，加强研究支持单位间沟通交流，不定期召集国内知名的油气研究机构相关专家开展专题交流会，以提高地质决策的可信度。

2. 项目风险估计充分，合同条款制定合理

在合同签订后的项目实施过程中，通过与资源国政府谈判公关，争取到了项目区块面积扩边和勘探期多次延期的有利政策，在未增加勘探义务工作量和投资承诺的基础上，赢得了勘探空间和研究时间。

3. 借鉴邻区经验降低地质风险

该项目大多数区域均为勘探空白区，且从已有发现的邻区成藏特点看，油藏为复合类型，勘探难度大，风险较高。项目实施中采取了有效的措施，即借鉴国内外类似油田的开发实践，首先部署二维地震，开展区块地质普查，落实地下基本地质构造和沉积储层类型，识别有利的勘探区带；针对有利勘探区带部署三维地震，落实有利目标，并结合区域和邻区地质综合研究，以及已发现油藏类比研究成果，落实油气地质条件和成藏规律，共同指导勘探

井位部署，尽量降低地质风险。

4. 积极寻求合作伙伴降低投资风险

针对前两口探井未实现油气商业发现的实际，结合自身缺乏类似勘探项目勘探组织和管理经验等实际，积极寻求合作伙伴，降低投资风险。通过技术、经验、勘探装备和服务队伍，以及在该区域的勘探成果和合作意愿等多方对比分析，本着互利共赢的原则，最终选择斯伦贝谢公司作为合作伙伴和技术作业者，并于2016年正式签署了权益转让协议（FOA）。

就该勘探项目中最后一口义务探井的部署事宜，双方召开了多次会议，经反复论证协商，最终确定了待钻井位目标，与中方最早提出的井点位置基本一致。该井于2018年完钻，并取得重要突破。

综上，后评价认为，该项目风险分析到位，采取的措施合理有效，降低了该项目勘探风险。

三、前期相关工作评价

1. 区块筛选评价

项目公司对资源国油气上游项目的研究始于2004年。相关研究机构先后评价了资源国境内多个区域，尤其是已有油气发现相邻区域。为了最大可能地保障国家能源安全战略的实施，本着不放弃任何资源机会的目的，在对资源国新开放区域资源潜力与风险评价基础上，筛选出AD-1/6/8区域作为投资勘探目标区。

后评价认为，区块筛选参考了邻区勘探效果及该区地质研究成果等，依据充分，目标区确定科学合理。

2. 合同评价

资源国于2007年同项目公司签署了合同。鉴于三个区块存在的地质等风险，经中国石油和资源国政府相关机构的共同努力，签订的合同保障了双方的合作共赢：一是资源国政府放弃在合同中对原油价格设限的做法，为项目取得发现后生产销售产品寻找有利市场提供了比较灵活的空间；二是对原油发现但暂无商业开发价值的区块进行再评价的保留期定为最多至2014年。

后评价认为，设定的合同条款在一定程度上有利于规避相关风险。

四、决策程序评价

该项目投标区块进行筛选、全面评价、项目交割、预可行性研究、可行性研究和项目备案等决策过程，具体见表10-2。后评价认为，项目公司有针对性地加强了项目前期研究评估，对保障该项目运行效果尤为重要。

表10-2 项目决策程序评价表

序号	时间	报告或文件名称	编制或批复单位	报告或文件类型	文号
1	2007年1月5日	缅甸海上区块勘探部署讨论	中国石油天然气勘探开发公司	公司会议纪要	〔2007〕第1期
2	2007年1月26日	缅甸三个海上区块项目的业务移交及勘探部署准备		公司会议纪要	〔2007〕第8期
3	2007年1月31日	缅甸海上区块二维地震试验线部署方案讨论		公司会议纪要	〔2007〕第12期

续表

序号	时间	报告或文件名称	编制或批复单位	报告或文件类型	文号
4	2007年6月10日	缅甸海域AD-1/6/8区块可行性研究报告		可行性研究报告	
5	2007年7月13日	Request for Approval to Award Contract NO：CAL/AD/40/07-002，Provision of 2D Marine Seismic Data Acquisition Services to BGP Inc.		部署方案批复	
6	2008年8月5日	缅甸AD-1/6/8区块地震资料解释研究成果汇报及下一步3D和井位部署讨论会		公司会议纪要	〔2008〕第110期
7	2008年11月28日	关于缅甸海上区块三维地震采集作业的请示		呈批件	勘开呈〔2008〕187号
8	2010年10月1日	缅甸若开海湾AD-1/6/8区块勘探开发可行性研究评价		可行性研究报告	
9	2011年5月9日	关于缅甸海上AD-1、AD-6、AD-8区块勘探项目备案的请示		集团公司备案	勘油公司〔2011〕49号
10	2011年6月23日	缅甸海上AD-1/6/8勘探项目备案		发改委备案	发改办能源备字〔2011〕8号
11	2012年5月31日	关于缅甸项目工作进展及下步工作计划的报告		呈批件	海洋呈〔2012〕14号
12	2012年12月14日	中油国际凯尔有限责任公司（缅甸海上项目）2012年调整计划明细表	中国石油天然气勘探开发公司	公司文件	海外〔2012〕114号
13	2013年5月15日	Request Approval of 3D seismic Acquisition Operation for Updated Area in Block AD-6		部署方案批复	
14	2013年12月3日	缅甸Aung Zambu-1井详细钻井设计审查会		探井审查会议纪要	〔2013〕第145期
15	2014年1月26日	缅甸AD-1/8区块深水井位批复		部署方案批复	
16	2014年2月24日	缅甸Aung Zambu-2井详细钻井设计审查会		探井审查会议纪要	〔2014〕第22期
17	2014年12月24日	缅甸深水探井Aung Pyi Hein-1井详细设计技术审核会		探井审查会议纪要	〔2014〕150号
18	2015年5月11日	关于缅甸Aung Pyi Hein-1井钻后地质评价、区块下一步策略建议的报告及请示		呈批件	勘探呈〔2015〕25号
19	2015年8月25日	关于缅甸海上深化地质综合研究顶层设计及相关工作安排建议的请示		呈批件	勘探呈〔2015〕38号
20	2015年9月29日	关于缅甸AD-1/8区块两块三维地震目标重新处理的建议		呈批件	勘探呈〔2015〕48号
21	2016年2月5日	缅甸三个海上区块成功获得两年勘探延期		简讯	

续表

序号	时间	报告或文件名称	编制或批复单位	报告或文件类型	文号
22	2016年12月2日	关于缅甸AD-1/6/8高风险海上勘探区块下步策略的请示	中国石油天然气勘探开发公司	呈批件	海外呈〔2016〕136号
23	2016年12月5日	缅甸若开海域AD-1/6/8区块勘探开发项目可行性研究报告		可行性研究报告	
24	2016年12月20日	关于与Woodside公司开展缅甸AD-1/6/8高风险海上勘探区块权益转让工作的请示		呈批件	勘油公司〔2016〕52号
25	2017年2月26日	关于缅甸AD-1/6/8海上高风险勘探区块部分权益转让事宜的补充报告		呈批件	勘油公司〔2017〕14号
26	2017年4月1日	关于缅甸AD-1/6/8项目权益转让协议签约的请示		呈批件	业务呈〔2014〕42号
27	2017年5月11日	国家发展和改革委员会缅甸海上1/6/8区块权益和投资额变更项目备案通知书	国家发展改革委办公厅	备案通知	发改办外资备〔2017〕151号
28	2018年3月13日	关于与Woodside签署缅甸AD-1/6/8区块联合作业协议（JOA）等的请示	中国石油国际勘探开发有限公司	呈批件	业务呈〔2018〕13号
29	2018年4月13日	缅甸AD-1/8区块深水义务探井部署方案专家论证意见		公司会议纪要	

五、评价结论

为保证油气资源安全，鉴于毗邻投标区的勘探获得发现及中国石油对该区域的研究结果，确定了该区域为投标目标区块。鉴于投标区块客观存在的地质等风险，经过全面评价，最终以相对合理的合同条款中标项目，并完成了交割。

在项目实施过程中，及时总结项目前两口探井失利的经验教训，结合实际，为了降低项目后续投资风险，经过交流和谈判，选择具有丰富勘探经验和作业能力等优势的斯伦贝谢公司作为合作伙伴，且合作完成的最后一口义务探井取得重要石油发现，为下一步该区勘探决策指明了方向。

通过回顾该项目的决策及实施过程，存在以下经验教训：

（1）项目公司能够针对该项目高风险的特点及公司实际，积极与资源国谈判取得有利的合同条款，同时根据项目的实施情况，积极与资源国政府沟通，在未增加义务工作量的情况下，项目取得初始勘探期的延期，为项目寻找合作伙伴及取得勘探发现争取了主动。

（2）及时总结项目实施过程的经验教训，积极寻找具有类似项目勘探实力和经验的合作伙伴，有效降低投资风险并取得重要的石油发现，坚定了项目下一步勘探信心。

第三节 勘探部署及工程技术适应性评价

一、勘探部署评价

自2007年中国石油与资源国签订合同以来，因资源国政策等原因使项目勘探进程受阻。

资源国相应进行了研究期和勘探期延期补偿。

根据勘探进程等将勘探划分为地震勘探和钻井勘探两个阶段。

1. 地震勘探阶段（2007—2012年）

1）地震勘探历程

2007年中方进入时，项目区总体勘探程度较低，基本为勘探空白区，仅有400千米的二维地震，总体品质较差，无法深化勘探。自2017年合同签署的初始勘探期，勘探工作重点是地震勘探和目标优选。在2007—2012年共采集二维地震9000千米，三维地震4000平方千米。

项目区二维地震资料波组特征总体比较清楚，连续性较好，地震剖面上沉积现象丰富，可以满足主要目的层时间域构造解释需要，地震反射波组特征明显，有利于刻画沉积体系中的多种沉积结构单元。总体而言，二维地震采集达到了设计目标。

通过二维地震解释与地质综合研究，在勘探目标区识别沉积砂体多个，评价优选有利区带两个，面积分别为725平方千米和400平方千米；应用二维叠后地震解释共解释和刻画了沉积岩性目标多个，进而针对重点目标区开展了叠前地震烃类检测，优选多个重点目标，但圈闭有效性仍存在较大不确定性。二维地震资料虽然可以识别多种沉积砂体，但沉积体系横向变化快，依靠二维地震资料落实岩性圈闭比较困难，难以达到探井部署的要求。

资源国政府政策放松后，勘探工作重新启动。中国石油于2012年又在项目区完成了420平方千米的三维地震采集。2014年，通过连片三维地震解释，落实多个低幅度构造；在进一步刻画重点岩性体目标的基础上，落实有利目标砂体多个，主要分布在有限的几个目标区；与资源国政府协商，将项目区由初始合同面积的1000平方千米扩大至2000平方千米，并于2012年底至2013年初，主要在扩展区完成了500平方千米的三维地震采集。通过精细三维地震解释，在扩边区新发现多个背斜圈闭，同时根据沉积砂体识别与储层预测，评价优选多个有利目标砂体，分布在几个目标区。

2）地震勘探评价结论

(1) "广布网、快收敛"，地震勘探锁定多个勘探目标。

坚持比较谨慎的"广布网、快收敛"的可行性研究勘探部署思路，在二维地震勘探初步确定有利目标后，进行三维地震勘探，共落实多个有利目标区，识别出多个砂体。

(2) 地质认识得到进一步深化。

该阶段研究内容科学合理，取得了以下成果与地质认识：一是进一步明确了研究区地质特征，项目区位于盆地边缘，发育近南北向逆冲断层，走滑扭动强；受区域构造运动变化影响，项目所在盆地沉积中心不断向外缘迁移。二是总结了一套沉积体系层序地层划分原则及划分方法，掌握沉积结构单元的识别方法，优化沉积模式，总结出两种沉积体系的平面分布规律和纵向演化特征。三是分析总结了项目区油藏的油水分布规律。盆底扇顶面构造高部位影响油气运移指向，圈闭的存在对油气聚集成藏十分重要，油气多聚集于盆底扇轴部地层较厚部位。四是评价多个有利区带，完成多个砂体资源量计算及勘探风险评估。

2. 探井部署及实施阶段（2013—2018年）

进入2013年以后，随着国际油价的升高和国内对油气需求的提升，急需项目油气勘探开发取得突破，因此初期确定的勘探方针也进行了调整。在实际勘探工作中，加快了钻井部署力度和勘探节奏，但由于项目区成藏条件复杂性和地质风险大，在2014—2015年部署实施的探井X-1和X-2全部失利。项目公司组织后方技术支持团队，深入分析失利的主要原因，综合分析认为，失利探井所在区成藏条件较差，项目公司及时做出了在该区停止勘探，转而主攻相邻目标区的决策。

基于项目区2010平方千米新采集的三维地震资料，结合前期采集的二维地震资料和地质研究成果，开展二、三维连片地震解释与地质地球物理综合评价，有利勘探目标评价与优选等工作，提出X-3重点井位部署建议，并于2014年5月确定了部署方案的请示，随后得到同意批复。

虽然前两口探井失利，但取得了宝贵的地质资料，为深化区块油气地质认识奠定了重要的基础。在此基础上积极开展与邻区地震钻井资料的交换，不断深化地质研究、系统解剖邻区油藏、深化油藏成藏主控因素和成藏规律等认识，开展叠前深度偏移重新处理、精细刻画沉积体系展布、深化勘探目标再评价，并与多家具有类似项目勘探经验的国际石油公司开展多轮技术交流，明确了油藏主力生烃区、正向构造和规模砂体是该区油成藏的主控因素，提出上新统是该区勘探主要目的层系，指出该区的有利成藏区带，进一步明确了项目区的资源潜力，为项目下一步勘探奠定了坚实的基础。

综合评价认为，项目区剩余有利勘探目标主要分布在几个目标区，见表10-3，与邻区的油田储量规模基本相当，随着地质认识不断深化，成藏模式逐步明确，勘探方向更加清楚。

表10-3 项目区剩余未钻（主要）圈闭资源量预测表

项目	风险前原始地质资源量(亿立方米)			风险前可采资源量(亿立方米)			风险后可采资源量(亿立方米)		
	P90	P50	P10	P90	P50	P10	P90	P50	P10
AD-1区中目标	1053.39	1894.40	3417.86	665.44	1189.31	2137.93	133.09	237.86	427.59
AD-1区北目标	181.22	351.13	696.59	113.26	223.70	444.57	22.65	44.74	88.92
AD-1/8区东北目标	1056.22	1908.56	3477.32	676.77	1226.12	2234.21	135.36	245.23	446.84
AD-8区北目标	1313.90	2299.34	4086.14	807.03	1424.34	2548.53	161.41	284.87	509.71
合计	4202.24	7603.11	13923.46	2639.14	4782.74	8764.11	527.83	956.55	1752.82

3. 勘探部署综合评价结论

1）勘探思路正确，精细研究部署，勘探取得突破

自2007年获得项目勘探权益以来，面对合同区块勘探程度低、成藏条件较差、政局不稳、勘探风险大等诸多瓶颈与挑战，项目公司坚定信心，坚持勘探，精细研究，指导勘探部署。从勘探初期的"广布网、快收敛"地震勘探部署思路至中后期的"循序渐进、先易后难、先立基后上产"的钻探部署思路均是正确的。在实施过程中，优先选择有利区进行勘探，部署实施两口探井失利后，及时转移目标区，并优先选择背斜构造圈闭作为钻探目标，符合丰度相对较低的油藏实际，并于2018年6月钻探的最后一口探井X-3获得石油发现。

2）X1油藏储量规模偏乐观，需要进一步落实

中国石油杭州地质研究院和伍德赛德公司对X1油藏的储量估算关键参数、储量规模认识偏乐观，需要进一步落实，并请第三方评估落实储量。

二、工程技术适应性评价

1. 物探技术的适应性评价

1) 低勘探程度区，二维地震勘探合理有效

物探作为油气勘探的关键技术，在了解区域地质情况、划分地层结构、解释构造和沉积层序、预测储层及流体等方面具有不可替代的作用，特别在勘探新区，勘探程度低和地质资料比较缺乏的情况下，必须通过地震勘探明确潜力区，圈定可能的有利目标和圈闭，锁定钻探目标。中国石油介入项目时，区域勘探程度极低，基本为勘探空白区，因此该区可供前期地质研究的资料极为有限。

项目在部署探井之前先部署二维地震，利用二维地震在10000平方千米的探矿权范围内开展普查，筛选有利区带和目标，但在上钻前未取得发现。

2) 地震勘探技术措施和参数满足勘探需求

在AD-1/6/8区块实施的二维地震测网密度为2千米×2千米，CDP间距为6.25米，接收道数AD-1/8区块为480道，AD-6区块为360道、480道、576道，排列长度AD-1/8区块为6000米，AD-6区块为4500米、6000米、7200米，覆盖次数AD-1/8区块为120次，AD-6区块为90次、120次、144次。该区主要目的层埋深为2700~4000米，技术参数满足区带优选和目标侦查需要。在AD-1/6/8区块实施的三维地震接收线间距为100米，排列长度为6000米、6600米，面元6.25米×25米，纵向覆盖次数60次、66次，接收缆数6缆、8缆、12缆，技术参数基本上是当时代表性深海地震勘探技术水平。

二维地震剖面的信噪比高，主要目的层反射能量强，同相轴连续性好，构造产状和构造特征较清楚，河道等沉积特征清楚，剖面品质好于邻区。三维地震剖面构造特征更加清楚，结构接触关系更加明了，河道等沉积结构清楚，能够精细刻画砂体的平面展布特征。

地震资料解释工作包括区域地质背景和地层分布调研，二、三维地震资料地震反射波组特征分析，地震地层划分和层序地层格架解释，地震属性分析和储层反演等。项目区内探井合成地震记录表明地震层位解释合理可靠，X-1井主要目的层预测深度与实钻深度误差较小，钻探前后构造趋势和圈闭面积基本一致，预测储层厚度经实钻证实相对较准确。

3) 实施效果

前期区域地质调研认为，项目毗邻区域已发现油田，具有相似的油气成藏条件，参考邻区面积储量丰度，预测项目区风险后远景资源量巨大，具有一定的勘探潜力，主要勘探目标为下生上储的复合型油藏。在此基础上通过深入研究，明确了主力生烃区、正向构造和规模砂体是该区油藏成藏的主控因素，提出了勘探主要目的层系，进一步明确了项目的资源潜力，为项目下一步勘探奠定了坚实的基础。

4) 存在的问题

钻前地震地质研究工作不足。根据二、三维地震资料，以及邻区已发现油藏地质特征和区域油气地质条件，进行了油气资源潜力评价、有利区带和目标优选工作。综合考虑构造、储集体类型与分布、埋深、钻探深度等因素，优选有利目标区。利用油层在叠后地震剖面上具有的明显特征，以及AVO、PG属性等技术，进行了含油性预测。

5) 建议

具体如下：

（1）基于 X-1 等钻井认识，开展三维地震资料目标处理。

基于钻井资料，开展井控精细速度建模研究、多次波正演模拟分析研究，开展宽频保幅处理工作，进一步提高目标成像精度，并为叠前储层和流体预测技术应用奠定基础。

（2）基于 X-1 等钻井认识，开展精细砂体刻画和含油检测。

基于钻井资料，开展精细层位合成记录标定，开展构造精细解释和沉积层序解释，开展测井约束的烃源岩预测、储层预测和砂体精细刻画，开展叠前弹性参数预测和流体检测，为资源潜力评价奠定翔实的资料基础。

（3）在前期地质研究基础上，应加大地质综合研究。

首先，加大烃源岩分布规律和生烃潜力研究；其次，加强控藏影响因素及成藏规律研究，特别是储盖组合规律研究；最后，加强圈闭要素评价研究，特别是上倾尖灭岩性圈闭、水道岩性圈闭和朵体岩性圈闭的要素研究。

2. 钻探工程技术适应性评价

针对勘探项目高投资、高风险、高技术和高要求的特点，项目公司借助国内和国际知名公司的技术及管理力量，严格、规范管理钻井地质设计、工程设计、施工、监督及物资采购等，保障了钻探目标的完成。

1) 钻井设计规范

该项目的钻井地质设计单位为国内某研究院，工程设计由引进国内外钻井工程专家组成的 PMT/PMC 团队承担，资质和能力方面均满足要求。依据前期地质研究、邻区已完钻多口井的调研及国内外相关规范等，项目公司组织完成了 X-1 井和 X-2 井地质设计及工程设计。钻井地质和钻井工程设计实行严格的审批制度，最终经专家组评审，设计单位修改完善后，再次经专家组审核确认，批准后执行。最后一口探井 X-3 由作为技术作业者的 HH 公司设计，经过双方共同审查确认后实施。

综上，后评价认为，该项目钻井地质及工程设计单位资质及能力满足要求，设计合规。

2) 钻井工艺技术选择合理

依据项目区地质研究结果、已完钻井及邻区钻井调研结果，应用 Landmark 等钻井软件优化设计，同时通过招标选择第三方背靠背完成钻井设计及确定最优钻井工艺方案。

3) 钻机选型合理

根据资源国要求，探井钻机必须通过国际招标确定。经过严格的招投标程序，中海油服公司中标。作业结果显示，该公司很好地完成了探井施工，充分说明钻机等钻井设备选择科学合理。

4) 录测井作业满足实际需要

项目公司作为作业者，自主完成的两口探井录井及测井设计中，根据项目所在区域的实际地质情况，科学编制两套方案，即未发现储层、有储层无显示、见一般油气显示和丰富油气显示四种不同情形下的探井测井系列和地质取样设计。

录井作业由中海油服录井公司承担。该公司紧密跟踪钻井进程，不断优化测录井序列，并取全取准地质资料，实施结果表明，重要层位卡层率100%，工程事故和异常预报率大于95%，录井资料差错率小，录井质量满足地质分析及研究需要。

测井作业由斯伦贝谢公司承担，在测井作业中，其严格遵守测井行业标准，严把各个环节的质量，取得了一套完整的随钻测井及电缆测井资料，各项生产和质量指标均达到合同要求。

5）钻井工程设计满足实际需要

2014—2015年底,项目公司主导完成的两口探井,尤其是X-1探井代表了中国石油钻井作业的较高技术及组织管理水平,形成了适应项目的钻井工程配套技术,并在优快钻完井等方面有所创新。

通过钻井工程配套技术的应用,加上严格的施工管理、加强现场监督,同时根据区块的地质条件和施工监测情况,逐步优化和完善钻井工程设计。实践证明,所有探井均按地质设计,钻遇所有目标层位,工艺技术合理,井身质量等各项技术经济指标符合要求,具体见表10-4。

表10-4 钻探工程实施与方案对比表

项目		方案	实施	实施-方案	变化原因
1 钻井方案	井数（口）	2	2	0	按地质部门要求
	进尺（米）	6207	6706	499	Aung Zambu-1井设计加深
2 技术经济指标	2.1 平均井深（米）	3175	3424	249	Aung Zambu-1井设计加深
	2.2 平均钻井周期（日）	45.5	40.4	-5.10	
	2.3 平均完井周期（日）	57.15	56.77	-0.38	
	2.4 平均机械钻速（米/时）	20.00	19.25	-0.75	
	2.5 平均生产时效（%）	90.00	85.83	-4.17	
	2.6 平均纯钻时效（%）	19.13	18.89	-0.24	

综合以上分析,后评价认为,通过优化钻井设计及采用国际上成熟的先进钻井技术,完成了所有义务探井作业。

6）钻探工程技术适应性综合评价

具体如下：

（1）钻井工程设计由PMT/PMC团队完成,钻井工程设计审批程序规范。钻井监督由第三方代表业主实施监督管理。设计单位采用直接委托方式,施工单位采用招标方式确定。

（2）所有探井基本按照设计完成了钻井经济技术指标。

（3）井身质量、油层保护等工程质量达到设计要求。

（4）形成适合该项目区的钻井工程配套技术,并在优快钻完井等方面有创新。

7）后续工作建议

推广前期探索实践形成的浅水和深水钻井技术,如井身结构优化技术、合成基钻井液技术、优快钻井技术、喷射下导管技术、动态压井钻井技术、早期井涌井漏监测技术和实时预测地层压力技术等。

第四节 项目管理评价

一、组织机构

中油国际（缅甸）凯尔公司负责中国石油天然气勘探开发公司（CNPCI）在缅甸区块的油气勘探开发工作,是作业者,主要负责现场各项勘探工作的组织及协调管理工作。该项目公司在2013—2015年持有三个区块100%权益,中方人员编制为24人；2015年AD-1区块深水探井完钻未获大的发现，2017年通过谈判，确定伍德赛德公司作为合作者，享有50%的权益并作为技术作业者，中方人员缩减为12人。实践证明，该项目组织机构健全，保障了勘探工作的顺利完成。

二、组织管理情况

1. 项目参与单位选择合规

物探、钻井、录井、测井等工程设计、施工和监理等单位的选择执行严格的招标程序，如物探采集由中国石油集团东方地球物理勘探有限责任公司（BGP）和中海油服（COSL）承担，钻井、录井、测井等由斯伦贝谢公司和中海油中法录井公司承担，监督由中亚时代、ADD和Exceed等专业团队承担等（表10-5），且招标确定的团队资质和能力均满足设计及施工要求。实践证明，除钻探工程因工具原因导致第一口深水探井出现事故外，其他各项工作均达到合同要求，如录井符合率90%以上、测井资料合格率100%、监督持证率100%等。

表10-5 项目主要招标及议标合同统计表

工程内容	设计单位			施工单位			监理单位		
	名称	资质	选择方式	名称	资质	选择方式	名称	资质	选择方式
地震	BGP海上勘探事业部	√	招标	BGP海上勘探事业部	√	招标	中亚时代	√	招标
	中海油物探事业部	√	招标	中海油服（COSL）	√	招标	中亚时代	√	招标
	中海油特普	√	招标	中海油服（COSL）	√	招标	中亚时代	√	招标
	PGS公司	√	招标	中海油服（COSL）	√	招标	中亚时代	√	招标
钻井	PMC管理团队	√	招标	中海油服（COSL）Gift平台	√	招标	ADD	√	招标
	PMC管理团队	√	招标	中海油981钻井平台	√	招标	Exceed	√	招标
录井	中海油中法录井公司	√	招标	中海油中法录井公司	√	招标	ADD	√	招标
	斯伦贝谢公司	√	招标	斯伦贝谢公司	√	招标	ADD	√	招标
测井	斯伦贝谢公司	√	招标	斯伦贝谢公司	√	招标	Exceed	√	招标

物探、钻井、录井和测井等各单项工程设计、施工和监督均采用招标方式选择，且选择的单位或组织均具有相应的资质和能力，其中，钻井工程设计采用PMC+PMT管理模式，确保了项目的顺利实施。

2. 项目设计及审批流程规范

按中国石油相关管理要求，项目的前期地震和井位部署方案编制和审查执行了三级审批程序，即方案编制主管、部门负责人和项目公司主管领导审查，最后中方组织项目研究机构和聘请的高级顾问进行技术审查报公司主管领导批复，项目进入实施阶段。

3. 招投标及采购管理严格

项目公司始终严格执行项目合同和资源国关于物资及服务的采购规定，开展项目各项采购招标工作。通过不断加大招标工作力度，严格执行招标程序，持续开展价格复议，有效节约了服务费用。

4. 合同管理严格

项目公司作业部负责监督和管理承包商合同的执行，现场监督代表甲方严格监督合同义务履行情况等，发现问题及时上报。对于施工过程中出现的质量问题，现场监督全权代表项目公司并根据勘探部要求进行处理，尤其对未达到合同要求的工程，根据合同条款对相应的承包商进行扣款处罚。综上，该项目合同管理严格、规范。

5. 施工管理严格

物探、钻井、录井、测井等工程施工单位选择都经过严格的招标程序，最终择优选取了具有国际资质的承包商承担相应的工作。对于各个专业的施工合同，设置严格考核指标，如监督合同要求监督持证率100%，且监督人员须具有10年以上专业工作经历，外语熟练，能独立承担现场工作等。

施工过程中严格按照合同设置的指标进行考核，对于未达到要求的施工内容，下达整改通知，直至达到合同要求，才能进入下一施工程序，保证了施工质量。

6. 项目验收组织管理规范

单项工程完成后，乙方按合同质量要求和行业标准进行质量自检和部门之间的质量互检，经乙方主管领导抽查合格后，现场监督代表项目公司进行全方位检查、验收，发现问题及时整改。项目公司委托的现场监督确认合格后，签发生产日报，乙方在规定的时间内，根据相关标准和要求将资料整理上交项目公司，验收通过。项目公司相关业务部门、财务计划部和合同采办部按顺序进行结算。最后，项目公司对项目进行管理考核和后评价。严格的验收程序确保了项目质量。

7. HSE 管理有效

项目公司将承包商纳入公司HSE体系，从准入、选择、使用和评价等各个环节进行统一管理，并严格审核承包商的HSE管理体系，以保障作业安全。同时，项目公司针对该项目高风险的特点，结合工作实际，自2017年发布第一版HSE管理体系文件以来，不断完善，持续改进。

项目实施过程中，严格执行HSE管理体系，加大HSE风险评估力度，建立动态的隐患治理机制。2017年第一口探井钻井作业总工时内，收到STOP卡200张，其中安全190张，不安全10张，保障了项目安全施工。

8. 风险管理到位

项目公司按照要求建立了含社会安全计划等多个文件的社会安全管理体系文件，并于2015年通过总部HSE部备案评审，于2016年进行了第二版更新。2016年项目公司通过了社会安全工作检查和审核，保障了项目安全有效运行。

综上，后评价认为，该项目组织管理规范，基本保障了项目的安全、有序推进，同时应加强中方对项目施工过程的管控。

三、评价结论

项目公司根据项目特点、资源国政治经济形势，建立精干高效的组织管理机构。组织管理符合实际，满足项目开展需要。项目施工管理规范有序，注重工程质量、效率和安全风险防范，基本按照预期完成了各项勘探任务，并取得了重要的石油发现。

与伍德赛德公司合作完成的最后一口义务探井，不但取得了石油的重要发现，而且可以借鉴其类似项目钻探经验。

第五节　投资效果评价

一、投资执行情况分析

截至 2018 年 11 月底，AD-1/6/8 勘探项目物探规划投资 7246 万美元，根据勘探生产实际需要调整为 4806 万美元，实际完成投资 4761 万美元。

二、成本分析

项目实施过程中，跟踪分析钻井实际情况，及时优化调整测井序列；针对低油价的实际，项目公司积极与工程相关承包商开展合同复议，有效降低了工程成本。通过以上有效降本措施，使 2015 年及以前年度各项工程实际单位成本均低于计划。

2018 年与伍德赛德公司合作完成的最后一口义务 X-3 探井，其实际单位成本远低于 2018 年中方作为作业者组织实施的 X-1 探井成本。X-3 井的安全作业效率远高于 X-1 井，如果除去因天气导致停工，X-3 井非生产时间占比仅有 7.1%，而 X-1 井非生产时间占比为 31%；由于钻井作业的技术优势，X-1 井钻前作业准备时间需近 6 天（表 10-6）。

表 10-6　作业时间对标表

项目		X-1 井	X-3 井
作业水深（米）		1762.00	1415.50
完钻井深（米）		5030.00	4540.00
非生产时间占比（含天气停工）（%）		31.0	14.1
动员复员	装卸船及航行（日）	—	16.44（共享）
	复员准备（日）	2.27	0.625
作业准备	钻前准备（日）	5.74	1.08
	领眼作业（日）	—	3.03
钻井周期（日）		49.50	42.35
弃井时间（含电测）（日）		4.47	5.26
起隔水管和 BOP 时间（日）		2.52	1.31
单井总作业时间（日）		64.50	53.65

正是由于 X-3 井作业管理的高效，钻井周期缩短了 7 天多；使用钻机共享协议，省去了大量的动复员费用；该井作业处于低油价时期，使其钻机日费率较低（不到 X-1 井的 1/3）；X-3 井井深较 X-1 井浅 490 米。以上几方面原因，使 X-1 井作业费用较低，按照目前结算费用计算，仅为 X-3 井的 41.1%（表 10-7）。

X-3 井实际单位成本高于计划（表 10-8），主要原因：一是因钻机防喷器、深海节点设备故障及钻遇浅层气等作业原因，使钻井周期延长了 8.7 天；二是因天气原因导致其临时作业停工 3.7 天；三是该井原测井费用按照干井预测，实际在两个主要目的层均钻遇油层后，为了获取更加准确的地质参数，增加了测井手段并增加测井时间 3 天。

表 10-7　作业费用对标表　　　　　　　　　　　　　费用单位：万美元

	项目	X-1 井费用	X-3 井费用
	作业总天数	64.50	53.65
1	钻机日费率	55.50	18.30
2	钻机作业费	3386.35	982.00
3	钻机动复员费用	3436.00	748.00
4	第三方服务费用	1990.61	1269.63
5	后勤/钻井材料耗品	2628.06	1765.83
6	保险	217.54	59.54
	总费用	11658.56	4825.00

表 10-8　工程成本计划与实施对比表

时间	工程类别	单位	方案	计划	实施	实施-方案	实施-计划
2007—2009 年	二维地震	万美元/千米	0.28	0.14	0.14	-0.14	
	三维地震	万美元/千米^2	3.00	1.22	1.22	-1.78	
2012—2013 年	三维地震	万美元/千米^2	1.50	0.85	0.84	-0.66	-0.01
2014 年	探井 X-1	美元/米		13915	10940		-2975
2015 年	探井 X-2	美元/米		38507	34302		-4205
2018 年	探井 X-3	美元/米		8700	10628		1928

三、项目效益储量规模评价

根据合作伙伴伍德赛德公司建立的评价模型，即原油自独立开采平台管输至首站模型，此种情况下投资最大。该模型基本假设如下：储量按现有储量 110 亿立方英尺＋再发现 180 亿立方英尺，折现率 8%，通胀率 2%，气价按照 6 美元/百万英热单位和 8 美元/百万英热单位独立开发，小于 290 亿立方英尺现有合同条款下不经济。

目前情况下，通过与政府谈判，改进 PSC 经济条款 [PSC 规定利润气份额范围 4 档（日产气 0~300 百万英尺^3/日份额为 45%、日产气 301~600 百万英尺^3/日份额为 40%、日产气 601~900 百万英尺^3/日份额为 30%、日产气大于 900 百万英尺^3/日份额为 25%），每档均增加 25%，增加成本油回收比例 70%~80%，免除特殊产品税、管输费优惠]，则天然气可采储量为 110 亿~150 亿立方英尺时开发的内部收益率（IRR）为 8%；天然气可采储量为 170 亿立方英尺时开发的内部收益率（IRR）为 10%、净现值（NPV）为 3 亿美元。随着储量的增加，效益将更高。

因此，从经济开发的角度分析，该项目必须提高石油经济可采储量的发现规模；并积极与资源国政府谈判，改进现有的合同条款，使合同条款对合同者更加有利；最后，在目前初步测算的基础上，进行不同储量、投资规模及合同模式下的多情景分析预测，为项目下一步投资决策提供依据。

四、评价结论

项目公司根据项目所在国政治形势及项目实际进展，及时调整经营策略和勘探部署方案，如积极寻找在该区域有勘探经验和技术实力的公司合作等，在项目取得重大石油发现的同时，有效控制了勘探投资，使实际二维和三维地震、探井成本均低于计划。

作为该项目技术作业者的伍德赛德公司构建了评价模型，预测了该项目经济开发的经济可采储量规模，以及现有储量规模下的经济开发条件。下一步经济评价工作的重点为应加强多情景分析预测，指导该项目下一步投资决策及合同谈判。

第六节 影响与持续性评价

一、环境影响评价

项目公司总经理为第一负责人，安全总监负责具体事项的管理，HSSE 部负责环保管理工作的实施，并设置环保主管，现场配备 HSE 总监和 HSE 监督以强化环保管理，落实属地管理职责。

根据统一安排，项目公司严格遵守资源国环保法律法规，严格废物管理和环境管理，确保环保方针得以落实，保证环境保护目标实现。

现场作业过程中，项目公司不断加强环境管理。一方面，在招标过程中严格审核承包商的 HSE 管理体系文件和绩效；另一方面，完善与承包商的交接文件，在作业交接文件中直接引入环境文件，加强环境管理。在钻前和钻后分别在特定位置取泥样、水样和岩样等，送至实验室进行分析，在取样的同时并录像，对项目区水环境、生物环境和物理环境等因素加以分析、评价，分析钻井作业对环境的影响程度，最终结论是对环境无影响。

二、安全评价

项目公司坚持"安全第一、以人为本"的原则，严格执行资源国安全生产相关法律法规和规章制度、HSSE 体系文件，明确 HSSE 岗位职责，建立健全安全管理制度，确保了作业安全无事故。

根据属地管理原则，在钻井平台主要执行承包商的管理制度和项目公司的桥接文件，这些制度包括：许可证制度，环境管理，废物管理，钻井和井控操作程序，交叉/联合作业，起重和吊装管理，直升机管理，放射物管理，危害因素识别、评价，隐患排查与跟踪等。这些措施有效预防了可能出现的意外事故和财产损失。

项目公司开展 HSE 管理工具应用，保证平台安全作业。HSE 风险管理工具有安全观察沟通程序（STOP 卡）、工作安全分析（JSA）、工作许可证（PTW）、上锁挂签（LOTO）和变更管理（MOC）等，将这些工具细化，落实到人，通过持续改进和强化现场风险管控，有效降低了作业风险。建立了事故事件数据库，大力推行 STOP 卡在公司的试运行，开展了安全经验分享，跟进预防纠正措施的落实。

三、风险控制评价

资源国是高风险Ⅱ级地区，项目公司不断跟踪资源国及其周边国家的地缘政治和社会安全形势，成立了安保组织机构，包括安保领导小组和安保行动小组，重点监控项目所在地和陆基所在地的社会安全形势，综合研判，提高预警能力，及时发布预警信息。定期开展社会安全风险分析（建立了风险清单，明确了削减措施），开展培训演练提高人员社会安全意识和技能，及时收集信息发布预警，落实"人防、物防、技防"三防措施，定期开展应急演练，储备应急物资。

四、持续性评价

1. 投资环境仍存在一定风险

项目在生产经营过程中面对一些具体问题，如资源国政府于 2016 年颁布了环境保护法，要求勘探作业开始前要做环境评估,新的环境保护法使环境评价审批周期延长;资源国币兑换美元汇率波动较大,加大了外企投资风险。针对上述问题,项目公司需进一步加强经营策略研究,采取行之有效的风险规避措施,是项目可持续发展的基础。

2. 区块勘探面临一定风险

项目区与已发现油气藏相邻,处于油气富集的有利区域,具备油气成藏基本条件。

项目所在盆地烃源岩,根据钻井揭示地温梯度和有机质成熟度数据,推测项目区油源岩生烃量大,具有较好的勘探潜力,但勘探面临一定的风险。

经过钻探,2018年初论证落实的剩余规模较大可施钻的目标有两个,可供下一步上钻的目标和资源潜力有限,且资源潜力最大的油藏为岩性圈闭,邻区岩性目标勘探失利,再上探井要进行充分论证。

X-3井完钻后,伍德赛德公司与中方对X-3井所在区又进行了新一轮的资源评价和目标优选,重新优选出多个有利目标。

3. 初步形成了碎屑岩油气勘探部署配套技术系列

项目实施以来,项目公司与国内外各技术支持单位密切合作,积极开展综合石油地质研究和勘探难点技术攻关,在总结勘探实践基础上,不断深化地质认识,初步形成了"沉积体系描述与地震精细解释技术""油气勘探目标快速评价与优选技术",基本满足了项目勘探部署工作的需要,并为未来的勘探部署提供技术保障。

新的作业模式下,项目公司可在单井成本显著下降、投资义务减少一半的情况下,既能按照合同完成剩余探井义务工作量,更能实现降低投资、风险共担,保留最后的勘探商业发现机会。

2013年,资源国批复项目初始勘探期再次延期3年(至2016年),且不增加义务工作量和义务投资,为区块油气勘探突破赢得了时间。

五、评价结论

项目HSSE体系健全,具备完备的环境保护措施和安全施工管理手段,施工过程和施工结束后,在环境与安全方面没发生一起负面影响事件。项目公司对政治、经济、技术等风险识别较为全面,应对措施扎实有效,维护了中方的利益。转让5%权益给外方公司降低了中国石油独资勘探的风险,且通过与有丰富勘探经验和作业能力的公司合作,可提高中国石油在该区域的勘探能力。

根据伍德赛德公司和中方当时的认识,项目具有一定勘探潜力。但规模有限,能否实现有效开发,需要充分论证,下一步勘探需谨慎。

第七节 综合后评价

一、评价结论

1. 项目勘探投资决策正确

资源国是我国进口能源重要通道之一,战略位置十分突出,该国具有广阔的油气勘探领域。随着两国经济发展及能源需求的快速增长,油气对外依存度也在不断上升,如果能在项目所在区发现较多的油气藏,将有利于两国油气的安全供给。因此,与资源国合作勘探开发该区域油气是两国共同愿望。尤其中国石油与资源国已经商谈签署的相关协议开始实施，加强和加快了我国和资源国能源合作计划，开发该国油气资源，以保证油气的稳定供应，符合两国根本利益，对巩固两国友好关系具有重要意义。

该项目是中方占股较多的勘探项目，为中国石油在类似区域的油气勘探作业积累了经验，培养了队伍。

2. 勘探思路正确，精细研究部署，勘探取得突破

项目公司自 2018 年以来，获得项目勘探权益多年，面对项目区勘探程度低、大多区域属于勘探空白区、成藏条件较差和勘探风险大等诸多瓶颈与挑战，坚定信心，坚持勘探，精细研究，指导勘探部署。从勘探初期的"广布网、快收敛"地震勘探部署思路至中后期的"循序渐进、先易后难、先立基后上产"的钻探部署思路，均是正确的。在实施过程中，优先选择有利目标进行勘探，部署实施两口探井失利后，转移至毗邻区域，并优先选择背斜构造圈闭作为钻探目标，符合丰度相对较低的油藏的实际，并于 X-3 井获得石油勘探突破。

二、经验与启示

该项目的实施，使中国石油在该区域勘探积累了一定的经验，增强了中方在资源国拓展勘探的业务能力，以下经验和启示值得借鉴：

（1）寻求与有勘探经验的公司合作，是降低海外勘探项目投资风险的有效途径。

该海外合作项目是中国石油首次进入资源国的高风险勘探项目，中国石油当时没有在该区域的勘探的经验和作业能力，应寻求与有丰富勘探经验和作业能力的公司合作勘探。在勘探早期，未能充分开展与毗邻区勘探资料的交换和与邻区作业者勘探经验的交流，缺乏与邻区区域地质特征及油成藏条件对比分析，在对区块成藏主控因素认识不够的情况下，于 2015 年先后在项目区部署实施两口探井，结果全部失利。在 2016 年国际油价处于低位运行，公司投资压力大、下一步勘探风险大的情况下，通过多轮技术商务谈判，及时将该项目部分权益转让给有在该区域勘探作业经验的 HH 公司，不但降低了投资风险和钻探成本，同时也学到了一定在该区域的作业经验。

（2）争取有利的合同条款，是降低海外投资项目风险的重要环节。

经与资源国进行反复谈判，与 2007 年同期签署的其他类似合同相比，明确规定了资源国的税费承担范围，保护了合同各方的利益。

（3）海外项目需要强有力的后方技术支持团队。

以国内研究机构为核心的地质研究技术支持团队，依托其类似地质条件区域勘探研究经验、项目区沉积体系研究成果，加强与具有研究经验的国内外大学、国际服务公司及具有技术专长和特色的国内公司合作，逐步积累了该区域沉积体系和砂体展布预测特色技术系列。摸索出一套高投资风险探井的经济评价方法，为钻前和钻探过程中的决策提供了重要参考。

（4）根据国际油价变化，开展合同复议，是降低海外投资项目运营成本的重要手段。

2014 年国际市场原油价格持续走低，项目公司及时启动了与承包商的价格复议谈判。尽管难度很大，项目公司仍然耐心坚定地进行价格复议谈判，并取得了很大的成果，包括钻井和测井等服务都不同程度地降低了费率。

三、问题与建议

根据当时的认识，该勘探项目已发现的 X-1 天然油藏储量规模落实程度较低，剩余石

油资源潜力有限，目标落实程度不够。建议如下：

（1）加强油气成藏规律研究，重点探索热成因勘探新领域。

X-1油藏丰度较低，形成的规模较小。根据当时的认识，项目油藏风险后剩余可采资源量规模较小，难以有效开发。根据X-1测录井综合分析，该井4000~4500米发育丰度较高的烃源岩，具备形成规模油气藏的烃源岩条件，如果初始勘探期能够准许再延，成熟烃源岩分布区可作为下一步寻找规模储量的重点探索领域。

（2）提前做好初始勘探期再延的谈判工作。

2019年，项目初始勘探期先后到期，应提前做好初始勘探期再延的谈判工作。根据当时的认识，项目区成藏条件较差，可按期退出，剩下的X-3井所在区域可考虑再申请延期。如果初始勘探期再延困难或延期门槛较高，建议只保留X-3井所在的区域或全部转让。

第十一章　海外开发项目后评价内容及案例

第一节　区块概况

一、区块基本情况

塔木察格油田开发项目塔-16区块2010年进入开发阶段，开发期20年，可延期2次，每次5年。资源国批准开发面积约700平方千米。

塔-16区块处于断陷带，主要开发目的层自下而上为铜钵庙组、南屯组一段和南屯组二段油层，地层厚度一般为200~800米。南屯组储层物性好于铜钵庙组且分布范围大，两套层系均为构造—岩性油藏（表11-1）。油藏平均埋深2495米，有效厚度37.7米，渗透率48.4达西，孔隙度15.7%，含油饱和度52.4%。

表11-1　不同油层组油藏基本参数表

层位	油藏类型	油层中深（米）	静压（兆帕）	油层温度（℃）	饱和压力（兆帕）	气油比（米³/米³）	体积系数	压缩系数（10^{-3}兆帕$^{-1}$）	原油密度（克/厘米³）	黏度（毫帕·秒）
南屯组二段	构造—岩性	2100	19.26	72.95	5.16	27.34	1.1199	1.3284	0.7591	2.37
南屯组一段	构造—岩性	2480	25.21	91.22	9.14	54.18	1.2047	1.6782	0.7241	1.17
铜钵庙组	构造—岩性	2370	23.40	87.47	6.60	39.80	1.1675	1.6366	0.7447	1.91

二、勘探开发建设简要历程

1. 收购前勘探阶段

20世纪50年代，苏联在塔木察格盆地进行了普查勘探。1991年以来，西方一些石油公司在该区域又投入一定量地震勘探。1992年SOCO石油公司取得该区域的探矿权后共完成二维地震2853.0千米、三维地震235.7平方千米和预探井23口，证实西部潜山断裂带为多层位含油的有利勘探区带。

2. 收购后勘探阶段

2005年交割后，加大了该区块勘探力度，2005—2010年完成三维地震近1500平方千米，探评价井205口，累计提交探明储量近2亿吨，叠合含油面积150平方千米。

3. 开发阶段

2010年按照海外投资管理办法，重新编制区块开发方案，报国家发展改革委备案。方案部署开发井523口，动用储量8338.80万吨，设计单井日产油6.9吨，建产能76.51万吨，2029年开发期末累计产油697.2万吨。

三、项目主要目标实现情况

截至2016年底，投产开发井669口（采油井492口、注水井177口），完成批复方案的

127.92%。实际新建产能107.01万吨,完成批复方案的139.86%。实际动用储量6887.3万吨,为批复方案的82.60%。评价时点前平均单井日产油5.0吨,实现程度108.7%。评价时点前累计产油343.51万吨,实现程度111.13%;评价期内预计累计产油909.53万吨,实现程度131.70%。2014年产油55.81万吨,连续四年保持在50万吨/年水平,项目取得较好的开发效果,但效益指标未达方案预期。

第二节 投资决策过程评价

一、资源国投资环境评价

资源国政治环境相对不稳定,造成政策不连续,塔木察格油田开发项目的发展也印证了政策不连续性带来的影响。自2005年收购以来,资源国政府通过修改相关税法等,给项目发展造成一定影响,是项目可持续发展的重要风险。

二、立项条件评价

1. 具备立项物质基础

2008年塔-16区块所在的塔南凹陷铜钵庙组、南屯组油层提交石油探明储量12012.75万吨,叠合含油面积75.48平方千米;2010年塔南凹陷的铜钵庙组、南屯组油层新增石油探明地质储量6668.62万吨,叠合含油面积90.31平方千米,累计提交石油探明储量18681.37万吨,叠合含油面积144.49平方千米,区块具备规模开发的物质基础。

2. 社会条件

两国石油合作具有先天优势,也将在一定程度上改变中国原油进口来源和通道过于单一的情况,同时契合中国石油在该地区的战略布局,收购该油田对中国石油发展具有一定的现实和社会意义。

油田的开发建设,同样能带动资源国石油工业的发展,对稳定经济和就业的增长具有一定的促进作用,因此资源国中央政府、地方政府对油田开发给予高度认可和在政策、法律上的大力支持。

三、前期相关工作评价

1. 尽职调查(法律意见书)评价

中方聘请某律师事务所完成项目股权收购尽职调查。实践证明,调查报告所描述卖方蒙古国石油公司的股权结构、产量分成合同(PSC)有效性等意见均真实、准确。

2. 合同评价

根据塔-16区块PSC合同条款,原油产量在扣除相关税费后,资源国最终享有相关收入的部分权益,其余权益由承包商享有。对比PSC合同模式类似项目,该区块合同相对较为优惠。

3. 开发策略评价

塔木察格油田开发采用"少井高效、快速收回成本,追求经济效益最大化"的开发策略是正确的,并且项目公司针对开发实际,采取活动注水和灵活布井等一系列开采技术也正是这一开发策略的具体体现。

四、开发方案评价

1. 编制单位资质

塔-16区块总体开发方案的编制由相关研究机构承担,该研究机构技术力量雄厚,具有丰富的开发方案编制经验,编制资质符合要求,满足需要。

2. 编制依据

通过塔-16区块二维地震、三维地震和探井(试油)等基础资料,以及对区块地层发育及断裂等取得的一定认识,项目公司依据石油天然气行业相关规范、标准及资源国相关法规组织编制完成塔-16区块整体开发方案。后评价认为,开发方案编制依据充分。

3. 方案优化和完整性

依据是否钻新井、开发方式及井网方式的不同,编制多套开发方案,每套方案均包括油藏、钻井、采油、地面和经济效益评价等内容,以效益最佳为原则,优选出最优方案为最终可执行方案。后评价认为,方案内容完整,优选科学合理。

4. 方案调整

方案实施过程中,随着对塔-16区块地质认识的深入,尤其是2014年以来国际油价的大幅度下跌,对原方案进行了调整,具体如下:

(1) 原方案调整,依据对构造、油藏的再认识和投产井动态综合分析研究,2014年对原方案进行调整,取消井位21口。

(2) 外扩补充方案,2012—2016年编制多批滚动开发方案,部署扩边挖潜新井位322口(新钻井303口,探评井利用19口)。

截至2016年底,塔-16区块共部署开发井845口(新钻井782口,探评井利用63口),动用地质储量近亿吨,新建产能约130万吨。

五、决策程序

塔-16区块自开发方案编制到竣工验收,决策程序基本完整(表11-2)。

表11-2 项目决策程序表

序号	报告或文件类型	报告或文件名称	编制或批复单位	编制或批复时间	文号
1	股权收购请示报告	《关于申请购买蒙古国16勘探区块股权的请示》	中国石油天然气集团公司	2005年1月11日	中油外〔2008〕232号
2	股权收购请示的批复	国家发展改革委《关于中国石油天然气集团公司购买蒙古国16勘探开发区块股权项目核准的批复》;商务部《关于同意收购SOCO塔木察格有限公司和SOCO蒙古有限公司的批复》	中华人民共和国国家发展和改革委员会;商务部	2005年4月23日	发改能源〔2005〕657号;商合批〔2005〕679号
3	增加投资的请示报告	《关于蒙古国塔木察格项目增加外汇投资的请示》	中国石油天然气集团公司	2008年5月13日	中油外〔2008〕232号

续表

序号	报告或文件类型	报告或文件名称	编制或批复单位	编制或批复时间	文号
4	增加投资请示的批复	国家发展改革委《关于中国石油天然气集团公司蒙古国塔木察格项目增加外汇投资的批复》	中华人民共和国国家发展和改革委员会	2008年7月28日	发改能源〔2008〕1889号
5	塔19区块开发方案编制	《蒙古国塔木察格16区块开发方案编制》	大庆油田有限责任公司	2009年5月20日	
6	塔19区块开发方案审查	《蒙古国塔木察格16区块开发方案审查》	中国石油勘探与生产分公司	2009年6月4日	
7	塔19区块开发方案批复	《蒙古国塔木察格16区块开发方案批复》	中国石油勘探与生产分公司	2009年7月23日	油勘〔2009〕82号
8	输电工程初步设计审查	《蒙古国乔巴山至塔木察格110千伏送点线路工程初步设计审查会议纪要》	大庆油田有限责任公司	2009年4月20日	大庆油田有限责任公司专业会议纪要（第72次）
9	先导试验地面工程初步设计审查	《塔木察格盆地塔南地区先导性试验地面工程方案审查》	大庆油田有限责任公司	2009年8月21日	大庆油田有限责任公司专业会议纪要（第137次）
10	先导试验地面工程初步设计批复	《关于对2008年塔木察格盆地塔南地区先导性试验工程初步设计审查的批复》	大庆油田有限责任公司	2009年12月25日	庆油设审发〔2009〕180号
11	道路系统初步设计审查批复	《关于对塔木察格油田道路系统工程（比契砂石路）初步设计审查的批复》	大庆油田有限责任公司	2009年12月25日	庆油设审发〔2009〕178号
12	输电工程初步设计批复	《关于对2007年塔木察格油田塔南110千伏变电所工程初步设计审查的批复》	大庆油田有限责任公司	2009年12月25日	庆油设审发〔2009〕179号
13	塔19区块更新开发方案编制	《蒙古国塔木察格16区块更新开发方案》	大庆油田勘探开发研究院	2011年3月	
14	塔19区块产能建设地面工程初步设计审查	《关于塔南油田塔-16等区块产能建设工程初步设计审查会议纪要》	中国石油海外勘探开发分公司；大庆油田有限责任公司	2011年4月18日	评审会议纪要（2011年第60期）；大庆油田有限责任公司专业会议纪要（第74次）
15	塔19区块更新开发方案审查批复	《蒙古国塔木察格16区块更新开发方案评审批复》	中国石油海外勘探开发分公司油气开发部	2011年10月30日	会议纪要第183期

— 159 —

续表

序号	报告或文件类型	报告或文件名称	编制或批复单位	编制或批复时间	文号
16	实施过程管理请示的回复	《关于蒙古国塔木察格油田计划项目实施过程管理请示的回复》	中国石油海外勘探开发分公司	2012年5月24日	海外〔2012〕58号
17	蒙古国政府决议	《关于为油田用地颁发开发面积许可》	蒙古国政府和矿产部	2012年12月1日	蒙古国政府决议（编号154）
18	道路初步设计审查	《塔16区块生活区至巴彦呼舒口岸道路工程初步设计审查》	中国石油海外勘探开发分公司	2012年2月8日	
19	道路工程初步设计批复	《关于蒙古国塔木察格项目巴彦呼舒道路工程初步设计概算的批复》	中国石油海外勘探开发分公司	2012年3月9日	海外〔2012〕24
20	塔一联系统改造工程方案批复	《关于塔一联系统改造工程方案的批复》	大庆油田有限责任公司	2015年5月5日	庆油项审发〔2015〕101号
21	2016年产能地面工程方案批复	《塔16区块2016年产能建设地面工程方案批复》	大庆油田有限责任公司	2016年4月13日	
22	开发调整方案编制	《蒙古国塔木察格16区块塔16-X61-2等断块滚动外扩布井等8批布井方案编制》	大庆油田有限责任公司勘探开发研究院、海拉尔石油勘探开发指挥部	2012—2016年	
23	开发调整方案审查与批复	《蒙古国塔木察格16区块塔16-X61-2等断块滚动外扩布井等8批方案审查批复》	大庆油田有限责任公司	2012—2016年	
24	安全验收	施工前、后验收单	蒙古国石油局	项目建设伊始	
25	环保验收	施工前、后验收单	蒙古国石油局	项目建设伊始	
26	竣工验收	地面工程竣工验收	蒙古国技术监督总局、东方省城建局、矿产部和交通部	2011年12月8日—2016年12月10日	

六、评价结论

针对资源国投资环境、区块资源、开发潜力及PSC合同，在充分前期调研、论证基础上决策收购项目股权，并通过国家审批。接管项目后，依据翔实基础资料和相关标准规范，编制区块总体开发方案。根据实际开发情况，及时调整方案，有效指导区块后续开发。

第三节 地质油藏工程评价

一、油气储量评价

1. 动用储量评价

截至2016年底,根据完钻的664口井取得的地质资料及开发认识,严格按井位外推1个井距圈定实际动用面积。方案调整过程中新部署井多为原布井区的内部补充、滚动外扩及细分层系,新动用储量增加有限。基于以上因素,重新复算动用的地质储量约7000万吨。实际复算动用地质储量的方法和依据的资料更加可靠,地质储量更加落实。

2. 可采储量标定基本合理

当时区块仍处于开发早期阶段,采出程度较低,无法用动态法预测可采储量,实际新增可采储量标定仍沿用经验公式法确定的采收率值。南屯组二段、南屯组一段、铜钵庙组油层采收率分别为21%、19%、20%,平均采收率为19.7%。截至2016年底,塔-16区块实际新增可采储量1500万吨。依据区块开发实际,选用的标定方法合理,标定结果可靠。

塔-16区块在合同开发期内,共完成开发井727口,动用地质储量7000万吨,可采储量近1500万吨。至合同开发期末预计累计产油909.49万吨,表明合同开发期内可采储量资源是落实的。

二、开发方案评价

1. 方案合理性及实施效果评价

1)开发规模设计合理,总体上实施效果较好

针对塔-16区块复杂岩性油藏地质特点,坚持滚动开发策略,及时进行方案调整。通过深化地质研究及投产井动态分析,在原批复方案基础上逐步开展外扩和补充等新井位部署工作。2012—2016年新设计开发井322口,评价时完成开发井235口,取消87口。截至2016年底累计投产669口,其中采油井492口,注水井177口;与2011年开发方案相比,实际投产井数增加146口,评价期内平均单井日产油5.0吨,实现程度108.7%;实际建产能107.01万吨,实现程度139.72%;实际累计产油343.51万吨,实现程度111.13%,总体上方案实施效果较好。

2)对油藏构造、储层认识基本符合实际

利用完钻井资料,重新进行南屯组二段、南屯组一段及铜钵庙组顶面精细构造解释。总体构造格局与设计基本相符,只是断陷期的铜钵庙组小断层有变化,原解释断层412条,新解释断层424条;断层变化73条。

地震储层反演预测结果显示,铜钵庙组砂岩较发育,砂地比为50%~90%,南屯组一段砂地比为20%~80%,南屯组二段砂地比为10%~40%,由下向上砂地比逐渐减小。

近几年钻井实施后,各断块有效厚度分布趋势基本与设计相符,具有构造高部位有效厚度较大,向构造低部位有效厚度逐渐减小的特点。完钻664口井中,11口井未钻遇油层,完钻井平均单井有效厚度37.7米,较预测有效厚度(28.7米)高9.0米,主要原因是方案调整增加的井主要位于有效厚度发育区。

3)开发方式、层系划分及注采井网设计基本适应

塔-16区块天然能量不足,试采产量递减较快,需要人工补充地层能量。注水开发试

验表明，试验区块有20个月左右的稳产期，注水开发后取得较好效果，可见方案设计采用注水开发方式是合理的。

除D2井区Ⅲ、Ⅴ油组各采用一套层系进行开发外，其他井区均采用一套层系。从投产情况看，塔－16区块各井区全面投产时平均单井日产油6.6吨，各井区单井产量下限平均为6.5吨，二者非常接近，且部分井区的单井产量低于产量下限，不具备分层系开发条件，表明方案对层系的划分是合理的。

针对塔－16区块复杂断块油藏地质特点，方案设计分别采用三角形、"之"字形、正方形三种井网，井距为220～300米。统计19个注水断块水驱控制程度为70.0%～96.4%，平均达81.8%；由于断块规模、形态的影响，以单向水驱为主，连通比例占52%，双向及多向连通比例占29.8%。Ⅰ类、Ⅱ类断块均不同程度注水受效，受效井比例达64.9%，表明储层具有一定吸水能力，注采井网比较适应。

4）新井平均单井日产油基本达标

塔－16区块方案设计28个断块投产油井370口，预测平均单井日产油6.9吨；实际投产油井492口，第一年平均单井日产油7.9吨，预测单井产量与实际产量基本相符，表明开发方案初期单井产量设计基本符合油田实际。

后评价认为，值得重视的是塔－16区块共有64口低效井，占投产油井总数的8.8%，主要原因：一是塔－16区块地质条件复杂，具有砂体分布零散、井控程度低的特点，储层非均质性严重，开发初期对油层分布特点及开发潜力认识不足；二是2009年及2012年钻井组织过快、过于集中，未能够及时开展跟踪分析、地质再认识及区块产能再评价，并做必要优化调整。需要今后在复杂非均质岩性油藏滚动开发中借鉴。

2010—2015年实际投产油井平均单井日产油量均高于方案设计。2016年平均单井日产油较方案设计值低，主要原因是受2015年资源国政局变化，劳务审批滞后，钻井、测试和压裂等队伍延期进入现场，较年初计划滞后，严重影响了油水井测调和压裂等工作，导致油井含水率上升快，单井产量未达到预期。

5）采油井平均生产天数未达标

塔－16区块实际生产过程中，年平均单井开井天数普遍低于方案设计的300天，主要原因如下：

（1）生产现场电力保障不足。当时，现场用电由资源国电厂负责，供电能力不足，限电停电频繁。以2016年为例，油田用电高峰负荷20.2兆瓦，而电厂仅能提供16兆瓦，全年累计停电98次，影响产量1.76万吨，难以满足正常生产需要。

（2）2011—2012年每年钻建工作量较大，完钻油井都在110口左右，新井完钻后大多在下半年投产，导致生产天数少。

6）年产油量达到方案设计指标

2010—2016年实际年产油量均高于方案设计，主要原因：一是在油田开发过程中，随着地质认识深入及油井产量的落实，优选有利位置并增加滚动外扩、井区内部加密、细分层系及新区开发等井位设计和实施工作；二是在区块注水开发过程中，采取油井压裂、水井分层注水和注采系统调整等一系列有效措施，保证了年产油量稳定。

7）注水见效较好的Ⅰ类、Ⅱ类区块占93%

塔－16区块1998年2月投产，2008年6月开始注水，陆续有492口油井、177口水井投入生产。截至2016年底，累计产油343.5万吨，累计注水620.9万立方米，综合含水率41.4%。有分层注水井111口，分注率62.7%，分层注水合格率69.7%。

统计460井次吸水剖面测试资料，吸水层数占68.9%，吸水砂岩厚度占68.5%，分层吸水状况较好。统计488井次产液剖面测试资料，产液层数占77.1%，产液厚度占83.9%，分层产液状况也较好。

塔-16区块注水断块受效情况（表11-3）分类分析表明，Ⅰ类区块储层物性好，埋藏浅，注采状况较好，注水受效明显，产量规模大。2012年以来，平均单井日产量稳定在6.2~6.7吨，综合含水率由16.2%上升至35.6%。

表11-3 注水开发效果分类结果表

类别	井区数量（个）	地质储量（万吨）	有效厚度（米）	油藏埋深（米）	渗透率（达西）	第一年单井产量（吨/日）	评价时单井注水（米³/日）	累计产油量 产量（万吨）	累计产油量 比例（%）
Ⅰ	5	2689.78	42.2	2063	21.7	11.4	52.3	178.57	50.5
Ⅱ	7	2739.4	34.7	2316	7.9	7.1	37.1	156.33	44.2
Ⅲ	7	680.17	27.3	2477	3.9	3.3	9.8	18.86	5.3
合计（平均）	19（合计）	6109.35（合计）	33.9（平均）	2352（平均）	9.8（平均）	9.0（平均）	35.7（平均）	353.76（合计）	100（合计）

Ⅱ类区块储层物性相对较差，部分井区注水困难，见到注水效果，产量递减得到控制。2012年以来，平均单井日产量稳定在4.1~4.5吨，综合含水率由26.2%上升至46.2%。

Ⅲ类区块埋藏较深，储层物性差，单井产量低，注水受效差，产量规模较小。2012年以来，平均单井日产油量由2.5吨下降到1.3吨，综合含水率由35.7%上升至48.3%。

8）实际综合含水率上升与方案预测基本吻合

塔-16区块除塔-2-10等8个井区因有效厚度薄、单井日产油量低，主要采用间抽方式，未进行注水开发，其他井区均采用注水开发方式，其中塔-3井区和塔-4井区分别于2008年和2009年开展了注水开发先导试验。区块2017年及以后实际综合含水率与方案基本吻合。

9）地层压力保持水平低于方案预期

方案要求塔-16区块开发实施同步注水，建议地层压力保持水平取各断块原始地层压力的80%（12.3~22.3兆帕）。虽然注水断块实施了注采系统调整、提压增注等措施，但当时地层压力仅稳定在8.2~9.2兆帕，平均为8.5兆帕，低于方案设计，主要原因：一是各断块均注水滞后1~2年；二是塔-16区块为复杂断块油藏，采用以边部注水为主的方式，存在外溢无效注水问题；三是有些特低渗透油井，地层压力恢复慢，油井关井测压时间较短（平均7天），未反映真实地层压力水平。

10）后评价预测合同期末累计产油量高于原方案

截至2016年底，塔-16区块已完成开发井727口（包括探井利用），基建669口。随着地质认识不断加深及未动用储量进一步评价，优选潜力区块，预计2017年后可钻井103口，探井利用1口，总井数达到830口，比2011年方案多307口（表11-4）。后评价在此基础上对区块开发指标进行预测，截至合同开发期末，预计累计产量910万吨，比2011年方案多219万吨。

表 11-4 塔-16 区块 2017 年及以后钻井、基建安排表

年度	钻井数（口）	基建井数（口）			平均单井产油量（吨/日）	建产能（万吨）	总井数（口）	累计产油量（万吨）
		总井数	油井数	水井数				
2017	67	67	57	10	7.5	12.83	830	909.49
2018	36	36	26	10	7.5	5.85		
合计	103	103	83	20	7.5	18.68		

2. 技术创新评价

针对塔-16 区块开发面临的地层缺失严重、小层划分对比难，断裂系统复杂、精细构造解释难、物源多相变快、砂体展布刻画难，井区小地层陡、井网优化设计难等问题，开展攻关研究，取得系列创新成果。

1）形成了区块复杂岩性油藏井网优化技术

（1）依据各井区含油面积形态及规模，优化井网设计。在含油宽度极窄的塔-4、塔-1、塔-6 井区（只能部署一排或两排开发井），采用灵活井网进行布井；在含油面积窄小的扇形区域主要采用三角形井网，发挥边部注水的优势；在含油面积最大宽度在千米以上的塔-5、塔-8 及塔-1 井区，采用正方形井网，充分发挥其灵活性大的优势。

（2）技术经济相结合，确定合理井距。以油藏地质特征为基础，按照尽可能提高水驱控制程度、建立有效驱动体系的原则，采用技术、经济相结合的方式确定各井区的合理井距在 200~260 米。

2）形成塔-16 区块复杂岩性油藏滚动开发技术

在区块开发过程中，针对复杂岩性油藏的地质特点，通过井震结合、地质特征再认识和投产井动态分析等工作，进一步落实了构造、储层及油藏发育情况，坚持滚动开发的策略，及时进行方案调整。

（1）深化构造、储层认识，转变思路部署滚动外扩井。通过重新认识砂体分布共优选多个井区部署外扩井 107 口。

（2）完善注采系统，建立有效驱动体系，部署内部补充井。对井距过大导致注水效果差的井区，共部署加密井 25 口；对有注无采或有采无注的井区，为完善注采关系补充井位设计 39 口。应用上述复杂岩性油藏井网优化设计方法及滚动开发技术，编制了更新方案，以及之后系列滚动外扩开发方案。

三、评价结论

1. 综合评价结论

塔-16 区块 2007 年进入开发阶段以来，坚持滚动开发原则，通过不断深化复杂岩性油藏认识，开展动静结合综合分析研究，根据不同井区地质特点，按照"一区一策"的布井原则，优化注采井网设计，形成具有个性化的油藏工程方案，后期经补充调整和外扩方案，使开发方案日趋完善。在开发方案实施过程中，通过加强注水、完善注采井网等措施，进一步改善了储量动用程度和开发效果，为油田快速上产、持续稳产奠定了基础。单井产量等各项开发指标均好于预期，整体上开发部署思路正确。

2. 存在问题及建议

具体如下：

（1）地质条件复杂，初期实施节奏偏快，导致出现一定比例地质报废井和低效井。建议：一是加强构造和地质再认识研究，进一步落实断层分布、油层发育规模和油水界面，保证方案遗留钻井成功率；二是加强低产低效井成因分析，制定复杂低渗透油藏低效井的治理方法和措施，改善开发效果。

（2）注水困难，注水受效差，产量递减较快，个别井区含水率上升较快。建议：一要加强注水综合调整研究，进一步完善局部井区注采系统，改善注水开发效果；二要进一步加强精细注、堵、调、采工作，控制含水率上升速度。

（3）当时低油价背景下，高品质井位减少，产能接替不足。建议：加强精细地质研究，注好水，合理注水，恢复地层压力，提高水驱控制程度，优选产能建设新井井位，保障区块持续有效开发。

第四节 钻井工程评价

一、钻井方案评价

1. 钻井难点及主要技术措施

塔－16区块地质情况复杂，钻井过程中面临以下难点：一是浅部地层成岩性差，胶结疏松，易井漏、易井塌；二是钻井施工中易造浆和发生缩径；三是地层倾角大，钻井过程中易井斜；四是断层发育，钻井施工中易井漏。

针对上述难点，采取有针对性的措施：一是表层套管下深至古近—新近系以下稳定的泥岩段（深度在120~150米），封固浅部易塌、易漏地层；二是一开采用膨润土混浆开钻，防止浅层地表水污染，二开采用具有较强防塌能力的两性复合离子钻井液体系，减少井塌、卡钻等钻井工程事故；三是上部井段采用钟摆钻具组合，下部井段采用复合钻进方式，实现防斜打快目的；四是现场配备随钻堵漏剂3~5吨，以备井漏时使用。

2. 钻井方案及适应性评价

1）井身结构适应性评价

针对塔－16区块地层特点、地层压力预测和检测结果，结合资源国环保要求，总结前期大量钻井实践，优化井身结构。直井、定向井采用两开井身结构，水平井采用三开井身结构。水平井技术套管下深至1400米处，封固易塌、易漏复杂地层，确保三开后钻井工作顺利；生产套管依据油气显示结果和完钻井深确定下入深度。

后评价认为，直井、定向井和水平井井身结构满足开发要求。表层套管有效防止了上部地层漏失与坍塌，为后期安全快速钻井提供保证。水泥返高至目的层顶面以上100米既能确保油层封固质量，又能满足开发要求。

2）钻井液及储层保护方案适应性评价

（1）根据塔－16区块钻井难点，选取合适的钻井液体系：一开采用膨润土混浆钻井液体系，设计密度1.05~1.25克/厘米^3；二开采用两性复合离子钻井液体系，密度1.10~1.25克/厘米^3。

后评价认为，上部使用低密度低黏度钻井液，大幅度地提高了钻井速度，缩短了钻井周期；两性复合离子钻井液很好地解决了井壁稳定问题，以及易缩径地层遇阻卡问题；钻井液体系符合环保要求，满足钻井工程需要，技术上可行。

（2）为保护储层，钻井方案要求严格执行设计的储层各项保护措施，如主要目的层选用可酸化或可解堵的材料，严禁使用惰性材料堵漏等，适应了塔-16区块需要，减少了油层浸泡时间，保护了油气层。

3）固井、完井方案适应性评价

塔-16区块表层套管固井采用A级水泥+0.2%分散剂进行封固；生产套管采用A级水泥+降失水剂水泥浆体系进行封固。水泥浆体系结合具体、适用的套管下入、洗井及钻井液顶替等工艺，保证塔-16区块已完钻井固井质量合格率100%。实际固井结果表明，从套管程序、固井泥浆、固井工艺要求和固井质量检测等综合分析，钻井方案充分考虑了区块地质特点与后续开发需要，技术上可行。

3. 钻井方案审查评价

油田整体开发及调整方案和钻井工程方案由某钻采工程研究院编制。该院具有甲级钻井设计资质。

油田整体开发方案分别通过专家初审、专业公司专家审查和国家核准三道审查程序。经国家核准并完善后实施，方案审批程序符合对外合作项目审批要求。审核审批程序比较齐全、规范。

后评价认为，钻井工程方案较详细地分析了塔-16区块已钻井情况，在前期大量钻井实践基础上编制方案。方案内容全面，主体技术满足区块直井、定向井和水平井钻井需要，可操作性强，有效指导了现场钻井实施。

二、钻井实施评价

1. 工程管理评价

1）施工单位评价

根据塔-16区块开发需要，结合批复的钻井工作量，优选具有相应钻井资质的队伍完成钻井施工。

通过对施工单位的施工质量、安全及应急预案体系情况评价，认为各施工单位能满足建设方对工程进度、质量和安全等要求。项目实施中，未发生重大质量及安全环保问题，对施工单位工作比较满意。

2）监督单位评价

在某监督中心支持下，某勘探开发工程部作为钻井监督管理机构，建立了一套规范的监督管理制度，并选择具有资质的多家监理公司承担钻井监督任务。通过面试、笔试等环节优选监督，确保了现场监督数量和质量。钻井监督按照相关规定进行钻前质量交底、过程质量控制和完井过程质量对接等步骤，对施工现场工程进度、质量和安全等方面进行监督检查，发现问题根据钻井工程监督检查相关规定出具整改通知单，监督整改消项，充分发挥了监督职能。2007年以后，钻井监督由某勘探开发工程部负责管理，不再外聘监督。

后评价认为，早期通过建立和完善钻井监督管理体制，钻井取得较好效果，保障了钻井施工进度、安全和质量。

3）建设单位评价

建设方十分重视钻井工作，严把钻井设计审批关。施工前，严格按照钻井设计要求，做好钻前检查；施工中，建设方做好重要施工环节和步骤监督检查，做到不合格产品不准进入井场。做好对油层保护工作的监督检查，要求施工单位严格执行设计要求，严格监督进入储层钻井液的转化工作，对钻井液各项指标测试进行监督，必须符合设计指标要求；做好对下套管、固井工序严格监督管理。

建设方创新了市场化管理模式，严格审查各施工队伍资质，优先选用优秀施工队伍，创建样板工程，形成竞争机制。施工队伍执行统一规章制度和技术、质量、安全环保标准，综合考虑开发工作量，依据均衡生产和整体时效最大化，统一调动队伍。

塔-16区块充分运用国内外一体化运作体系，建立了国内外联动的生产组织新格局，实现了生产组织上的提速。在钻机拆搬中，不断优化设备安装和搬家车组，使得生产组织工序紧密衔接。做好施工现场的规范化管理和HSE管理，保障安全环保施工。

后评价认为，建设方有效管理，实现钻井质量、安全、效益及队伍建设不断提升。

4）HSE、井控及施工安全评价

安全生产方面重点抓好井控，通过做好以井控工作为重点的安全教育和培训，加强过程监督，建立安全生产长效机制，提高施工队伍井控意识和井控技能。严格按照井控细则和钻井设计要求，执行井控各项规定和措施。认真落实一次井控技术措施，严格井控装置安装、试压、使用与维护保养。加强各次开钻、打开油气层前的井控验收、培训和应急演习。实行干部值班和井控坐岗，扎实推进井控工作，杜绝了井喷事故。

后评价认为，塔-16区块钻井工程HSE管理方案中的健康、安全和环保措施有效，管理到位，未发生重大安全环保事故。

2. 实施效果评价

1）钻井主要经济技术指标评价

塔-16区块在应用成熟技术基础上，大力推广新工艺、新技术。重点开展提高机械钻速、缩短钻井周期的技术攻关，通过建设方、施工单位等共同努力，钻井主要经济技术指标均取得较好效果。

从该区块完钻井来看，随着对地质特点和油水分布特征认识的不断深入，施工时优选适应地层特点的钻头系列和与地层配伍性好的钻井液体系，并实时调整钻井参数，实现快速高效钻井。直井、定向井和水平井机械钻速逐年提高，钻井周期逐年降低，生产时效达96%以上，且机械钻速均高于同类油田。同时，在储层保护和资料录取等方面同样取得满意效果。

2）工程质量评价

塔-16区块完钻井固井质量合格率达100%，平均优质率达98%，水泥返高和人工井底符合要求。塔-16区块岩心收获率和岩心密闭率均好于设计值，满足资料录取要求（表11-5）。

3. 技术创新评价

塔-16区块尽管面临浅部地层易漏易塌，地层缩径，地层易井斜等难点，但经过关键技术持续攻关，形成了钻井主体技术，为该区块有效钻井开发提供了可靠技术保障。

优选钻头工作法。创新钻头优选工作法，即结合机械钻速和钻井进尺这两个参数，对使用过的钻头进行综合评价，优选不同阶段最合适的钻头，减少钻头用量，提高机械钻速。二开井段优选PDC钻头，取得平均机械钻速较好水平。

表 11－5 钻井工程指标评价表

指标名称		单位	设计值（2010—2016年）			实施结果（2010—2016年）			差异原因
	井型	—	直井	定向井	水平井	直井	定向井	水平井	
钻井方案	井数	口	829	40	1	685	40	1	已完钻726口，待钻井82口，钻井计划调整，取消了62口井的钻井施工
	总进尺	万米	193.24	9.32	0.23	171.64	10.00	0.23	大部分井已完钻，还有待钻井和取消施工的井
钻井技术指标	平均钻井周期	日	18.5	19.0	25.0	16.2	18.0	24.0	钻进速度加快
	平均完井周期	日	3.0	4.0	5.0	3.3	4.5	6.0	定向井完井慢
	平均建井周期	日	21.5	22.0	30.0	19.5	22.5	30.0	工序衔接紧凑
	平均钻机月速	米/(台·月)	4100	4012	3000	4795	4306	3000	钻井速度加快
	平均机械钻速	米/时	11.62	10.0	9.0	13.89	12.0	10.2	钻速提高
	平均生产时效	%	95.0	95.0	95.0	96.0	95.0	95.0	生产组织好、设备好、复杂事故预防好等
	平均纯钻时效	%	56.0	55.0	50.0	57.8	55.0	48.0	生产组织和钻井速度提高
工程质量	平均井身质量合格率	%	100	100	100	100	100	100	采用新技术、新工艺合理施工
	平均固井质量合格率	%	100	100	100	100	100	100	采用新技术、新工艺
	平均取心收获率	%	95	95	95	98	—	—	采用新技术和组织得当，技术熟练

优化固井工艺。生产套管固井应用管外封隔器、防油气窜水泥外加剂和锁水抗窜剂等，既避免高压油气层固后管外冒发生，同时避免低压油气层漏封，提高了固井质量。

钻井废物处理。为符合资源国的环保要求，保证塔－16区块钻井施工正常运行，开钻前，在井场内布置足够容量钻井液坑，并铺上防渗布、加设周边护栏、四周和上空护网，用来存放废弃钻井液及岩屑，同时保护动物不坠落至钻井液坑；钻完井后，对钻井液坑进行回填、固化和植被恢复及整体环境后评价工作。

三、钻井评价结论

1. 综合评价

塔－16区块钻井方案编制及审批程序规范，设计、施工及监理队伍资质满足要求，队伍选择合规,过程控制严格,确保完钻井井身质量、固井质量等达到设计要求,顺利通过了建设方验收。同时,创新钻头优选工作法、复合钻井等钻井工程配套技术。规范管理及技术创新等,使区块机械钻速、钻井周期等经济技术指标均好于方案值,钻井周期明显缩短。

2. 存在问题及建议

经过多年实践,塔-16区块逐渐形成了防斜打快、复合钻井、井身结构优化、钻头优选等钻完井配套技术,确保了其有效开发。但区块开发中也存在不足,需要改进。

(1)加强推广以往形成的钻井最佳实践,如钻头优选工作法、复合钻井及提高固井质量等做法,进一步提高机械钻速,缩短钻井周期,提高固井质量,降低钻井成本。

(2)油田注水后调整井钻井,钻关对产量产生一定影响,建议:一要加强注水后地层压力监测和预测,优化钻井液密度,优化井身结构,防止井涌、井喷事故发生,杜绝井眼工程报废;二要优化钻井工艺,研究带压下的安全钻井技术,减少钻关对产量影响。

第五节 采油工程评价

一、工程方案评价

1. 技术难点和主要技术措施

塔-16区块油藏埋藏较深、温度较高、破裂压力高,常规压裂管柱耐压、耐温指标不能满足现场要求;储层渗透率级差大,注水过程中,易出现井组注水突进和含水率上升快等问题;油井下泵深度较深,抽油机载荷增大,杆柱安全系数降低。

针对上述工程难点采取有效措施,确保方案顺利实施。一是改进完善抗压性能高的双封单卡压裂管柱,满足该区块深井高压、高温和大砂量压裂施工要求;二是采用桥式偏心分注工艺调整吸水剖面,提高油层动用程度,缓解层间矛盾;三是设计HY级超高强抽油杆,满足深井举升强度需求。

2. 工艺适应性评价

1)油层保护技术适应性评价

结合区块储层敏感性,方案在完井、措施和注入等环节设计了优质射孔保护液、加快压后返排和控制注水速度等油层保护措施。实践证明,以上措施满足油层保护需要,对于提高单井产量起到了重要作用。

2)完井工艺技术适应性评价

采用某钢级的油层套管,水泥固井后射孔完井,满足实际油井压裂、举升及水井分注测试等需要。

油井采用具有防喷测试功能的井口,生产实践表明,完井工艺满足生产需要,保障安全受控。油水井采用电缆输送射孔,同时结合实际和井别采取不同布孔方式的射孔工艺设计,实际在保证安全、油井后期压裂顺利实施、水井有较高完善程度和吸水能力的前提下,降低了作业费用。

3)压裂工艺适应性评价

方案选用改性瓜尔胶压裂液和中高强度陶粒作为支撑剂。压裂管柱选用加厚油管配套双封单卡压裂管柱。实践证明,以上压裂改造工艺能够适应区块注采井网、井深和井温等要求,保证压裂改造后油井有较高的产能、水井日注水量达到配注要求。

4) 注入工艺适应性评价

根据深度不同，方案选择不同钢级的油管配套封隔器及桥式偏心配水器作为注水管柱，按设计下入后不坐封封隔器，进行笼统注水，测试全井吸水剖面，根据各小层吸水量，合理配注，再坐封封隔器，投入水嘴，进行分层注水。实践证明，以上注水管柱，适合区块油藏实际特点，能够满足水井分注、提高油层动用程度需要。

5) 举升工艺适应性评价

根据不同井深，选用不同载荷的节能型游梁抽油机配套某系列高转差电动机；依据不同产能，选用不同的抽油泵配套 HY 级扶正限位的超高强度抽油杆。实践证明，举升工艺成熟可靠，满足油井生产参数及产液量调整要求。

6) 采油配套技术适应性评价

油井投产初期应用高效电磁防蜡器防蜡，正常生产期间采用高压蒸汽车热洗定期清蜡；油井计量采用软件计量装置定期对单井进行量油。实践证明，以上配套技术设计，满足油井正常生产和产量计量要求。

二、工程实施评价

1. 工程管理评价

1) 方案编制及审查评价

采油工程方案由某采油工程研究院编写，内容涵盖油层保护完井、压裂、注水、举升、配套工艺及安全环保等内容，内容全面、规范。

方案通过项目公司内部审核后，2006 年通过了专业公司评审。方案编制单位根据专家组意见，进一步优化了完井、压裂和注水过程的油层保护技术对策，开展不同注入工艺适应性和不同举升方式对比。通过对方案的修改完善，提高了方案的科学性和适应性。

后评价认为，采油工程方案编制规范，审查和审批程序齐全、规范，对审查意见及时进行落实，有效指导了年度采油工程方案的实施。

2) 施工单位选择评价

以招议标方式选择某试油试采分公司等具有资质的单位承担油水井射孔及完井作业施工。施工队伍选择合规，资质满足施工要求。

3) 施工与监督评价

（1）组织施工评价。

施工单位按照工艺设计及时组织射孔施工，在射孔监督和作业区技术管理部门的协同管理下，严格执行射孔施工设计。射孔施工进度和工作量满足产能建设部署要求，射孔发射率、替喷和负压指标控制在要求范围内，未出现质量问题和安全环保事故。

（2）施工监督评价。

完井工程项目实行二级项目监理负责制。监理公司依据施工指导书进行现场监督、检查，发现问题，监督整改。施工队伍按要求严密组织、严格施工。

后评价认为，塔-16 区块采油工程实施中，严格工程管理和资料录取，保证施工质量，满足开发需要。

4) 工程验收评价

按照项目公司制定的会议验收制度，每月组织施工单位和设计单位，召开完井工程验收月度会议，依据合同、设计和相关标准、监督检查记录，对工程质量进行验收评定。同时施工单位对设计合理性进行评价并提出相关建议。塔-16区块采油工程验收方式、程序符合相关标准。

2. 实施效果评价

1) 射孔实施效果

2010—2016年，塔-16区块注入井采用射孔完井168口，采出井采用射孔完井39口。射孔工艺采用电缆传输方式，射孔投产井采用YD-102枪装DP44RDX-1弹射孔，孔密16孔/米，相位角90°，螺旋布孔方式；射孔后压裂投产井采用YD-89枪装DP41RDX-1弹射孔，孔密16孔/米，相位角135°，螺旋布孔方式。

统计注采井投产初期效果如下：168口射孔投注注入井初期平均注入压力为8.3兆帕，平均单井注入量为44.9米^3/日；39口射孔投产采出井平均单井日产液10.4吨，平均单井日产油7.8吨。投产井射孔作业成功率100%，射孔合格井比例100%，从投产后注入井注入和采出井采出情况来看，选用的完井方式及完井工艺可以满足生产需要。

2) 压裂实施效果

采用了普通压裂和多裂缝压裂两种压裂方式。一是对于射孔段集中、隔层厚度不大于7米、层间应力差异不大于2兆帕的储层，结合控缝高工艺，采取普通压裂方式。二是对于隔层厚度在3米以下且油层分布集中、层多而薄的井，采取多裂缝压裂方式。压裂液采用改性瓜尔胶压裂液，具有良好的携砂性、破胶性和低残渣性能，适用于区块地质条件；支撑剂设计采用粒径0.425~0.850毫米的抗压52兆帕的陶粒，满足区块压力和导流能力要求。压裂管柱采用新型双封单卡压裂管柱，提高了压裂工具的密封性及承压性能，喷砂器内部采用高强度硬质合金耐磨蚀材质衬套，优化内部结构，增加主体壁厚，解决了耐压、耐温和加砂量指标不能满足现场需要的问题，到评价时塔木察格油田压裂施工最大加砂量为80立方米，最高施工压力63兆帕，最大井深3073米。

3) 注水实施效果

区块注入井投注初期采用笼统注水方式，油管为外径为73毫米、壁厚5.5毫米的防腐油管，井口按方案设计采用KZ24.5/65型和KZ35/65型井口，均符合设计要求，能够满足区块注入压力要求。随着开发的进行，层段吸水量差异大，针对这些井采取了分注措施，充分发挥各类油层的潜力。分注管柱为桥式偏心分层注水管柱，管柱耐温120℃、承压差30兆帕，层段密封率100%，分层后动用程度由53.1%提高到56.4%。

4) 举升实施效果

2010—2016年，区块油井平均单井日产油5.0吨，含水率28.7%，平均泵效24.9%，平均检泵周期515天，抽油机载荷利用率平均83.8%，扭矩利用率74.4%，平均沉没度142米，动液面1909米，举升设备负荷情况良好，各项指标处于合理范围内，举升工艺实施效果较好。

3. 技术创新评价

1) 改进管柱结构，双封单卡管柱保障压裂措施顺利实施

塔-16区块油层埋藏较深、温度较高、破裂压力高，需要压裂增产。针对常规压裂管柱耐压、耐温和加砂量不足的实际，经过攻关试验，对关键工具进行内壁增厚、采用硬质合金衬套等改进措施，成功研制分层压裂管柱。新管柱结构简单，满足储层压裂改造需要。

2) 优选完善分注工艺及测调配套技术，提高注水开发效果

区块储层多、渗透率级差大，随着注水开发，个别井组注水突进，含水率上升较快，影响开发效果。针对该区块的注水实际，改进配水器结构，同时创新新型密封元件、平衡式测试密封段，有效提高了测试密封机构承压能力、重复密封性。有效提高分注井测调效率、资料监测准确率。

4. 实施总体效果

塔－16区块采油工程现场实施效果表明，各项技术指标均按设计实施。完井一次施工成功率和增产工艺成功率均为100%。说明方案设计符合率高，实施效果好。

三、采油评价结论

1. 综合评价结论

塔－16区块采油工程方案设计科学合理，符合油藏实际和技术发展现状，对现场实施起到很好指导作用。方案审查、审批程序符合相关要求。相关配套措施及技术创新，为提高油水井生产时效、提高单井产量和改善水驱开发效果起到很好的支撑作用。

2. 主要问题及建议

具体如下：

（1）存在井筒结垢腐蚀影响水井分注测调，降低分注合格率和油层动用率，造成部分油井含水率上升快，部分水井储层污染欠注，影响注水开发效果。建议开展注入水水性研究，尽快明确结垢腐蚀机理，研究制定防腐防垢对策。

（2）油井还有加大压裂规模，提高单井产量潜力。建议试验应用水平井＋体积压裂，最大限度提高单井产量，提高采油速度。

（3）针对油井杆管偏磨影响油井正常生产的问题，建议进一步优化防偏磨技术，论证抽油杆扶正或油管内衬防偏磨技术，持续降低油井躺井率。

（4）存在一定套损问题。建议加强油水井套损预防对策研究与应用、水井带压作业技术的应用等，延长油水井生命周期。

第六节　地面工程评价

一、地面工程方案评价

1. 方案编制单位资质评价

塔－16区块地面建设工程方案，委托中国石油天然气行业指导性甲级设计单位，拥有国家甲级工程勘察、工程设计、工程总承包和压力容器分析设计等资质证书的某设计院负责编制。

实践证明，方案编制单位资质和能力合规，满足设计需要。

2. 方案审查、评估工作评价

根据塔－16区块总体开发部署，某设计院2006年完成地面工程方案编制；专业公司组织专家对方案进行审查，并下发评审会会议纪要。编制单位根据审查意见进一步完善建设方案，于2007年上报专业公司，专业公司对修改完善后的地面工程方案进行复审，并下发会议纪要。

后评价认为，更新地面工程开发编制，调整及审查均严格按相关编制标准和项目审查流程执行。方案编制、审查规范，满足油田生产要求，可作为初步设计的依据。

3. 方案编制质量评价

塔-16区块开发方案以直井为主，采用注水开发，依据开发方案的总体部署及建设规模，确定塔-16区块地面各个系统的工艺技术、总体布局和建设规模。

1）集输工艺

结合油田各生产井所处地理位置和所产介质物性等，集油系统采用三级布站，即集油间、接转站和联合站，分布集中的油井采用单管环状掺水集油流程，通过集油间把集中分布的油井所产含水油集输接转站和联合站；零散井采用单井拉油。

2）原油处理工艺

接转站主要将集油间来液经三合一高效设备进行油气水分离，气相经除油器后用于油田自用和燃气发电，低含水油经泵增压后输送至联合站进一步脱水处理，污水经掺水炉升温、掺水泵增压后输送至集油间用于注水。

联合站内原油处理采用热化学沉降脱水工艺，核心设备采用多功能组合处理装置。来液经三相分离器将油脱水，经升温进储油罐二次沉降，达标后装车外运。

3）供、注水及含油污水处理工艺

注水系统采用"集中注水、多井配水"工艺；供水及水处理采用"锰砂除铁＋精细过滤"工艺；含油污水处理采取污水就地处理、就地回注原则，新建污水深度处理站采用"悬浮污泥过滤＋重力式石英砂过滤"工艺流程。

4）供电系统

资源国某电厂可提供油田初期用电负荷，需要修建供电线路。塔-16区块用电依托油田建设的变电所，油区内部共规划新建配电线路、新建配电变压器、新建抽油机用电动机和新建变配电室。

5）给排水及消防工程

塔-16区块各个生产单元采取一次规划、分期实施建设原则。根据开发部署，地面规划建设联合站和转油注水站各8座，配套电力和道路等工程。

根据开发方式、油井分布、油品物性、集输工艺及区域特点，塔-16区块新建联合站、转油站、集油间和集油掺水管道。产液集中到联合站处理后，净化原油拉运到口岸，外运至国内。油田所产含油污水处理合格后就地回注。

后评价认为，区块地面工程方案设计的总体布局、建设规模和工艺技术合理、可行。

二、初步设计评价

1. 初步设计单位资质评价

区块地面工程初步设计委托某设计院编制。经资格审查和生产实践检验，该院设计资质及能力满足要求。

2. 初步设计审查工作评价

2008年，设计院根据专业公司审查通过的区块更新开发方案完成塔-16区块地面工程初步设计，并上报专业公司。专业公司组织专家对初步设计进行审查，并下发塔-16区块地面工程初步设计审查意见，设计单位按照意见完善初步设计。

后评价认为，初步设计审查规范，符合相关规定。

3. 初步设计质量评价

1）基础参数评价

塔-16区块地面工程初步设计与油藏工程紧密结合，统筹优化，依据的基础资料较齐全准确，基本满足工程设计需要。但地面工程注水压力设计中应补充地质开发部门对不同井区注水压力和注水水质需求说明，以便设计部门合理确定注水及水处理工艺。同时，管道埋深处的地温、站场地质资料等完全采用类似油田相关数据应慎重，应加强与当地气象、已建管道运行维护等部门沟通，确保基础数据满足设计需要。

2）建设规模评价

（1）实际建成工程量与初步设计基本一致。

塔-16区块地面主体工程因开发调整，井数增加，实际地面系统集油量、集液量等增加，使实际建成的集油管道、站场规模发生较大变化，但联合站、转油站和注水站实际建设数量与初步设计基本一致（表11-6）。

表11-6 塔-16区块地面工程主要工程量对比表

序号	工程名称	单位	初步设计值 规模	初步设计值 数量	实际建成值 规模	实际建成值 数量	符合率（%）规模	符合率（%）数量	差异原因
一	原油集输工程								
1	油井	口		370		453		122.7	
2	集油间	座		10		14		140	
3	转油站	座	3250	1	6500	1	200	100	2015年扩建
4	脱水站	座	4200	1	6300	1	150	100	2015年扩建
5	污水处理站	座	2400	1	1200	1	100	50	二期工程尚未建设
6	集油、输油管道	千米		282.4		372.4		131.9	
二	天然气工程								
1	集气管道	千米		8.9		8.9		100	
三	注水工程								
1	注水井	口		153		177		115.7	
2	注配（配水）间	座		25		37		148	
3	注水站	座	6470	2	6470	2	100	100	
四	供电工程								
1	变电站	座	16000	1	16000	1	100	100	
2	供电线路	千米		466.7		520		111.4	
五	通信工程								
1	光缆	千米		11.1		11.1		100	
六	道路工程			582		405.2			巴彦呼舒路有105千米安排在2017年建设
七	其他								
1	办公建筑	平方米		16885.68		0		0	尚未建设

(2) 实际地面系统负荷与初步设计基本相符。

塔-16区块地面各系统基本按设计规模建设,符合程度较高,装置运行状况较好(表11-7)。

表11-7 地面系统能力负荷评价表

序号	系统能力指标	初步设计值 规模	初步设计值 负荷率	实际建成值 规模	实际建成值 负荷率	符合率 规模	符合率 负荷率	差异原因
1	原油处理能力	56万吨/年	96.4%	56万吨/年	96.4%	50.5万吨/年	90.2%	
2	天然气处理能力	80000米^3/日	94.2%	80000米^3/日	94.2%	74000米^3/日	92.5%	
3	注水能力	6470米^3/日	89.5%	6470米^3/日	89.5%	6460米^3/日	99.8%	
4	污水处理能力	2400米^3/日	79.8%	1200米^3/日	95.6%	1082米^3/日	90.2%	
5	供水能力	4200米^3/日	98%	3800米^3/日	98%	3800米^3/日	100%	三期工程尚未安排
6	原油外输能力	56万吨/年	96.4%	56万吨/年	96.4%	50.5万吨/年	90.2%	

3) 主体工艺及总体布局评价

该项目与类似油田特点及原油物性也大体相同,类似油田的成功开发建设,为该项目有效开发和油气水处理工艺技术的选择提供了有益借鉴。

(1) 原油集输处理工艺。

借鉴类似油田的成功经验,塔-16区块油气集输工艺选用单管环形掺水集油保温工艺;同时,考虑区块油井单井产量和气油比均较低的实际,油井计量选择在井口软件量油,活动计量车定期标定方式。鉴于类似油田先建的联合站原油脱水采用三相分离器热化学密闭脱水工艺,生产期间为保证净化油含水率不大于0.5%的质量计量要求,需要利用充足的大罐沉降时间作保证,因此原油处理采用"三合一"密闭分离,预脱除游离水,而低含水原油脱水采用大罐热化学沉降开式脱水工艺。

后评价认为,该区块充分借鉴类似油田成功经验,结合项目运行实际,原油集输处理工艺技术选择适宜。

(2) 注水及水处理工艺。

注水用水为塔-16区块按标准处理的净化含油污水和地下清水。含油污水处理采用沉降除油、两级过滤工艺流程;地下清水处理采用常规锰砂除铁+精细过滤处理工艺。

塔-16区块地面各系统效率指标均达100%,初步设计采用的工艺合理。

综上所述,地面工程初步设计依据的基础资料基本充分,编制规范,规模及工艺技术较合理,审批程序合规,设计质量满足施工图设计需要。

三、施工图设计评价

塔-16区块施工图设计由某设计院负责,项目公司组织规划计划部、规划设计中心、油田生产运行管理、质量安全环保和基建管理中心等部门对施工图的符合性、技术性、安全性和施工可行性等进行会审。

施工图设计严格执行有关标准规范,在初步设计基础上进行了局部优化,节省了建设投资,设计深度满足现场施工要求。甲方施工技术人员的早期介入和组织多次图纸会审,优化了设计,提高了设计质量,使装置可操作性强。设计施工图纸齐全,未出现漏项、缺图现象,大部分设计文件发放及时,保证了施工进度。投产以来,设备及系统运转正常,工程总体运行良好。

尽管区块地面施工图设计规范、合理,但在实施过程中也发生了经济签证、设计变更及设计联络单。

地面系统施工中共发生设计变更27份,无重大设计变更。变更的原因有以下两点:一是作业区没有施工能力,为方便生产,解决生产上的各种小问题也需出联络单;二是项目所在的资源国石油行业发展处于初级阶段,一切装备物资均由我国供应,部分施工设备、物资通关不及时或无法通关。可见现场发生的变更单、联络单,多是为了满足生产操作方便等原因产生的,对项目投资影响较小,且各项变更单办理均履行相关审批手续,符合规定。

后评价认为,塔-16区块地面工程施工图设计单位资质满足要求,设计编制、审批及现场变更合规,能够有效指导现场施工。

四、工程施工评价

1. 工程管理评价

1)工程设计、实施管理评价

塔-16区块采用EPC总承包合同,项目物资由施工单位负责采购。井下作业物资采购严格按照中国石油物资管理办法采购,满足要求的国内企业优先,国内企业不符合要求的严格执行中国石油招标结果。实际建设及运行结果表明,所供物资质量优良,到货及时,满足现场使用要求及进度。

工程建设施工中,项目公司能够按照甲、乙双方结合的年度施工计划进度表有序推进。项目公司要求乙方单位组织各专业技术人员到现场指导施工,禁止缺省施工步骤,严格施工质量管理。对于中间隐蔽工程及试压、防腐等施工工序,必须经过项目公司人员检查,否则不予进行项目验收。对于需要抢在雨季前先期施工的项目,必须在规定时间内完成,保证施工质量,对检查中发现的不合格项目要求承包商进行整改,保证工程施工质量。

甲、乙方现场设置专职安全、质检人员,对全过程进行监督,地面工程建设过程中未发生一起安全事故,未造成任何环境污染事件。

2)竣工验收评价

项目地面工程建设验收既要符合国内规定,又要符合资源国相关部门的要求。工程验收合格率100%,为地面投资顺利进入可回收成本阶段奠定了基础。

工程项目竣工验收报告提出的遗留工程、整改等按照要求全部落实,并全部整改完成。

2. 技术创新评价

具体如下:

(1)简化自控仪表标准,联合站内只应用设计、生产管理必需的仪表;站外注水系统采用老式压力表和水表。配水间采用的标准化角式高压流量自控仪经常发生数据漂移,国外现场技术力量薄弱,技术服务与维修保障难,设备出现问题时现场人员处理不及时,造成注水井长时间停注;资源国员工接受新技术的能力较差,建议降低自动化应用水平。评价时已恢复使用老式的高压配水装置,适应生产需要。

(2)采用标准化、橇装化设计模式,分块预制、整体拼装的施工方式。考虑设备出关手续烦琐、散件通关工作量大的情况,采用橇装化设计模式,既减少报关工作量,也保证施工质量，缩短施工周期。

（3）优化简化土建结构，采用彩钢板，加快建设速度，尽快收回投资。井口房、配水间、阀组间和工具间等小型生产厂房采用活动板房，在国内预制组装完成，整体搬运至现场。通过工厂化预制实现工艺安装的橇装化；提前预制混凝土及钢构件，加大车厢式建设范围，提高通关效率，降低现场施工难度，缩短工期。

以上管理及技术措施，保障了塔-16区块的顺利建设和平稳运行。

3. 实施效果评价

截至2018年底，项目地面工程内容除了固体废物处理站和生产指挥基地没有开工建设，其他工程均已基本建成。基地依托现场的板房为职工提供住宿。对于固体废物处理站，一是当时还无大量的固体废物产生；二是为了借鉴类似油田正在建设的同规模固体废物处理站经验，当时尚未建设。

塔-16区块地面工程基本按设计的工艺路线完成。站外采用技术成熟且易于管理的环状掺水集油工艺，最大限度地减少油气损耗及外排。站内脱水采用"分离缓冲游离水脱除器+大罐沉降"的二段脱水工艺，脱出原油再经储油罐长时间静沉，确保原油含水率达标；利用二段高温污水提升污水处理温度，从而取消一段加热炉，大幅度减少加热炉负荷，减少能源消耗。含油污水处理在借鉴类似油田试验成果的基础上推广应用"悬浮污泥过滤"工艺，采出污水全部处理达标后回注地下，采出污水零外排，实现油田开发与环境保护的自然和谐。变电所采用综合自动化保护技术和DSM技术，机采设备采用机电一体化拖动装置、节能变压器和无功优化补偿等。评价时为单电源供电，上端供电线路距离远、供电电源容量小、设备落后，供电系统可满足油田生产，但供电可靠性低。

塔-16区块地面流程简单可靠，便于管理，适应了该区块地处偏远、维护方便的实际。联合站内按照处理介质及功能不同，划分为原油处理区、水处理区、供电区及卸油装车区四个功能单元，最大限度地体现了"相近岗位合并，减员增效"原则。

通过资料查阅和现场调研，后评价认为实际的现场总体布局合理，建设规模合适，工艺路线可靠，很好地适应了油田开发生产。

五、评价结论

1. 综合评价结论

塔-16区块地面工程方案、初步设计及施工图编制单位资质符合相关要求，设计依据的基础资料、相关规范符合编制规定，且方案和设计文件经比选优化确定，前期论证充分。设计文件审批程序合规，实施过程监理和管控严格，建成后顺利通过资源国相关主管部门验收。项目从设计、实施到验收，过程合规，截至评价时工艺设备运行平稳。

2. 存在问题及建议

具体如下：

（1）滚动开发指标变化大，导致部分系统设计规模偏大。建议：一是地面与地下紧密结合，及时调整地面系统适应性；二是今后针对复杂油藏，地面系统采用整体规划、分期实施的方式，以增强地面的适应性，提高投资效率。

（2）部分集水管线腐蚀严重。针对区块产出水矿化度高对普通金属管道有较强腐蚀性及开发年限受限的情况，建议后续集水、供水及注水管道均应使用非金属管道。

第七节　生产运行评价

一、生产准备评价

作业区结合资源国政策和法律环境，建立、健全和完善多个部门多类岗位职责，细化多项管理制度和考核办法，下发管理手册和操作手册，作为指导岗位人员操作和生产管理的指南。在地面生产系统验收合格、各项物资准备到位的基础上，为保证联合试运工作顺利，项目公司专门成立了投产试运领导小组，制订了联合站投产方案，并制定详细的安全生产操作规程。投产试运领导小组多次召开专门会议，确定投产组织过程中的重要节点，针对试运中可能存在的风险，制订相应应急预案，并加强实际演练。作业区针对资源国员工实际操作技能情况，引入国内高级技师加强安全和实际操作技能培训，提高和规范外方员工操作技能，确保外方员工的安全操作。

实际试运表明，该项目投产试运各项准备工作充分，保障投产试运顺利进行。

二、投产试运评价

1. 站内系统试运一次成功

试运中按照联合站站内和站外两部分进行投产试运。站内部分按照输电和配电设备各项参数设计及运行合格后，再依次按照规范和考核标准试运地下水处理、采暖、注水、脱水和污水处理等系统。由于季节原因，为了保障安全，对于无法正常试运的单项工程，如消防系统，在具备条件时进行试运。前期准备充分，操作规范，各系统均试运一次成功。

2. 站外系统试运一次成功

2018年联合站装车岗顺利装车外运，标志站外各系统全部试运一次成功。

3. 联合试运中主要问题整改情况

暴露的问题：一是站内污水处理站主要阀门、站外阀组间及单井油水连通阀门不严，作业区及时进行更换处理；二是试运一段时间后，由于卸液量骤增，卸油罐始终高位运行，导致部分车辆卸油时间延迟，因此将一台供水泵工艺与事故泵工艺进行连通，保证卸液工作顺利开展。

后评价认为，前期准备充分，组织机构健全，岗位职责落实到位，严格执行投产试运方案，投产试运一次成功。针对试运存在的问题，作业区及联合保运单位及时进行了整改。

三、运行评价

1. 开发过程管理评价

塔－16区块投入开发以来，实施油井增产措施104口。截至评价时，措施有效期内累计增油26.9万吨，具体见表11－8。措施效果较好，为提高储量动用程度，减缓产量递减起到了重要作用。

2. 主要生产系统运行评价

塔－16区块各系统设计及实际建成能力见表11－9。

表 11-8 项目历年各类增产措施效果统计表

措施类型	井数（口）	砂岩厚度（米）	有效厚度（米）	措施前平均单井日产油（吨）	措施初期平均单井日产油（吨）	累计增油（吨）
补孔	11	24.1	22.6	3.2	12.6	54120
补压	51	27.3	19.0	2.5	8.7	107023
堵水	6	6.8	4.3	3.6	3.7	1746
压裂	33	32.5	28.6	2.6	9.2	84504
总计	104	26.3	19.6	2.6	8.8	268692

表 11-9 生产系统负荷统计表

项目		设计能力	实际情况	负荷率	备注
中心处理站（塔一联）	脱水站	6300 米³/日	5000 米³/日	79.4%	
	水质站	2800 米³/日	3600 米³/日	128.6%	
	污水站	1200 米³/日	2000 米³/日	166.7%	
	注水站	1700 米³/日	2483 米³/日	146.1%	
1-9 转油注水站	原油处理	6500 米³/日	5080 米³/日	78.2%	
	注水	3206 米³/日	3650 米³/日	113.8%	
站外	油井井口回压	≤1.5 兆帕	0.95 兆帕	63.3%	
	1-4 注配间	1040 米³/日	1036 米³/日	99.6%	
	1-15、1-16 注配间	380 米³/日	113 米³/日	29.7%	

塔-16 区块进入完善注采关系、降低递减保持稳产的关键时期，随着注水井数、注水量增加及含水率不断上升，地面系统暴露出不适应的问题，具体如下：

（1）地面注水能力严重不足，无法满足开发需求。

（2）水处理站严重超负荷。

（3）联合站内仪表系统经过一段时间运行，陆续出现问题，无法正常使用，威胁安全生产：一是不防冻；二是不适应现场使用环境。大部分仪表需要更换、调试。

后评价认为，地面工程各系统工艺总体满足开发需要，但因后期开发规模的扩大和注水能力需求的增加，导致注水、污水处理和供电等系统能力不足，急需整改扩建。

3. 生产指标预测评价

2011 年总体方案设计总井数 523 口，其中油井 370 口，注水井 153 口。设计的 523 口井中代用井 345 口，首钻井 18 口，正常井 140 口，缓钻井 20 口，产能规模 76.51 万吨，根据产能建设安排，各断块未投产井在 2016 年底前全部投入生产。对产能区块 2011—2029 年开发指标进行了预测。至 2029 年累计产油 697.2 万吨，可采储量采出程度为 41.9%，综合含水率为 72.76%，根据探明储量采收率取值，南屯组二段、南屯组一段、铜钵庙组油层采收率取值分别为 21%、19%、20%，计算动用可采储量为 1665.92 万吨。

在实际开发过程中，针对复杂断块油藏的地质特点，始终坚持滚动开发的策略，及时进行方案调整。通过深化地质研究及投产井动态分析，进一步落实了构造、储层及油藏发育情况，在 2011 年油藏工程方案基础上逐步开展了外扩、补充及新区的井位设计工作。2012—

2016年新设计开发井348口，评价时完钻开发井261口，待钻开发井82口，取消5口。截至2016年底投产采油井524口，注水井177口，与2011年开发方案相比，实际投产井数增加178口，评价期内平均单井日产油5.0吨，实现程度108.7%，评价时含水率为41.4%，建成产能107.01万吨，产能实现程度139.9%。评价期内累计产油301.86万吨，实现程度112.9%。2016年自然递减率为11.14%，综合递减率为10.45%。

随着地质认识的不断加深，以及对未动用储量的进一步评价，通过优选潜力区块，预计2017年以后还可钻井103口，探井利用1口井，总井数达到830口，比2011年方案多307口。对开发指标进行预测，截至开发期末，预计累计产油909.49万吨，比2011年方案多212.29万吨。

从实际开发效果对比显示，2011—2016年总体方案实施过程中，通过严格执行过程控制、严控低效井比例，加强地质研究，保障开发井钻井效果，加快地面建设，努力适应油田快速上产，原油产量快速攀升。同时，产量高峰到达时间与原方案设计保持一致，但最高年产油量高于原方案5.0万吨，取得了较好的开发效果。2016年油田受电力不足、蒙古国大选队伍进场晚和口岸闭关限运等因素影响，时率不足，导致年产油量下降。

四、评价结论

塔-16区块在开发建设过程中，强化生产运行管理，统筹生产准备，健全管理制度，强化过程跟踪与监控，根据油田开发动态，不断完善注采系统调整方案，使各项开发指标总体好于方案预期，地面系统工艺技术适用，总体布局合理，保障了区块开发效果。尽管该区块实际运行取得较好效果，但也暴露一定问题。

（1）按照预测的开发指标计算，合同期末塔-16区块采收率偏低。建议：一是今后加强复杂岩性油藏精细描述技术攻关，开展分区分类精细综合调整及治理工作，细分开发单元、优化层系井网和精细分层注水，加强地下与地面配套适用工艺技术研究，提高注水合格率及注水效率，进一步减缓产量递减，控制含水率上升；二是加强油田新技术攻关及应用，开展聚合物驱油和深度调剖试验，调整平面水驱方向及纵向吸水剖面，扩大驱动波及体积，提高阶段采收率；三是开展低渗透油藏缝网压裂试验，加大低渗透储层改造程度，提高单井产量。

（2）地面部分系统能力不足。一是部分注水站及注配间注水压力不能满足要求，污水站和地下水处理站超负荷运行，建议维修和增容；二是供电能力不足，将对产量造成一定的影响，建议研究制定电力保供的长远方案。

第八节 项目管理评价

一、组织机构评价

1. 组织机构

2005年中方收购某国际石油公司（SS公司）在资源国境内塔-16区块后，成立了项目公司，建立决策层、管理层和操作层三级管理模式，统一组织项目开发工作。

2. 项目组织管理情况

钻井工程采取大包方式组织施工，项目公司负责钻井工程的运行管理和监督。采油工程按工序计价方式组织施工，作业区负责运行管理和监督。该项目各个专业工程设计、施工及监理单位资质满足要求。

二、投资管理评价

1. 建立管理制度，规范投资管理

依据中国石油天然气集团公司投资管理办法等集团公司投资管理规定，制定项目投资计划及统计管理办法，规范投资管理。

依据管理办法，建立规范的投资管理流程：一是依据规划安排，结合生产实际，编制实施方案，审批后计划立项；二是按照计划安排，组织并开展项目合同签订、商务手续办理、现场施工及调整、竣工验收、结算付款和可回收成本审计；三是组织开展项目后评价工作，总结投资管理经验教训。

2. 注重顶层设计，强化方案优选及概算审查，控减投资

按照"少井高效"原则，优选方案部署，优化工程设计，简化工艺流程，利旧闲置资产，强化跟踪调整，减少无效投资，提高投资有效性。

3. 实行市场竞争机制，优选施工单位

项目实行总承包合同模式，严格价格审查，通过合理竞争及价格管控控制投资。强化施工过程现场监督、检查及考核；强化竣工结算资料认证、审查，控制投资。

三、HSE 管理评价

项目公司 HSE 部门全面参与项目设计、建设各个环节的安全环保管理工作。监督项目施工"三同时"（同时设计、同时施工、同时投入生产和使用）的落实情况，检查实施过程 HSE 存在的问题，监督问题整改情况，及时排除安全隐患和解决环保问题；同时，HSE 管理部门和资源国现场代表共同监督检查施工中的安全环保管理工作，每项工程做到施工前和施工后的安全环保工作共同签字确认，使每项工程在满足中国石油行业标准基础上，符合资源国法律法规。在投产试运和正式投产后运行中，作业区针对项目实际，制订总体应急预案和不同岗位不同生产运行环节的专项应急预案。

四、风险管理评价

资源国在政治、经济、社会、环保及法律政策等方面存在不确定因素，并给项目运作带来风险。环保严格和法律政策多变，影响项目经济效益。资源国对生态环境保护要求较为严格，新石油法也对石油企业在环保方面提出更高要求，增加了项目投资回收风险。

为了有效防控项目面临的风险，最大限度降低或规避风险给项目带来的损失，项目公司按照中国石油要求，建立了项目风险管理体系，在项目发展的各个阶段加强对项目可能存在风险的分析、预警、评估和应对等防控工作。一是建立风险分析和预警机制。结合项目面临的资源国政治、经济、社会、环保和法律政策等方面的风险因素，项目公司定期进行风险分析和研究。当有严重阻碍项目发展和影响投资方利益风险因素出现时，及时向项目公司发出预警信号，并及时研究制定应对风险的防范措施和应急预案。二是制定风险防控策略和措施。以效益为中心，加快投资回收，规避项目风险。积极参加在资源国的社会公益和捐赠活动，逐步增加属地队伍、属地采购和属地用工比例，协调企业与各级政府和油田所在的关系，提升政府和社会对项目的认可度，降低项目运营风险。

五、评价结论

项目公司按照项目特点,建立了相应组织机构和完备的规章制度,强化项目设计、施工、运行及风险防控等方面管控,保障了项目有效运转,取得了较好效果。项目发展与长远规划紧密结合,统筹协调、集中管理,优化投资结构,优先安排生产性投入,压缩非生产性支出,提高了投资使用效率。

第九节 投资与经济效益评价

一、合同模式

塔-16区块为产量分成合同(PSC)模式。

(1)勘探开发有效期:勘探期于2010年1月结束,开发期由2010年2月22日开始,终止于2030年2月21日,开发期20年,开发期截止后可以分别延期2次,每次5年。

(2)土地租金:承包商每年要支付地表租金,勘探期租金为10美元/千米^2,开发期租金为50美元/千米^2。

(3)管理服务费:承包商应支付给蒙古国矿产石油局每个开发区的许可证费用5万美元,每个开发延长期10万美元。

(4)成本油比例:承包商用于回收成本的原油比例为合同原油的40%。回收顺序:勘探投资、操作成本、开发投资。在支出投资和成本经成本油回收后,40%的回收成本油将按下列原则分配:蒙古国60%,承包商40%。

(5)分成油分成方法及比例:原油总产量扣除成本油后剩余部分为分成油,在蒙古国政府和承包商之间按滑动比例分配。

(6)税费及权益费用构成:蒙古国政府免除与石油生产相关及其产品的进出口关税。

二、投资执行情况评价

1. 总投资执行总体情况

2005—2016年项目预测完成投资超过20亿美元,其中,2016年底财务累计结算金额18亿美元,正建项目(或待实施项目)投资约1.54亿美元。对比计划下达投资节余1.6亿美元;对比国家发展改革委批复投资节余1.65亿美元。

2. 投资执行情况评价

1)开发投资与批复对比分析

塔-16区块预测完成开发投资与国家发展改革委批复投资对比,超0.7亿美元,主要原因:一是开发建设过程中挖掘开发潜力,经审批,实际多钻井、多建产能;二是控制老井递减,增加措施工作量,增加了投资;三是方案外配套建设联合站系统改造、转油站外输系统改造、联合站装车场易地重建和集油间卸油点新建等工程,增加了投资。评价时项目公司正在完善塔-16区块整体开发调整方案,待通过审查备案后,增补项目投资。

2)开发投资与计划对比分析

塔-16区块完成开发投资与批复对比节余,主要原因有以下几点:

(1)钻井投资节余,主要原因:一是取消计划内钻井、射孔和压裂等;二是完钻的开发井较计划进尺减少;三是谈判降低钻井、测井、录井价格和优选射孔、压裂层位等,节余了投资；四是取消计划内水井重配、大修等措施工作量，节余了投资。

（2）地面投资节余，主要原因：一是通过严格概算审查，取消概算中的道路、绿化建设及部分二、三类费用和基本预备费；二是在满足生产需求下，压缩非生产性投入、简化工艺流程和引入市场竞争机制降低施工价格等方式，使产能地面建设工程节余。

（3）取消计划内非安装设备采购及环保项目投资。

3. 投资控制的经验和教训

具体如下：

（1）积极引进中国石油内部服务，提高项目协同效益。在合规的情况下，积极引进国内服务队伍承担项目的钻井、固井、录井、测井和运输等工程，提高项目内部协同效应。

（2）加强商务运作、增强属地化管理。依据PSC条款，加强商务谈判，将投资和成本最大限度计入可回收成本，降低投资及成本损失。项目员工属地化，即坚持关键岗位中方员工、其他岗位资源国员工的用人原则，最大限度降低人工成本。

（3）多措并举，降低成本。利旧闲置资产等降低设备成本；通过自建热水点、组织人工回收污油、强化油井管理和利用燃气发电等措施，降低运行成本；通过加大转间抽和转提捞等措施，降低能耗。

三、项目经济效益评价

1. 评价范围及依据

评价范围为2016年塔-16区块的产能建设；评价依据为石油合同、年度计划与预算、财务决算及规划方案等。

2. 主要评价参数

（1）计算期：后评价时点为2016年，计算期为2005—2035年。

（2）投资及产量：后评价时点前（2005—2016年）采用实际值；后评价时点后（2016—2018年），以2016年下达计划及规划推荐方案和产量预测数据为准。

（3）原油价格：后评价时点前采用实际销售价格；后评价时点后取布伦特油价。

（4）成本费用：后评价时点前采用塔-16区块实际操作费用、折旧、销售费用和管理费用，后评价时点后根据规划取值及吨油操作成本预测。

（5）所得税：资源国矿产石油局代替承包商承担和上缴所得税；培训费计入不可回收成本。

（6）国外常规油气开发项目基准收益率取10%。

3. 盈利能力分析

依据塔-16区块勘探及开发投资、成本等数据，全合同期内中国石油财务内部收益率为10.6%，投资回收期为12.7年，财务净现值为2360万美元，效益未达预期。

2018年，按照项目已签合同金额统计，中国石油服务队伍在钻探方面获得服务费总额为3亿美元，按照服务单位可获得16%的利润计算，国内服务队伍的一体化协同效益为5亿美元。塔-16区块在考虑一体化协同效益后，财务内部收益为18.6%，达到行业基准收益率标准。

四、评价结论

塔-16区块实际完成工作量较国家发展改革委批复方案工作量有较大调整，实际完钻井数超批复 3%，导致实际开发投资超批复 5%，但较计划投资降低了 1%。后评价预测该区块合同期内财务内部收益率为 10.6%，投资回收期为 12.7 年，财务净现值为 2360 万美元。由于受油价降低等的影响，区块经济效益未达预期，未来经营面临较大的风险。但考虑一体化协同效益，财务内部收益率可达 18.6%。

第十节　影响与持续性评价

一、环境影响评价

塔-16 作业区地处资源国生态保护区腹地，项目运行中，环境评价、用地申请、开工许可、过程监督、项目验收和环保验收等工作落实到位，保证了油田开发的有序进行。

（1）坚持环保优先的理念，推动环保理念贯穿项目的全过程。施工前，结合资源国环保法，在产能及产能配套工程设计过程中充分考虑环保因素，取得环保评审许可后，方可开工。与施工方签订 HSE 合同及 HSE 承诺书，施工过程中职能部门定期检查环保情况，确保清洁施工文明施工。施工后聘用专业公司进行环境评价，对过程中造成的占地及不可避免的环境影响进行代偿保护。

（2）坚持预防为主的方针，确保环保工作主动超前。由于项目所处地域的特殊性，每年要进行环境监测和土壤取样化验等工作，对钻井和井下作业等对大气、水和土壤有可能造成的伤害进行综合评估，对出现的环保新问题及时立项解决。制订联合站、油水井、集油和配水间环保预案，定期开展演练，提高员工应急处置能力。

（3）坚持环境零污染目标，不断改进地面工艺，加大管控力度。建成联合站，原油经密闭管道集输外运，油田采出污水处理后回注。建成两座卸油点，架罐井、提捞井产液及洗井液进站回收。钻井完成后及时进行泥浆固化处理，确保钻井占地当年恢复。推动废液池固化项目，完成 SS 公司遗留下来的多个废液池的无害化处理，解决了历史遗留的环保问题。建成化学药品库，杜绝了钻井、压裂和联合站等处理药剂对土壤的污染。施工期间，要求运输建筑材料的车辆封盖严密，严禁撒落。

（4）坚持绿色环保要求，加大环境治理力度。按照属地管理原则，加大对乙方单位环保检查力度。规定车辆行驶路线，杜绝随意行使。建成固体废物垃圾处理站，雇用专业公司对生产生活垃圾分类处理。建成生活污水处理站，生活基地每年消毒两次，保证人员卫生安全。开展植树绿化，施工期尽量避开动物繁殖迁徙期。

后评价认为，塔-16 区块的环保配套设施逐步完善，历史遗留问题得到解决，环境保护工作总体可控，实现了环境零污染目标。

二、安全生产评价

作业区正视安全管理存在的问题，一方面遵照资源国相关职能部门的安全法律法规，另一方面严格遵循中国石油油气田行业安全各项管理规定，结合作业区实际情况，积极完善塔-16 区块作业区安全体系建设。

后评价认为，作业区能够全面贯彻实施"全员参加，环保先行，安全第一，预防为主"的安全管理方针，员工技能全面提高，安全意识全面提升。自 2015 年以来，实现安全生产无事故。

三、持续性评价

1. 外部条件可持续性

矿产资源行业是资源国经济发展的支柱产业，对外国投资和技术的依赖性强。2011年出台了新投资法，新投资法包括对投资的法律保障、投资者权益保障和稳定投资环境等内容，明确了对外资企业鼓励和保护性原则。近年来资源国政府不断增加的属地化要求与石油相关人才、物资、设备和队伍缺乏的现实条件相矛盾，影响了项目的正常生产经营。项目公司正在努力采取应对措施，保障项目持续、稳定发展。

后评价认为，资源国投资环境和投资政策总体稳定，项目公司在应对投资政策变化方面采取了有效应对措施，地区公司要高度重视，防控经营风险。

2. 资源条件可持续性

未动用储量具有厚度薄、物性差和油水分布复杂的特点，因评价时油价较低，动用难度大，需要进一步加强低成本有效开发技术攻关。若低油价态势好转，具备持续发展的后备资源。

3. 技术条件可持续性

通过近年来油田开发，创新发展了油藏滚动评价优选技术，建立了效益、产量区块优选评价模式。发展完善了油藏精细描述技术，构造解释相对误差降低。建立了不同类型油藏开发调整技术，采用"高疏低堵、细分注水"等个性化调整和精细注水，区块自然递减率降低。特低渗透储层多分支缝压裂技术提高了单井产能，同时钻井、采油及地面集输的进步支撑了油田开发，基本满足持续开发需要。

四、评价结论

后评价认为，项目环保配套设施逐步完善，历史遗留问题得到解决，环境保护工作总体可控，但生态治理和植被恢复效果不理想，建议加强保护和治理。应急预案比较完善，安全设施、设备和装置与主体工程同时设计、同时施工、同时投入生产和使用，但仍需重视安全生产问题，杜绝安全事故发生。积极制定对策维护PSC合同稳定，降低因政策、法律变化给项目原有合同权益造成的影响。

第十一节 综合后评价

一、综合评价结论

通过独立后评价现场调研和相关资料分析，对于塔-16区块这种复杂岩性油藏，前期研究基本扎实，决策程序基本完整，开发技术基本适应开发需要。

1. 前期基础研究工作比较扎实

开发实践表明，塔-16区块的总体构造格局及各井区有效厚度分布趋势基本没有变化，开发设计规模合理。各井区水驱控制程度表明方案采取的开发方式、层系划分及注采井网设计基本适应。前期尽职调查报告对资源国政治、法律方面风险等未进行评估说明，但影响有限，基础研究工作比较扎实。

2. 开发策略切合实际，调整及时有效，开发指标符合率较高

针对复杂岩性油藏，采取"整体部署，优中选优，分批实施，滚动开发，及时调整，

逐步完善"的开发原则,实现了预期开发效果,表明开发总体策略正确,调整及时。

3. 开发技术基本满足开发需要

油藏工程形成的复杂岩性油藏滚动描述、井网优化等技术,有力支持了区块扩边和内部加密等新井部署,并保障其开发效果好于预期。钻井方面的钻头优选技术,使平均机械钻速实现较好水平。采油方面的双封单卡压裂工艺管柱和桥式偏心分层注水等技术提高了油井压裂改造、分层注水效果。地面工程的标准化建设模式等技术,提高了地面设备通关和建设速度。开发技术基本满足开发需要。

二、问题及建议

1. 低油价下,可持续发展能力不足

剩余低品质未动用储量较多,截至2016年底,塔-16区块剩余未动用储量2000万吨。未动用储量具有厚度薄、物性差、油水分布复杂和单井产量低的特点,低油价下,动用难度大。老区注水困难,注水受效差,产量递减较快。综合评价认为,塔-16区块在低油价下产能接替不足。建议:加强精细地质研究,新区优选富集区,老区注好水、合理注水、恢复地层压力,提高水驱控制程度,培养和优选新井井位。

2. 开发技术还有待提高,为持续开发提供支持

剩余的低品位资源开发效果差,需要完善提高精细地震构造解释和地质特征再认识及提高单井产能等技术,保障资源的有效动用;老区要针对注水效果差、低产低效井多等研究有针对性的技术措施,减缓产量递减和含水率上升速度;产出水矿化度高,对普通金属管道腐蚀性强;生产井出现套损。建议:深入开展油藏再认识、储层压裂改造和精细注水等技术攻关,以及采出水腐蚀机理和生产井套损机理研究,支持可持续发展。

第四篇
海外投资项目后评价发展趋势及展望

第十二章　海外投资项目专项后评价实践

近年来,中国石油海外项目后评价领域不断扩宽,深度不断加深,水平持续提升,早已由最初的探索与尝试阶段,迈入规范发展、持续优化的新阶段,为中国石油海外投资决策提供了强有力的保障。海外后评价成果突出,作用进一步发挥,中国石油围绕丰富的后评价成果,不断强化应用,形成了多个海外投资项目的后评价专项,为公司相关海外业务发展提供了参考。本章以《中国石油海外勘探开发项目独立后评价专项报告》为例,说明专项后评价成果的实际情况。海外专项独立后评价的工作范围是2009—2018年开展过独立后评价的10个海外典型勘探开发项目,在梳理这些项目在评价时段的运营情况、项目主要目标实现程度的基础上,总结提炼主要经验,综合分析暴露出来的主要问题,提出相应的建议。

第一节　项目目标实现程度分析

基于独立后评价成果,梳理项目在后评价时点的储量、产量及投资收益等主要指标的完成情况,与项目可行性研究规划、年度计划指标进行对比,分析总结项目的目标实现程度。

一、典型项目执行情况

国家实施"走出去"战略,中国石油积极布局海外,谋划全篇,开拓了海外市场,经过25年多的艰苦努力,取得了辉煌的成绩,实现了从无到有、从小到大、从弱到强的历史跨越。至2019年底,海外上游投资多个项目,分布在多个国家或地区,其中,勘探项目4个,开发项目5个,勘探开发一体化项目1个。开展过独立后评价的勘探项目2个,开发项目4个,勘探开发一体化项目1个。

项目建设时期、合作模式、合同类型、资源领域及分布地域(国家)均不同。其中,常规油气项目8个,非常规油气项目2个;5个矿税制合同,5个产品分成合同;7个全资项目,3个股份制项目。10个项目累计投资约260亿美元。

以后评价时段为工作范围,统计这些项目完成的工作量,并与规划(可行性研究或申请报告)、总体计划的工作量指标对比。总的评价认为,三维地震完成率较高,钻井井数完成率高,但进尺完成率相对较低。

与项目可行性研究报告或申请报告对比,计划工作量的完成情况:10个项目中有勘探工作量计划部署的项目9个,有二维地震工作年度部署的7个项目,有5个超计划完成,其中勘探项目达计划的90%;有三维地震工作年度部署的8个项目,其中6个均完成了计划工作量,有两个项目完成率低。

二、项目目标实现程度

以项目后评价时点为界,将项目实施情况与项目规划指标(项目可行性研究报告或申请报告)进行对比,对比的主要目标指标包括储量、产量及投资效益。根据符合率的高低,将项目目标实现程度划分为四类:高——超过规划预期(大于100%),较高——基本达到预期(75%~100%),较低——低于预期(50%~75%),差——失败(或没有取得勘探成果)。

1. 分区域评价风险勘探项目目标实现程度

海外油气勘探项目具有投资大、风险高的特点,一旦获得成功也具有高回报。截至独立后评价时段末,根据对项目储量、产量进行统计,参考投资收益情况,与规划(可行性研究或申请报告)、总体计划指标对比,总体上早期获取的纯勘探项目的目标实现程度高、勘探成效好,如部分项目超计划完成了探明可采储量任务。

2. 部分勘探开发项目的目标实现程度较低

此类勘探开发项目主要是进入项目前,区块已有一定的探明储量,可行性研究报告规划中除了分阶段勘探目标,还均明确有产量目标。实际运行中,储量及产量目标的完成情况均有一定差距,实现程度较低。

第二节 海外投资项目专项后评价实践主要认识

通过梳理 10 个勘探开发项目后评价时段运营情况、取得主要成果及后评价结论,有以下几个方面认识。

一、资源的可靠性,是海外勘探开发项目能否取得成功的关键

资源是项目得以发展的基础,其可靠性是海外勘探开发项目取得成功的前提,资源的优劣决定项目发展的质量。因此,前期需要对资源进行深入研究和客观论证。纵观目标实现程度高或较高的项目,前期可行性研究均比较细致扎实,对资源条件的分析比较深入,因而对资源前景的判断就相对客观可靠,项目成功才有坚实的基础保证。

二、深入细致的尽职调查,是减少项目运营风险不可或缺的重要环节

尽职调查亦称"审慎调查",指在收购过程中收购者对目标公司的资产和负债情况、经营和财务情况、法律关系,以及项目所在国投资环境等进行的一系列调查,是企业收购兼并程序中最重要的环节之一,也是收购运作过程中重要的风险防范工具。尽职调查的广度和深度对项目实施顺利与否非常重要,甚至关乎项目成败。

海外油气勘探开发项目具有投资大、风险高等特点,除了尽最大可能看准资源、降低资源风险,还应通过广泛、细致和深入的尽职调查,全面识别诸如劳务用工制度、环保问题、社区问题(文化)、资源税收政策、物资采购与供货、油气销售渠道或方向、技术准入、法律和金融(汇率)等方面的风险。如果收购前未能有效识别其风险,并制订应对预案,将影响项目效果,甚至导致项目失败。

三、共赢的合作合同框架或条款,是项目顺利运营的重要前提

"互利共赢"已经成为国际化经营应该遵从的基本理念和原则。过去的 20 多年里,中国石油遵从"互利共赢"理念和原则,在五大战略合作区的投资与合作,多数项目争取到有利的合作合同框架或条款,运营比较顺利,并取得巨大成功,实现了与资源国及项目所在地区的共同发展。

四、建立健全项目进退和监督机制,是海外油气资产优化运行的制度保障

勘探开发项目随着工作量的增加和再认识,资产是不断变化的,为控制资产风险,通过过程跟踪和及时评估运行情况,掌握资产动态,及时优化,能进能出,做正确的"加减法"。建立监督机制,加强对项目掌控,提高运行质量,适时监督执行过程,可减少运行出

现偏差,及时调整止损,及时纠正。

1. bp 公司度过双重危机再度崛起的启示

2010 年墨西哥湾漏油事件已累计影响 bp 公司税前利润 658 亿美元。在应对巨额罚款的同时,bp 公司和全球所有从事油气行业的公司一样,经历了 2014 年油价断崖式下跌,bp 公司发展面临双重危机和考验。期间 bp 公司积极调整,实施积极的资产优化管理,不断提升其资产价值,安全度过了双重危机,2017 年宣布重回增长战略。

bp 公司在面临危机时,首先确定了资产管理原则:围绕公司发展方向提高资产及资产地域集中度,适时出售非战略和低效资产,寻求获得资产溢价,提升股东回报。bp 公司从价值增长角度分析资产对公司的作用,剥离非战略性资产,最大限度地释放资产潜在价值。例如,墨西哥湾漏油事故发生后,bp 公司宣布在 2010—2011 年出售 300 亿美元的资产,但重大战略性项目并不在出售之列,已售资产(包括越南、巴基斯坦等 5 个国家的上游资产)全部被剥离,资产的地域集中度因此提高。上述资产出售后,bp 公司的油气储量仅减少 9%,税前利润仅降低 5%。通过合理优化资产,bp 公司一方面保障公司未来发展的资源基础不受冲击,另一方面又获得了高额的收入,提升了公司资产的质量,降低了运营成本。

在 bp 公司的发展历程中,无论是针对漏油事件还是针对低油价时期发展环境的变化,其都能及时有效地采取应对措施,主要是公司具备风险应对能力及策略,能够及时做出合理的调整与变化。经过长期的历练和发展,bp 公司的风险管理体系更加全面,渗透到每一个时间点和业务环节。2010 年之后,每日风险管理监控体系的运行进一步加强与巩固。与此同时,针对重大事件,bp 公司及时成立相关部门予以专门应对,如墨西哥湾委员会的成立,就体现了其管理体制调整的灵活性,提高了管理效率。因此,国内石油企业应当提高风险应对敏感度,从风险感知、风险应对等方面进行提升。

2. 建立健全的项目进退机制,可为抓住机遇不断优化资产提供快捷通道

中国石油海外油气业务经过多年的艰苦努力,通过收购和参股获得的海外油气勘探开发项目,已经形成巨大规模的油气资产,实现了从无到有、从小到大、从弱到强的历史跨越,形成了以勘探开发为核心的完整油气业务链。海外油气勘探开发项目只有不断优化调整,才能保障油气业务优质高效发展。

海外油气勘探开发项目需要建立完善的油气项目进退机制。作为资产就需要用经营的理念对待,应充分利用价格波动的有利窗口期进行经营或"运作"及时优化资产。同时建立健全油气项目资产的进退机制,抓住低价机遇并购新资产,抓住高价格时机剥离或处置低效无效资产,实现"低买高卖",避免项目"只进不出"、资产结构得不到及时优化。

3. 建立健全的项目工作部署实施监督机制,可避免不合规现象

每一个项目后评价工作实质是对在建项目的一次阶段评估或"监督检查",通过方方面面的梳理,总结得失,发现问题引起重视、及时解决,目的是实现项目健康、合规运行。合规管理体系包括制度体系、组织体系、运行机制和企业文化建设四个支柱,通过监督检查分析,识别企业面临的合规风险,建立合规管理组织架构及制度,形成保障合规管理的运行机制。

五、全面的风险识别及应对措施,是提升项目风险管控能力的根本举措

经过 20 多年的探索和努力,中国石油因地制宜建立了比较完善的风险管控机制和做法,积累了很多经验,在实践中起到良好效果。能够对国际地缘政治、资源国油气合作政策动向等全面深入分析风险防控因素、效益影响因素,努力破解项目运营困局,为项目取得成功提供了保障。

总之,无论油价高低,项目前期应对预勘探项目全生命周期内可能出现的风险,包括资源国的政治、经济、社会、环保、政策及项目的资源、技术、市场、HSE、生产、经营、合同等方面面临的风险进行全面估计和分析,健全风险管理措施或策略,增强项目抵御风险的能力。

六、稳定高效的管理团队及技术队伍,是提高项目运行效果的组织保证

海外投资项目管理团队人员较少,一人多岗、一人多责,对人员素质要求很高;项目管理必须有清晰的、标准化的程序,需要稳定的专业化人才配置和精细的制度化管控,需要及时与利益相关方沟通,才能形成合力较强的有效管理团队。此外,由于项目管理团队中中方人员少,技术力量相对薄弱,后方高水平技术队伍的支持对提高项目运行质量也至关重要,高质量运行与国内相关研究团队长期跟踪及时提供技术支持是分不开的。

第十三章　中国石油海外油气发展的启示、挑战及对策

中国石油企业海外业务形成六大油气合作区、四大油气战略通道和三大油气运营中心的战略布局，在全球多个国家运营着海外项目。海外油气产量不断上升，油气保障能力不断提高，中国石油企业国际竞争力不断增强。中国在"走出去"过程中积累了较多成功经验，也面临着新的机遇和挑战，在此背景下本章总结了中国石油海外油气发展的启示、挑战及对策。

第一节　中国石油海外油气发展的经验与启示

一、坚持"互利共赢"理念，是中国油企海外油气可持续发展的基础

与国际能源公司开展合作是中国油企提升国际竞争力的重要举措。通过合作投标，可以提高中标率；通过合作经营，可以学习和借鉴合作方的管理经验和技术。2009年6月，中国石油与bp公司联合中标伊拉克鲁迈拉油田项目，运行效果超预期；2010年1月，中国石油又与法国道达尔公司、马来西亚石油公司联合中标伊拉克哈法亚油田项目；2017年11月，中国石油、中国石化、中国海油与巴西石油、壳牌等联合中标新一轮盐下层石油区块。以中国三大油企（中国石油、中国石化、中国海油）为代表的国家石油公司加速国际化，走向国际市场，由此建立起国家石油公司与国际石油公司的新型竞合关系，给世界石油市场带来了新鲜血液，加速推动全球能源治理结构多元化。通过"互利共赢"，使得一批发展中国家的油气产量稳步增长，油气资源利用程度和内外销售水平大幅度提升，取得了较好的经济效益，同时提升了这些油气资源国在所在地区和全球的石油地位，中国油企的国际竞争力也不断提升，对保障国家能源安全的贡献越来越大，同时也使中国成为全球能源安全的贡献国之一。

二、良好的资源基础是海外项目成功的关键

海外油气合作的实践表明，能否获得优质合作项目（油气富集区块），是油气合作能否成功的关键。中国油企与中亚、中东和北非等合作成功的项目，无一不在油气富集区块。

三、国家的能源战略引领和推动作用至关重要

20世纪90年代初，党中央、国务院根据国内油气供需日趋紧张的发展趋势，果断做出决策，号召中国油企"走出去"，充分利用"两种资源、两个市场"，并通过不懈的能源外交推动与油气资源国的合作，确保国家油气安全。中国油企坚决响应党中央、国务院号召，坚定"走出去"，海外业务形成六大油气合作区、四大油气战略通道和三大油气运营中心的战略布局，在全球多个国家运营着海外项目。海外油气产量不断上升，油气保障能力不断提高，中国石油企业国际竞争力不断增强。

中亚、俄罗斯、中东和北非等油气资源国都与中国建立了友好的外交关系和经济合作关系。中亚和北非等地区油气资源国对外合作的合同类型主要采用矿税制或产品分成；伊拉克

主要采用技术服务合同，伊朗则主要采用回购合同。不同油气资源国对外油气合作的法律法规、税收政策及合同条款差别较大，对油气合作成功度的影响也比较大，可根据具体情况进行优选。

四、因地制宜发挥一体化优势是提升效益的重要途径

作为国际市场"后来者"的中国石油，不盲目模仿国际大石油公司的跨国经营实践，不唯"西方经验"，而是依靠自身一体化优势，在北非、中亚－俄罗斯和中东等全球油气富集区域迅速发展为颇受资源国欢迎和具有较强竞争力的合作者、建设者和贡献者。在中亚，中国石油坚定推行上下游一体化模式和互利共赢的合作理念，与中亚国家合作共建的中亚天然气管道项目，推动了中亚地区油气合作步伐和中亚地区经济发展，增强了国内油气的供给能力。

第二节 新形势下中国石油海外油气发展的机遇与挑战

一、海外油气发展的机遇

1. 全球油气供需市场趋于宽松，传统产油国将更加重视和依赖中国市场

油气生产西移增强了全球油气供应能力，抑制国际油价上涨；消费东移意味着西方国家需求增速放缓，减缓了世界能源供需紧张状态，对保障我国油气供应安全有利。同时，我国可以借助新技术加快国内非常规资源的开发利用，加大本土供应能力。此外，作为能源主要的购买者，传统产油国将更加重视和依赖中国市场。

2. 目前正处于海外油气合作的有利时机

近年来，全球油气供需市场由紧张转为宽松环境，国际油价由高转低并将持续下去，一些油气资源国已经或正在降低油气对外合作门槛，如中东、非洲和南美油气资源国，不断扩大油气对外合作领域，积极吸引油气项目海外投资，中国油气企业应抓住这一历史机遇与中东、非洲、南美等地区油气资源国开展以油气为重点的能源项目合作，包括资产收购、勘探开发、管道运输、风险承包、双向投资和新能源开发等能源项目合作和油气贸易合作。

3. "一带一路"建设为海外油气合作开辟了重要领域

中国与中东、中亚－俄罗斯各国的经济关系特别是能源合作发展迅速。"一带一路"沿线多数国家油气资源丰富，油气资源勘探、开发和贸易合作潜力巨大。中国石油企业"走出去"，在中亚、俄罗斯和中东等油气资源国拓展合作领域，合作项目不断增多，并已打开西北、东北及西南三大油气通道，建设规模不断扩大。

近年来，中国通过上合组织、丝绸之路经济带、亚投行、丝路基金、金砖国家和金砖银行等进行政治、经济和军事多边合作，建立了与"一带一路"经济带资源国的地缘政治基础，为拓展油气合作提供了重要保障。应在此基础上，牢牢把握"一带一路"建设这一历史性发展契机，重点经营，精准发力，努力拓展油气合作领域，不断创新合作模式。

二、新形势下海外油气发展面临的挑战

1. 勘探开发对象日趋复杂

中国海外油气业务发展起步于上游业务，20多年的海外业务合作领域和效益也主要集中在上游，海外油气合作取得成功的基础是在拓展及快速发展阶段选准了一批优质的勘探开

发项目,并在高油价的初期取得了量效双峰。近年来,随着全球新发现资源逐步向非常规、深海等领域转变,中国油企所投资的海外油气资产也面临着资源品质下降、技术难度加大、开发成本提高等风险,特别是在2014年下半年以来的低油价新常态下,投资规模较大的非常规项目难以有效开发,而先期获得的优质勘探开发项目要么已进入或即将进入高成熟勘探开发阶段,要么将达到合同期限,后备有效开发资源或优质上游项目较少,海外油气勘探开发业务面临量效双降的困境。

2. 合作环境日益严苛

海外油气合作面临的系统性风险不断攀升。随着经济发展和社会进步,国际社会对环保和劳工等的保护意识和措施日益加强,中国石油企业海外合作中面临的社会风险日益突出。

主要资源国政策法律风险显著增加。部分资源国不断动用外贸、财政、国际收支与汇率等政策手段,甚至不惜对法律法规进行更改,以限制国外石油公司的经营。中国石油企业传统的一体化优势在市场化程度高的国家和地区尚难以有效发挥作用。为了国内经济发展,资源国也不断提高税率或更改投资法规,加强对国际合作业务的监管,极大地影响了海外油气合作的正常运行,中国石油效益受到严重影响。

3. 现有技术难以适应

现有技术水平难以适应海外油气新业务新领域的拓展。经过多年的努力与积累,中国石油企业在勘探开发主体技术方面已经形成了一套具有中国特色的陆相油气地质理论,为海外油气业务发展提供了强有力技术支撑。但是,就综合技术能力而言,与国际一流能源公司还有一定的差距。尤其在近年来新拓展的非常规油气资源和深水领域等,勘探开发技术相对落后,原有的技术优势已难以满足新领域拓展的需要。

第三节 新形势下中国石油海外油气发展的对策与建议

一、重点拓展常规油气富集区,提高海外油气合作效益

1. 丝绸之路经济带

中亚－俄罗斯、中东和北非的剩余常规油气资源储量丰富,其中,中东地区石油剩余探明储量占世界石油探明储量的48%,产量占世界石油产量的30%以上;俄罗斯和中东地区天然气剩余探明储量占世界天然气探明储量的60%,产量占世界天然气产量的34%以上。中国与该区域油气资源国合作基础较好,应抓住中东产油国推行全球化能源发展战略、吸引国际油公司投资国内的能源合作项目的历史性机遇。一是中国石油公司走出国门,参与中东油气的勘探与开发;二是在石油炼制和销售方面建立战略联盟,以市场换资源。同时,根据"一带一路"沿线国家投资环境和合同模式的不同,制定不同的合作对策和目标。

2. 海域油气富集区

近年来,世界油气重大发现主要集中在巴西深水盐下、非洲西海岸和东海岸等深水领域,在历经了两年多的低油价发展后,深水油气勘探开发水平持续提升,各类相关成本持续降低,客观上已具备了吸引规模投资进入的条件。例如,在15%的内部收益率下,埃克森美孚公司位于圭亚那的Liza深水项目收支平衡价格仅为52美元/桶,巴西盐下Sepia深水油田收支平衡价格仅为41美元/桶,都在50美元/桶的油价下具备较强的经济性和市场竞争力。中国油企在关注和加强南美、非洲近海深水油气领域投资的同时,还应该重视北极、地

中海、墨西哥湾和加勒比海等海域的跟踪研究评价，择机参与沿岸国家的油气合作。

二、多元化多路径进口，进一步增强海外油气供给的稳定性

目前，中国石油企业进口来源地主要集中在中东、中亚－俄罗斯和非洲部分油气资源国，这些地区国家存在政局不稳定风险。未来，还应加强同亚太、美洲油气资源国的油气贸易，进一步提高海外油气供给的稳定性。同时拓展多条油气战略通道，通过海陆多路径运输，进一步提高中国石油企业的保障能力和安全性。

三、增强一体化优势，不断拓展海外油气业务

中国石油企业应进一步加强在勘探开发方案设计、地质、钻井、油田开发和管道建设和炼厂设计等方面的技术品牌和低成本的一体化优势，并配备训练有素的专业施工队伍，围绕非洲、中东及中亚等油气资源国油气项目开展一体化合作。

四、加强油气资本运作，提高投资效益

重视投资环境研究和国际油价变化趋势研判，加强资本和商务运作。在低油价期，积极主动寻找投资机会，选准优质项目果断投资；在高油价期，审慎项目投资规模，抓住有利时机及时转让部分资产或股权，努力实现投资效益最大化。通过加强资本和商务运作，降低投资风险，提高投资效益。

五、建立海外油气发展统筹协调机制，保障海外油气的安全供给

一方面，建议国家加大对资源国的外交力度，有针对性地签订政府间双边、多边条约。一是建立投资保护、税收、外汇、海关、劳务许可和标准等领域的协调机制，保护中方企业在油气资源国的投资利益，降低资源国调整油气合作政策对海外油气合作项目带来的效益风险。二是通过加大政府间的协商力度，与资源国建立多边军事和反恐合作，制订各项预案，应对突发危机。三是增强重要油气贸易通道的护航能力，确保中国石油企业进口通道安全畅通，保障海外油气的安全可供和可持续。

另一方面，建议政府对中国石油企业的海外石油投资进行统一协调，通过内部协调避免无序竞争和价格竞争，构建以国企为主体、多种所有制企业协同发展的"走出去"的新格局，形成"走出去"的合力，确保中国石油企业海外石油投资的规范竞争和战略协作。

六、大力推动银企合作，增强海外投资的资金保障能力

对企业从事海外贸易和海外资本运作等金融延伸业务提供相应政策支持，为产业资本与金融资本有机结合提供便利，为企业国际业务发展提供低成本和优质可靠的融资服务。

合理利用外汇储备，研究制订外汇储备转资源储备方案，适当与重大油气项目挂钩。同时，积极推动石油交易货币多元化，逐步推动能源贸易人民币结算。

七、加大海外油气业务关键技术攻关的支持力度，提高国际竞争力

制定开拓国际市场的激励政策。积极支持有条件的重点大型企业到国外设立制造中心、研发中心和营销中心，在更大范围、更广领域和更高层次上参与国际合作与竞争。

出台培育战略性新兴产业技术的优惠政策。对海洋石油装备研发制造和油气产业关键技术等战略性新兴产业技术开发，出台相关优惠政策，包括给予财政补贴和税收优惠等。实施国际人才引进政策，鼓励重点大型企业引进、培养急需的国内外高层次人才。

第十四章　海外投资项目后评价基础研究

后评价作为投资过程监管的重要环节，有其自己的成长和发展过程，以及伴随业务启动和实践而建立起来的理论和实践体系。国内投资项目后评价业务基本遵循这样的足迹，应投资监管方对重大投资项目开展后评价的要求，借鉴国外相关机构的成熟经验，探索性开展相关项目的后评价。在总结实践的基础上，结合对国外相关后评价理论与实践的消化吸收，逐步形成了从组织机构、规章制度、标准规范、相关理论和信息系统等成熟的后评价体系，这套体系伴随着后评价工作的逐步深化更加成熟完善，中国石油国外投资项目同样也要遵循这一发展路线，并不断完善。

第一节　后评价报告编制细则的编制及应用情况

后评价报告编制细则是指导具体项目自评价及独立后评价报告编制的标准和规范。为规范中国石油海外油气勘探项目后评价工作，指导项目后评价报告的编制，根据中国石油投资管理办法、固定资产投资项目后评价管理办法和投资项目后评价管理办法实施细则及其他相关规定，仅编制了《海外油气勘探项目后评价报告编制细则》和《海外油气开发项目后评价报告编制细则》。

以上两个细则主要适用于中国石油独资、控股、对等股权或为作业者的陆上常规勘探开发项目。对于非作业者的项目，工程评价部分可以按实际情况简化。海上油气勘探、开发项目应增加海洋工程评价等内容；非常规油气项目应重点关注开发效益与项目可持续性；采油（气）工程评价和地面工程评价内容要求主要是针对油田开发项目，气田开发项目可根据工程特点相应完善评价内容。其他勘探、开发项目可结合项目自身特点，对编制细则中所要求的评价范围、评价内容和评价深度做适当调整。

细则中"投资与勘探效益评价"内容主要适用于勘探开发一体化项目。对于以勘探发现和获得储量为目的的勘探项目，其经济评价部分可按照项目可行性研究采用的评价方法进行勘探效益评价，以实现勘探效益前后对比分析。

项目相关批复性文件或意见作为报告附件。对于常规勘探项目包括但不局限于下列文档：项目申请报告及其批复、勘探规划方案要点及相关批复文件、年度计划部署方案审查会会议纪要、投资计划文件、地震工程技术和探井设计审查意见、项目决算报告及资源国政府审批意见书和项目储量报告的评审意见书等。对于油气开发项目包括但不局限于下列文档：项目开发方案要点及评估意见、项目申请报告及其批复、项目年度投资计划下达文件、开发方案调整、投资调整批复文件、地面工程初步设计审查意见及批复文件、地面工程开工报告批复文件、工程决算报告及资源国政府审批意见书、总体竣工验收意见书、项目投产至后评价时点、分年度下达的生产考核指标和年度生产总结报告等。

截至2019年底，已评价了多个海外勘探开发项目，评价的项目类型大多以上下游一体化项目居多，同时还有非常规和新领域的勘探开发项目，以上报告编制细则在指导海外项目后评价报告编制的实践中存在一定问题。结合多年海外勘探开发项目后评价实践及新项目类型与特点，承担独立后评价的咨询单位在以上两个细则的基础上，编制了更具指导性和可操作性的后评价报告编制大纲，指导具体项目后评价报告编制，取得较好的效果。

截至目前，尽管也有少量的海外炼化、管道和销售项目开展了后评价，但多数依然基于国内同类项目的后评价报告编制细则编写后评价报告，同样存在适应性和操作性等方面的问题。

通过对适用细则的不断修订，中国石油海外项目后评价形成了较为完善的体系和标准，更好地指导了海外各类项目的后评价工作及实践。

第二节　后评价指标体系发展情况

1994年，中国石油天然气总公司对10个典型油田开发状况重点从开发技术、开发效果方面进行了专业总结，这是我国石油工业最早开展的项目后评价。2001年以来，中国石油天然气集团公司后评价工作紧紧围绕企业发展大局，以为决策提供支持服务、规范项目管理和提高投资效益为目标，在建章立制、项目评价和成果利用等方面做了大量开创性的工作，摸索出一条具有中国特色的后评价工作体系。多年的后评价实践表明，项目后评价的核心是实际与目标的对比，分析差异原因，总结经验教训。

作为后评价内容具体化的后评价指标，是对项目进行全过程跟踪、研究和总结的媒介。评价指标体系是由一系列指标，按照一定的规则，相互补充又相互独立组成，它是各种投资产生效果和效益的表现，反映了一个项目的投入、产出和目标之间的因果与影响关系，使得项目的绩效能够应用统一的尺度进行计量，并能与自身的不同时点及其他项目进行对比。基于后评价服务于宏观经济和项目所属行业、投资主体、实施主体的考虑，通过建立后评价指标体系，既可以对项目自身实施效果进行量化分析，为投资主体的决策和实施主体的建设管理提供参考标准；又可构建标准数据信息采集表，并最终建设项目数据信息库，增强行业横向对比分析，有助于促进所属行业发展。

后评价指标是后评价内容的具体化，因此后评价指标体系的建立是后评价工作程序中的关键一环（图14-1），起到承上启下的作用，是具体项目的内容评价与数据收集、对比分析，最终形成评价结论及经验教训总结的衔接纽带。确定指标及指标体系是开展分析评价工作的重要环节，也是开展后评价工作的基础和前提。

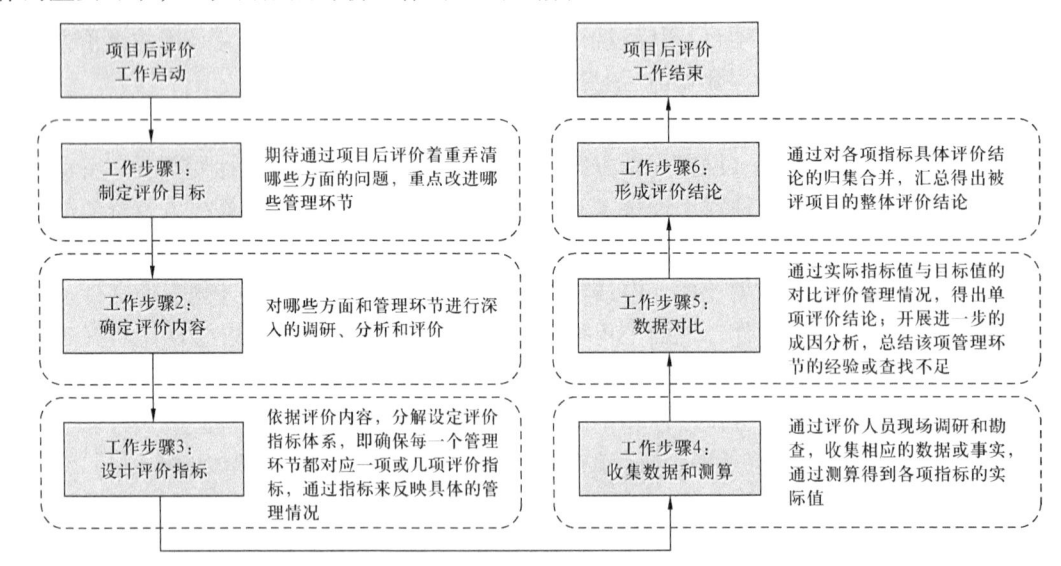

图14-1　项目后评价指标体系与工作程序的关系示意图

一套科学合理的指标体系，应能够系统、全面地反映所评价项目关注的内容，应能够涵盖并反映所评价项目目标实现程度、总体管理水平、经济效益状况和可持续性情况等关键因素和环节。因此，评价指标体系是后评价工作的核心，也是各项评价工作和成果的具体体现，是后评价信息系统建设中标准数据采集表、综合评分模型和对比分析模型构建的基础，是反映后评价的工作内容和结果的重要量化工具。针对油气项目特点、评价目的及内容，建立一套科学、合理的后评价指标体系至关重要。

中国石油的后评价工作，自2004年以来，经历了组建组织机构、建章立制等发展过程。随着后评价的不断发展，2008年中国石油在总结以往各类典型项目后评价实践基础上，为规范并深化后评价工作，集各方智慧，编制完成了勘探、开发等项目后评价报告编制细则，规范和指导了具体项目的后评价。在细则基础上，为实现不同类型项目间综合量化评分，引入对不同类型项目的排序机制，使项目间的对比分析结论客观公正，提高后评价工作质量，2008年中国石油后评价归口管理部门组织各个业务领域的专家，根据各类投资项目的后评价内容，按照一定原则，构建了各类投资项目后评价综合评分指标体系，并以文件的形式下发执行。该方法中一项最重要的内容就是综合评分指标表，表14－1为某油气田开发项目投资评分表。这个综合评分指标表就是最原始的后评价指标体系雏形。

表14－1 某油气田开发项目投资评分表

指标	要素	要素权重	要素评分	要素得分	指标评分	指标权重	指标分值
一、目标实现程度	1. 产能符合率	0.4				0.2	
	2. 产量符合率	0.6					
二、前期工作	1. 决策依据完整性	0.3				0.1	
	2. 决策程序规范性	0.3					
	3. 前期研究工作质量	0.4					
三、地质油藏工程	1. 新增可采储量符合程度	0.3				0.1	
	2. 油藏方案合理性	0.3					
	3. 开发指标符合程度	0.4					
四、钻井工程	1. 工程管理规范性	0.4				0.1	
	2. 工程质量控制程度	0.3					
	3. 技术适应性	0.3					
五、采油（气）工程	1. 工程管理规范性	0.2				0.1	
	2. 工程质量控制程度	0.3					
	3. 技术适应性	0.5					
六、地面工程	1. 可行性研究和初步设计合理性	0.2				0.1	
	2. 施工设计合理性	0.2					
	3. 工程管理规范性	0.2					
	4. 工程质量控制程度	0.2					
	5. 工艺技术适应性	0.2					

续表

指标	要素	要素权重	要素评分	要素得分	指标评分	指标权重	指标分值
七、生产运行	1. 生产准备	0.1				0.1	
	2. 运行指标符合程度	0.3					
	3. 生产运行管理	0.2					
	4. 安全环保措施有效性	0.2					
	5. 节能减排措施有效性	0.2					
八、投资与经济效益	1. 投资控制程度	0.3				0.1	
	2. 成本控制	0.3					
	3. 效益指标	0.4					
九、影响与持续性	1. 资源接替前景	0.4				0.1	
	2. 技术创新能力	0.4					
	3. 安全环保节能等政策影响	0.2					
综合得分						1.0	

2008年所构建的综合评分指标体系，目的是满足独立后评价综合评分需要，因此还不是完整意义上的后评价指标体系，但其在指标设计和选取评价指标时，同样遵循了指标体系设计的科学性、全面性、目的性和可比性等基本原则，以全面、真实地反映评价项目成果水平，具体如图14-2所示。所谓科学性原则，指综合评分指标体系的设计必须具有科学依据，具体指标选择应能比较客观和真实地反映出被评项目目标实现程度、实施效果和持续发展能力，注意指标间的相互联系，能够全面反映评价目标的内涵，指标的意义必须明确，测定方法标准，计算方法规范且便于计算机处理。全面性原则指综合评分指标体系作为一个完整的有机整体，必须尽可能使所选取的指标能充分反映项目管理情况全貌，能反映项目管理

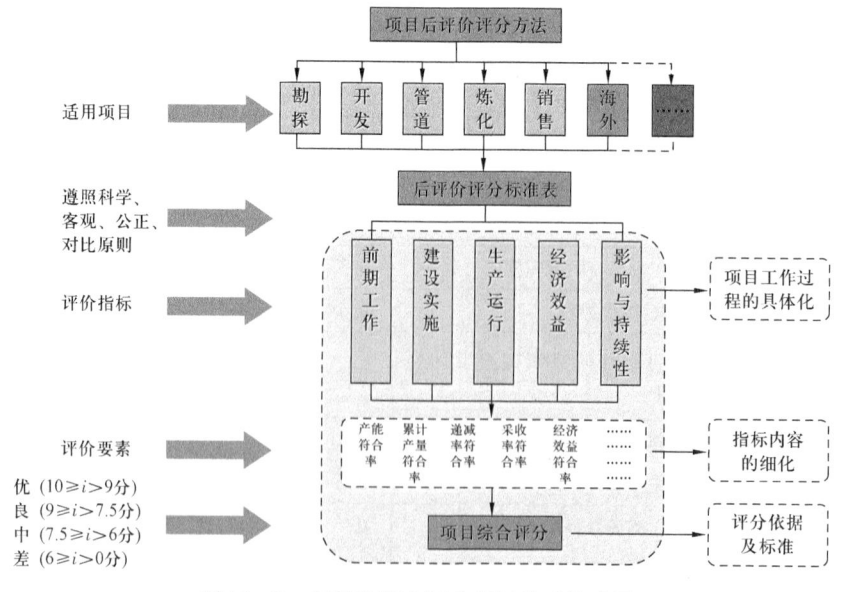

图14-2 后评价综合评分指标体系构成图

事前、事中和事后全过程情况，即前期论证、中期实施、后期效益及影响和持续性等主要因素。为了做到全面准确，必须建立综合的多层次评价体系。目的性原则指建立的指标体系要充分体现评价的目的性，充分考虑可操作性，指标体系并非越大越好，指标也非越多越好，选择的因素和指标过多会淹没主要因素和指标，致使评价无法进行或无意义。因此，要在众多指标中选择出最能够影响项目成败的关键指标进入体系。可比性原则是后评价特点所决定的，即指标内涵上有可比性，以保证对项目进行前后的纵向对比、类似项目间的横向对比。真实性原则指项目数据采集的真实性，为了避免产生因为数据采集失真而造成的错误评价，在指标体系的设计中尽量考虑采用可量化的指标，对于定性指标也要给出客观判断的标准，尽可能避免人为干扰。

2008年构建的综合评分指标体系，具体见表14-2，由指标、要素、要素定义和要素评分四部分组成。指标包括项目目标实现程度、前期工作、建设实施、生产运行和投资效益等多个方面，突出投资有效性、程序合规性、管理规范性和目标实现程度等方面，注重全面与重点相结合，通用指标和专业特点相结合。每个指标细分要素，每个要素根据项目专业特点设置，不同项目类型对应指标中的要素构成略有差异。

表14-2 常规油田开发项目（2008年）综合评分指标体系表

指标	要素	要素定义	要素评分
一、目标实现程度	1. 产能符合率	以项目实际建成产能规模与批复设计产能的符合率、平均单井产量进行考核	在不增加生产井数的情况下，实际建成产能规模达到设计产能的100%，评价为优，评分9分及以上；符合率每降低1%，减0.1分。平均单井产量超过设计值，适当加分；平均单井产量低于设计值，适当减分
	2. 产量符合率	在项目整个评价期，项目产量完成符合率，包括实际产量和预测累计产量	符合率=实际值/批复设计值×100%。年产量符合率达到100%，评价为优，评分9分及以上；符合率每降低1%，减0.1分。平均单井产量超过设计值，适当加分；低于设计值，适当减分。预测累计产量高于批复设计值，适当加分；低于设计值，适当减分
二、前期工作	1. 决策依据完整性	项目前期工作应归档的报告、评估报告、审查意见、批复文件等资料	项目可行性研究（开发方案）报告、可行性研究报告评估报告、可行性研究报告审查及批复文件、项目环评报告批复文件；地面工程初步设计审查及批复文件；开工报告及批复文件，评价为优，评分10分，每缺一项减1分
	2. 决策程序规范性	项目前期工作的完整性、合理性及合规性	项目决策程序完整，各环节时间节点合理，符合相关规定，评价为优，评分10分。每出现一次程序逾越减2分，每出现一次时间节点逾越减1分
	3. 前期研究工作质量	项目前期可行性研究报告、初步设计，在资料掌握、资源论证、方案选择、技术创新等环节的工作内容和深度	重点评价项目立项条件和开发方案（可行性研究）编制水平。 对新区未动用储量（老区剩余油）开发潜力论证结论正确，编制开发方案的各个单位资质符合工程要求，基础资料齐备，对资料综合研究程度深入，进行了多方案比选，评价为优，评分10分；对新区未动用储量开发潜力论证结论有偏差，每低5%，减0.5分，不足5%部分不计；编制单位资质低于要求，出现一例，减2分；开发方案编制的基础资料有遗漏，研究方法存在缺陷，视情况减0.5~2分；未进行多方案比选，减1分
……	……	……	……

指标和要素术语定义采取引用和定义两种方式。一是引用国家、行业和企业规范中的术语；二是根据项目类型和特点对后评价指标和要素定义。指标和要素评分根据其重要性等设有不同的权重系数，指标权重之和等于1，每个指标中要素权重之和等于1。不同类型投资项目前期工作、建设实施、生产运行、经济效益及影响和持续性五个方面指标权重基本保持一致。

评分按要素评分、指标评分和综合评分三个步骤进行。要素评分是按规定的标准和方法给出分值，指标评分是要素分值加权的计算分值，综合评分是指标分值加权的计算分值。要素评分标准根据国家、行业和企业相关标准规范，结合项目决算审计、竣工验收、综合统计和后评价成果确定。

要素评分方法采用计算法、差减法和定性描述法三种。其中，计算法是通过要素公式计算值与要素评分标准对比得出要素分值；差减法是通过要素与要素评分标准对比的差异确定要素分值；定性描述法是通过评价结论与要素评分标准对比确定要素分值。要素评分采用10分制，加分情况下评分上限仍为10分，扣分情况下评分底线仍为0分，分值精确到小数点后两位。

根据综合评分分值，按照10分制标准，划分项目的优、良、中、差等级，评分≥9分为优；8分≤评分＜9分为良；6分≤评分＜8分为中；评分＜6分为差。

2008年的后评价综合评分指标体系在项目独立后评价的综合评分排序中发挥了重要作用，并随着后评价工作的深入而不断发展完善。随着后评价项目范围的拓展、工作的深化，后评价项目逐年增多，后评价信息量也逐年增大，对后评价信息有效积累的需求越来越紧迫。庞大的信息积累，是实现项目后评价对比分析的前提。尤其是随着信息技术的发展和后评价体系的完善，建立后评价信息系统已水到渠成。后评价指标体系作为后评价信息管理系统中标准数据采集表、综合评分模型和对比分析模型等设计构建的基础，其构建是后评价信息管理系统建设的前提。2014年，为了满足后评价信息系统数据采集和综合评分需要，中国石油后评价归口管理部门协调并组织信息系统开发单位、中国石油规划总院、中国石油咨询中心、中国石油地区公司、中国石油专业公司及专家，以后评价开展相对成熟投资项目为依托，在2008年后评价综合评分指标体系基础上，形成了国内常规油气勘探开发、管道、炼油化工和销售项目后评价指标体系。表14-3为2014年常规油气开发项目后评价指标体系表。

为了更好地适应后评价需要，尤其是后评价信息系统建设需要，改进的后评价指标体系（2014年）在指标体系层级及指标细化上进行了重大改进，即评价指标体系层级由2008版的指标、要素两个层级完善为2014年版的目标、指标及要素三个层级，实现了指标细化。2014年版的目标层级对应各类投资项目工作过程及专业内容，指标是对目标的具体化，要素是对指标的细化或定量化。2014年版常规油气田开发项目后评价指标体系尽管对2008年版综合评分指标体系的体系结构进行了发展完善，但是并未对体系指标和要素根据实际进行重新描述，同时未对新增指标或要素进行相应的定义，尤其是没有对指标体系进行完整性、规范性及交叉性的系统检验。

但随着中国石油生产经营形势、深化改革、未来战略发展及投资决策关注重点的变化，经实践验证，2014年的后评价指标体系存在着体系针对性不强、指标细化程度不够等不足，尤其是无法满足后评价信息系统建设的需要。针对以上不足，2016年，中国石油后评价归口管理部门组织后评价研究机构，以各类投资项目后评价指标体系基础研究成果为基础，进一步完善了 2014 年各类投资项目的后评价指标体系，至此国内各类自营项目后评价指标体系基本由 2008 年的雏形，发展到真正意义上的指标体系，再到 2016 年的升级完善，基本满足了后评价需要。

表 14 – 3　2014 年常规油气开发项目后评价指标体系表

目标	指标	要素	指标或要素定义	评分标准
一、目标实现程度	1. 产能符合率			
	2. 产量符合率			
二、前期工作	1. 决策依据完整性			
	2. 决策程序规范性			
	3. 前期研究工作质量			
三、油气藏工程	1. 新增可采储量符合程度			
	2. 油藏方案合理性			
	3. 开发指标符合程度	1. 平均单井产量符合率		
		2. 平均单井日注量符合率		
		3. 综合含水符合率		
		4. 采油速度符合率		
		5. 地层压力符合率		
		6. 采收率		
四、钻井工程	1. 工程管理规范性	1. 管理制度		
		2. 招投标率		
		3. 设计单位		
		4. 施工单位		
		5. 工程监督		
		6. HSE		
		7. 竣工验收		
	2. 工程量	1. 新钻开发井井数		
		2. 新钻开发井进尺		
	3. 工程质量控制程度	1. 平均井身质量合格率		
		2. 平均一次固井质量合格率		
		3. 表皮系数		
	4. 技术适应性			
……	……	……		

截至 2019 年底，各类海外项目相继开展了后评价且也取得了很好的效果，对指导海外项目投资决策、建设实施及生产运行等都起到重要作用，同时作为后评价指标体系雏形的综合评分指标也在海外各类项目综合评分中得到应用。通过海外各类投资项目的综合评分，为年末各类项目综合排序起到重要的支撑作用，但海外各类投资项目还没有建立类似国内自营项目真正意义上的后评价指标体系。根据国内自营各类投资项目后评价理论发展及实践，尤其是后评价信息系统建设历程，海外投资项目没有建立后评价指标体系，必定会影响海外项

目标准数据信息采集表构建，以及综合评分、统计分析和纵横向对比分析等模型构建和后评价信息系统建设，更为重要的是，影响海外投资项目后评价工作的完整性、后评价工作效率提高及后评价成果提升。因此，下一步海外各类投资项目在结合实践修订完善细则基础上，要借鉴国内自营项目后评价理论及实践成果，相继构建后评价指标体系，为后续标准数据信息采集表、各类模型构建及信息系统建设奠定基础。可见，海外各类投资项目以后评价报告编制细则为前提，以后评价指标体系为桥梁，以标准数据信息采集表为基础，以各类评价模型为手段，最后为海外投资项目后评价信息系统建设提供支撑。以上海外投资项目后评价体系的建立，不仅有利于海外投资项目后评价更加客观和规范，而且有利于信息及成果的积累和共享，更好地为海外项目投资决策及管理等提供支持。

第三节　后评价指标体系建设构想

为了未来海外项目后评价信息系统的顺利建设，本节将重点根据海外项目的特点，结合国内自营项目与后评价信息系统建设相关研究的历程，阐述海外项目后评价相关内容的研究构想。

通过总结国内自营项目后评价体系建设实践，认为海外项目的相关体系建设也应从最基础的后评价报告编制细则开始，如管道、炼化和销售项目还未有专门适用于海外项目的后评价报告编制细则，即使已有后评价报告编制细则的海外油气勘探开发项目，其细则也是参照国内自营油气勘探开发项目制定，在应用的过程，发现如下：一是海外项目，尤其是近几年的海外项目，多是上下游一体化的项目，项目范围涵盖勘探、开发、管道，甚至还有炼化，与单一勘探或开发截然不同，需要考虑上下游业务链的系统综合评价；二是海外项目业务类型也向诸如岩下、深海等新的领域拓展；三是与国外大石油公司对标，中国石油在海外项目的前期研究、商务谈判、项目评价优选、管理模式及后期的资本运作等方面还存在一定差距，既然是薄弱点，就是评价的重点，应该加强分析总结，提高中国石油在海外项目运作及运营的质量和水平，保障中国石油海外投资的效果和效益，保障海外项目的持续健康发展。针对以上海外投资项目面临的发展形势、关注的重点及后评价的作用等，需要制定或修订相关项目的后评价报告编制细则，更好地指导海外项目后评价，为投资决策等提供更好的支持。

在规范的后评价报告编制细则基础上，围绕细则要求及项目后评价重点，将细则中描述性的语言及内容具体化，即研究构建各类海外项目科学、系统、规范的后评价指标体系。在构建海外项目后评价指标体系过程中，不但要考虑内容全面、重点突出，同时也要借鉴国内自营项目后评价指标体系构建的经验教训，即尽管建立了包括目标、指标、要素和定义的后评价指标体系，但是缺少数据来源、计算及评分标准等，还需要进行相关基础研究进行补充完善。因此，在构建海外项目后评价指标体系中一定要认识到国内自营项目后评价指标体系构建过程中存在的不足，建立完善的后评价指标体系，且该指标体系是动态、开放的指标体系，即可根据海外项目特点、经营形势、关注重点及后评价工作的开展等动态调整和完善后评价指标体系。

在确立了后评价指标体系的基础上，研究建立海外项目的标准数据信息采集表。所要建立的标准数据信息采集表不仅要考虑细则中各个章节插表、插图及统计分析和评价所需要的基础数据，同样要兼顾后评价指标体系中各项指标、要素所需要数据信息的计算数据，以及为提高后评价质量和水平的纵横向对比分析需要等。以上的数据信息包括结构化和非结构化两类，如何将非结构化的数据信息进行结构化处理，便于保存及统一对比分析，无论对国内自营项目还是对海外项目都是需要深入研究的课题。该方面的研究可从两个方面入手：一是对于非结构化数据能否采取灵活的类似于问卷的形式，通过简单的选项、程序性和标准化的回答，将非结构化信息结构化；二是采取专家参与的方式进行等级等评价，且等级评价与诸如具体的评价分值相结合，将非结构化的信息进行结构化处理。当然，以上方法是否适用，以及有没有更好的方法解决该问题，需要后评价从业人员进行深入的调查研究。标准数据信息采集细化到何种程度同样需研究确定，即是单纯按照细则中相关表格数据进行采集，还是采集最基础数据，然后对这些基础数据按照一定公式转换成报告所需要的合成信息。从利于工作、灵活和可操作性等方面分析，标准数据信息采集表应该在细则的基础上，脱离或不局限于细则中相关图表所直观显示的数据信息，深入分析细则中各个专业或章节所需数据信息的专业结构、数据源头及各个数据之间的联系等，研究抽稀出所需要的最基础数据，且要保障数据源头统一。

标准数据信息采集表的建立，有利于报告中数据的一致性，减少报告编写人核对不同专业及各个章节数据的工作量，有效提高后评价工作效率。建立的标准数据信息采集表植入后评价信息系统后，可起到有效积累后评价信息资源，并有利于为类似项目间以及与行业标准和国际油公司先进指标的对标分析，保障后评价成功经验及失败教训等知识的共享。同时，通过信息系统的上线运行，保障后评价管理部门通过跟踪统计标准数据信息采集进度，掌握项目后评价进度，并使独立后评价及时掌握自评价基础信息，保障独立后评价和自评价工作的同步开展，大大缩短独立后评价准备时间，提高独立后评价工作效率。后评价标准数据信息采集表的建立，是海外项目后评价实现信息化的基础。

标准数据信息采集表为项目综合评分、项目自身的前后对比、纵向对比及项目间、项目与行业标准、项目与国内外先进指标间的横向对比奠定基础。要实现后评价的各类对比分析，数据是基础，模型是工具。因此，要实现海外项目对比分析需要，需建立相应的对比分析模型。

总之，海外项目后评价评价体系建设内容包括后评价报告编制细则、后评价指标体系、标准数据信息采集表和对比分析模型等。

第十五章　海外投资项目后评价信息化建设展望

中国石油投资项目后评价信息系统建设，国内自营项目迈出坚实的第一步，并且2016年国内自营项目后评价信息系统1.0版已上线运行，标志着中国石油后评价工作初步迈入信息化时代。国内自营项目后评价信息系统实现了勘探开发、炼化、管道和销售业务的线上管理和高效运行，目前正在对1.0版进行完善，升级为2.0版，并已取得了阶段性成果。海外各项业务的后评价由于起步晚于国内，且海外项目类型复杂，加之海外项目的特殊性等，暂未开展与后评价相关的信息化建设。鉴于国内自营项目后评价信息系统建设取得的成功经验及初步应用效果，以及海外项目后评价的常态化和后评价体系的日益完善，为提高后评价效率和成果质量，有效积累后评价信息及成果等，下一步后评价业务主管部门及主管海外项目的业务部门必将海外项目的后评价信息化建设提上日程。鉴于此，结合国内自营项目后评价信息系统建设历程及取得的成果，本章简要说明海外投资项目后评价信息系统建设构想，以为海外项目后评价信息系统建设提供一定的帮助。

第一节　后评价信息化建设的必要性

项目后评价是以项目实施过程中不断获取的实施数据和资料为依据和基础开展的。项目后评价信息库的目的是解决后评价工作中所获得各类数据信息的储存、管理和应用，并在此基础上对项目数据信息不断归类和提炼，形成可有效对比的知识库。

项目后评价的内容包括前期工作、建设实施、生产运行、投资与效益和影响与持续性等内容，不同类型项目涉及的专业领域不同，如勘探项目涵盖石油地质、勘探工程、经济效益和项目管理等多个专业。后评价需用到多种方法、指标和参数。项目后评价内容全、专业广、方法多，在项目后评价实践中往往数据和资料信息收集时间长，反映出后评价周期较长。项目后评价过程中积累了众多项目数据，包括项目概况等基础数据，方案部署等计划与实施数据，体现实施效果的投入与产出等数据，也积累了与项目相关的各类资料、文件和图件等，以上信息资料都要保存、分析及处理，为具体项目后评价对比分析及同类项目的专题研究等提供支持。在具体项目评价中，为提高工作效率和报告等成果的质量，需要评价单位掌握后评价方法、技术与有形化的后评价工具等，因此建立以后评价数据库为基础的后评价信息系统是后评价工作发展的需要，也是促进项目后评价工作有效开展，实现后评价工作流程化、规范化和系统化的需要。后评价的信息化建设是后评价管理部门加强业务管理，做到项目指标数据标准化、可追溯、可对比，实现业务数据共享、提高管理水平的需要；同时是投资决策部分跟踪项目进展，开展跟踪分析、及时预警项目存在风险等，改进项目实施效果，提高项目经济效益的需要。

针对海外项目分布海外的特殊性、项目的分散性、投资环境的复杂性、投资风险的不确定性及项目特点的多样性，更需要信息化的手段协助管理，积累知识，加强项目的竞争力分析，保障特殊情况下后评价业务的顺利开展，满足国家相关部门以及企业对海外项目的监管需要。目前，国内项目在后评价的信息化方面已经进行了有益实践，并取得了丰硕成果，可供海外借鉴。

第二节 后评价信息化实践探索历程及取得的初步成果

一、后评价信息化建设实践及历程

中国石油为加强投资的闭环管理，加强投资各环节的管控，提高项目的投资管理水平，全面提升投资决策的科学性，自2007年起开始着手建设后评价数据库，各个地区公司先后探索建立了适用于本单位的后评价数据库，并在数据基础上搭建了数据录入和统计分析等简单的应用模块，在后评价的信息化探索方面取得了一定的成果，为后期中国石油开展后评价真正意义上的信息化建设奠定了一定的基础。

国内自营投资项目后评价的信息化实践不是一蹴而就的，是在健全的组织机构、完善的规章制度、科学的标准规范、扎实的理论基础研究及大量的后评价实践基础上，才具备了后评价信息化的探索实践，如图15-1所示。后评价信息系统在应用中又结合经营形势的变化、项目类型及后评价的发展趋势等，不断升级完善，目前正在对信息系统的1.0版本进行完善升级。

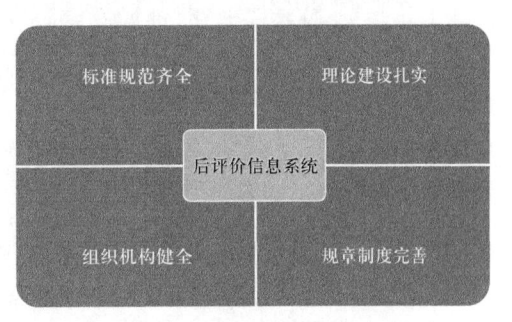

图15-1 后评价信息系统建设的基础条件示意图

二、后评价信息化建设取得的初步成果

在国内自营投资项目后评价信息系统建设过程中，首先要满足后评价的业务管理需要，如后评价计划的下达、简化后评价、典型项目自评价和独立后评价进度跟踪控制及相关数据信息的存储和查询等基础要求。为满足业务管理需要，后评价信息系统建设项目组在需求分析中先从调研后评价管理的层级（总部、专业公司、地区公司、咨询机构、后评价专业部门）及各个层级的管理目标和管理流程等入手（图15-2），重点进行后评价管理模块的信息化建设及应用，即研究设计相应的业务模型和指标体系，规范评价业务管理，实现评价工作的标准化、模型化和集成化，支持各级管理部门的业务管理，做到项目指标数据标准化、

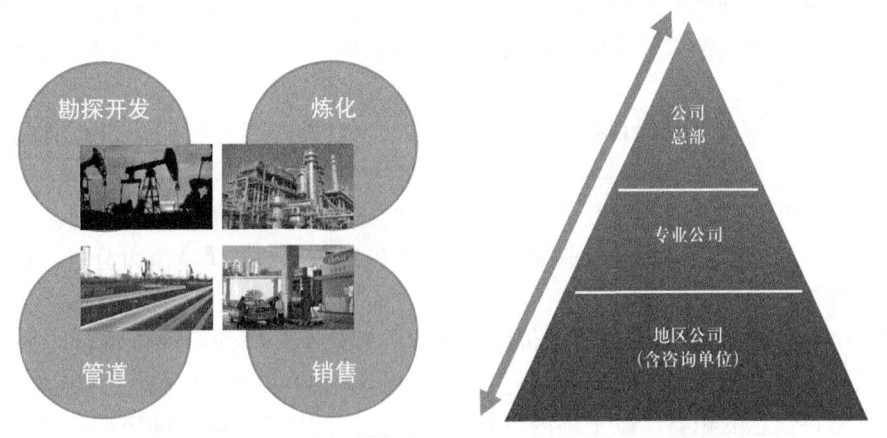

图15-2 后评价信息系统的管理层级及涉及的业务板块示意图

— 207 —

可追溯、可对比，实现业务数据的共享，提高评价的规范性、客观性及评价成果的质量。遵循总体设计的一体化及先进性，以保证系统具有较强的生命力和扩展能力；遵循高可用，在多用户情况下保障系统高效运行；遵循安全性，保障系统自身应用的安全、数据存储的安全等，建成国内自营投资项目后评价信息系统1.0版。

1.0版主要包括评价模型与指标体系管理、评价业务管理、成果管理、效益跟踪管理和统计分析五大功能，具体如图15-3所示。

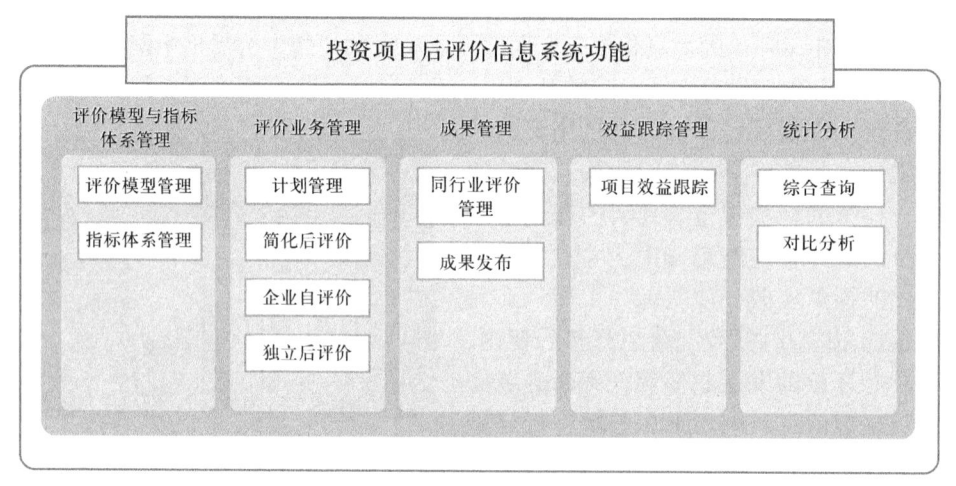

图15-3 投资项目后评价信息系统功能示意图

（1）后评价模型与指标体系管理。建立后评价业务模型和指标体系，从业务角度设定综合评价模型与指标体系模型，实现评价模型根据业务需要灵活定制的功能。通过指标体系模型的管理，支撑综合评分、统计查询、指标计算和图表生成等统计对比分析，为同类项目的专题研究等提供支持，提高后评价成果的深度和厚度。

（2）评价业务管理。后评价主要包括项目前期工作、建设实施、生产运营、经济效益和影响与持续性等评价内容，评价类型涵盖24大类简化评价、9大类详细评价、典型后评价项目数据采集、报告及附件管理等。

（3）成果管理。成果管理包括后评价报告、后评价意见、后评价简报、后评价工作通报、后评价专项评价报告和后评价年度报告等发布功能，实现各业务层级数据、优秀案例、相关文档等成果共享。

（4）效益跟踪管理。在项目生产运行阶段，对项目投产后实际经济效益情况进行持续跟踪。

（5）统计分析。实现后评价历史数据和文档的查询，以及项目自身前后、时间序列的纵向对比分析，同类项目间、与行业标准及国内外先进水平的横向竞争力分析，提高后评价成果的质量及结论的公正性和客观性。

截至2019年，中国石油简化后评价项目累计1万多个，详细后评价项目（地区公司自行下达的典型项目和集团公司下达的典型项目）合计600多个，取得了一定的应用成果，尤其是数据资料信息的积累。以上国内自营项目后评价信息系统建设的历程及取得的成果等必将有力指导海外投资项目后评价信息系统的建设。

第三节 海外投资项目后评价信息化建设构想

海外投资项目信息系统建设不是从一穷二白开始的，而是以目前的投资项目后评价信息系统平台架构及功能模块为依托，根据海外投资项目特点、重点评价内容及管理需求等，分别将管理流程、评价指标体系、标准数据信息采集表和相关的效益评价等模型植入目前的后评价信息系统中，最终实现海内外投资项目后评价信息化的全覆盖。海外投资项目后评价信息化建设，同样要经历国内自营项目后评价信息化的发展历程，即首先要进行海外项目管理模式及管理程序、项目类型、后评价业务（简化后评价、自评价、独立后评价）、评价指标体系、标准数据信息采集表、效益评价及对比分析模型等基础研究。由于海外投资项目后评价起步晚，且当时没有规模化开展项目后评价等客观原因，使得以上基础研究滞后于国内自营项目相关研究，导致投资项目后评价信息系统建设之初没有将海外投资项目纳入一体化建设。但是，目前已经进行一定规模的后评价实践，基本实现了项目全覆盖，且积累了一定海外投资项目后评价经验和成果，已具备了将海外投资项目纳入目前的投资项目后评价信息系统的条件：一是国内自营项目后评价信息系统建设取得了成功；二是海外投资项目已开展一定规模的典型项目后评价，具备了相关基础研究的基础。虽然具备了条件，但是还需要进行类似国内自营项目的系列基础研究，即将相关海外投资项目后评价各专业化需求进行信息化的描述，满足信息化建设需要。

一、后评价数据库设计

所谓后评价数据库设计，就是海外项目后评价需要存储哪些基础数据资料信息，为了与海外相关专业数据库相关信息进行集成，需要对入库数据资料信息进行专业化、标准化和规范化的描述，满足数据资料信息通用化需要。同时，还要充分考虑到后评价业务需要哪些数据资料信息支持。数据资料信息的描述是信息化建设项目组需求分析的内容；对于后评价需要的支持信息，需要后评价专业人员在系统考虑简化后评价、典型项目自评价、典型项目独立后评价需要基础上，结合具体项目后评价实践等，按照后评价业务的特点研究提出。

1. 后评价数据库设计目标

后评价数据库研究有利于后评价项目业务开展，有利于后评价数据资源的积累和共享，有利于职能部门的查询、统计、分析和管理。后评价数据库设计目标如下：一是后评价数据库指标规范化、标准化，充分考虑海外项目后评价的特点和后评价数据库的扩展；二是有效存储项目前期、项目实施和项目成果的数据和资料，为海外项目简化后评价、典型项目详细后评价，以及海外项目对比分析提供信息支持；三是数据资源既要能够与其他数据库有效集成，又要利于计算机的程序化处理，有利于使后评价工作资料收集及工作流程规范化、方法技术有形化；四是通过对项目后评价数据库的应用，不断积累项目可能出现的新情况和新知识，不断积累项目的经验和教训，逐步形成可以应用的知识库。

2. 数据库设计原则

按照后评价数据库设计目标，数据库设计要坚持以下四项原则：一是在工作上，能够满足海外相关管理部门开展简化后评价、详细自评价和独立后评价的需要；二是在操作及技术上，保障后评价方法、手段与国际接轨，突出适用性和可操作性；三是在应用上，数据库能有效积累后评价资料、技术和经验知识；四是在效果上，应用方便，能够显著提高工作效率，使后评价信息和成果实现充分共享。

3. 数据分类

根据数据库建设目标和任务，按照分类学原理，要对后评价数据进行科学划分，以达到有效存储、抽提、积累、检索和应用的效果。数据的分类应与目前的后评价数据库分类一致，从存储类型上分为结构化数据和非结构化数据，从应用上分为基础数据和成果数据，从工作内容上分为方案、计划和实施等数据。

以上有关海外投资项目数据库建设内容应基本与国内自营投资项目一致，否则无法植入目前的信息系统数据中，也就失去了海外投资项目信息化建设的基础。以上有关数据可设计原则、数据内容及数据分类等都取决于海外投资项目后评价的需要，即取决于各类评价的要求（后评价报告编制细则及简化后评价简表）、指标体系中相关指标计算需要及相关的效益评价、统计对比分析需要。

二、后评价信息化建设相关基础研究

海外项目后评价信息化建设应与国内自营项目信息化建设经历相同的历程，即后评价报告编制细则制定或修改完善、评价指标体系建立、标准数据信息采集表设计和统计分析研究等。

1. 后评价报告编制细则制定或修改完善

目前，中国石油海外投资项目后评价报告编制细则仅有 2014 年编制的试行版油气勘探开发项目后评价报告编制细则，且是参照国内油气勘探开发项目后评价报告编制细则编制的，带有国内自营项目的痕迹。通过多年海外项目后评价实践，就上游勘探开发项目而言，部分项目属于一体化项目且涉及一些新领域，如岩下勘探、深海勘探、页岩气开发和 LNG 等；同时，海外项目后评价信息化建设需要构建、设计、研究的后评价指标体系、标准数据信息采集表及统计分析等模型都是围绕后评价报告编制细则展开，因此，需要结合实际及未来后评价需要等对原报告编制细则进行适时的修订完善，满足后评价及后评价信息化建设需要。

2. 评价指标体系建立

后评价指标体系是项目后评价主要内容的具体化和结构化，是针对具体后评价项目发现问题的线索，是系统评价的基础。后评价指标体系包含的目标、指标、要素、数据来源和计算标准等是设计后评价标准数据信息采集表的基础，是统计分析等模型分析的核心，因此构建科学、标准、规范、适用和可操作的动态标准数据采集表起到承上启下的作用，是海外投资项目后评价信息化建设至关重要的环节。

国内自营项目的后评价指标体系为了支持后评价信息系统建设，已经发展到第三个阶段，即从后评价指标体系形成雏形的 2008 年综合评分指标体系，到后评价信息系统建设初期的 2014 年不完善的后评价指标体系，再到配合后评价信息系统升级完善的 2016 年进一步完善的后评价指标体系，有力地支持了后评价信息系统建设。

3. 标准数据信息采集表设计

项目后评价分为简化后评价和详细后评价，标准数据信息采集表同样也分为简化后评价标准数据信息采集表（即后评价简表）和详细后评价标准数据信息采集表。由于简化后评价和详细后评价开始的时点、目的和内容不同，评价模式也不同。其中，简化后评价数据采集过程与评价是同步且一体化的,正是后评价的以上特点,同时也是优点,使得简化后评价借助后评价信息系统能够实现全覆盖,更重要的是实现项目的风险预警,这也是国内自营项目后评价信息系统2.0建设的主要内容之一。简化后评价要想实现风险的及时预警,在后评价简表设计的过程中,要体现指标的代表性和简单性,计算方便、可对比且便于分析。

详细后评价内容全面,重点突出,分析深刻,因此详细后评价标准数据信息采集表内容设计要坚持全面性,便于全面的分析评价;坚持系统性,便于从不同维度或侧面全面分析评价项目;坚持适用性,以适应经营形势、现实评价和信息系统发展需要,便于提升评价结论的客观性和科学性;坚持前瞻性,以战略的视角思考未来的发展;坚持渐进性,随后评价发展需要而不断发展完善;坚持独立性,保障采集的数据信息"精";坚持相关性,保障采集的信息"准"。

详细后评价标准数据信息采集表要根据各类专业详细后评价发展需要,结合国内外生产经营形势的变化及评价关注重点内容,认真研究具体类型项目内在各个专业间的联系,构建一个具有严密逻辑结构的系统,体现整体和发展的理念。各类项目特点及评价关注点不尽相同,因此标准数据信息采集表的研究,一定要结合各类专业项目特点和后评价各主要内容的内在逻辑关系进行,否则研究成果既不适用,也反映不出具体项目的特点。因此,建议在海外投资项目详细后评价标准数据信息采集表的构建中,进行各专业项目评价内容间的逻辑关系及未来后评价发展需要等基础研究,只有在以上基础研究取得突破且对未来后评价发展,尤其是信息系统的应用发展清晰明确后,再进行标准数据信息采集表的构建,才能目标明确,有的放矢。

结合国内自营项目后评价标准数据信息采集表的建设过程,认识其是不断应用、不断发现问题、不断深化认识,最后不断优化完善的过程,后评价标准数据信息采集表与后评价发展需要之间的关系如图15-4所示。因此,建议针对海外项目后评价特点和评价内容等,立足当前,兼顾长远,先构建一套标准数据信息采集表,满足当前海外项目后评价和信息化建设需要,然后根据海外项目经营形势发展及后评价要求等,再不断升级完善标准数据信息采集表。

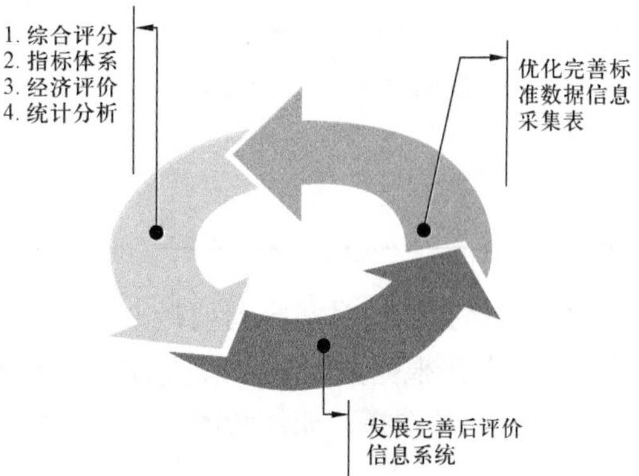

图 15-4 标准数据信息采集表与后评价发展需要之间的关系示意图

4. 统计分析研究

统计对比分析涵盖的范围包括数值型指标对比分析和非结构化指标对比分析。数值型指标对比分析包括同一个项目的前后对比分析(时间序列的纵向对比分析和总体指标的前后对比分析)和横向对比分析(同类项目间、与行业指标、与国内外先进指标对比分析)。非结构化指标对比分析主要指决策程序与规范的对比分析。统计对比分析的基础是后评价指标体系和标准数据信息采集表的建立,因为后评价指标体系是统计对比分析的具体内容,标准数据信息采集表采集的信息是统计对比分析的数据来源,二者缺一不可。以下以国内油气开发项目为例简要说明统计分析的程序及内容等,为海外投资项目的统计分析提供参考。

1) 项目自身的前后对比分析

（1）确定查询的项目及对应属性。

根据要对比的内容，定义前后对比项目的相关指标及项目自身的相关属性，如项目名称、油藏类型、项目类型等，通过后评价信息系统的查询功能查询将要对比的指标范围圈定。对于海外项目，更加关注不同合同模式、所属大区范围及管理模式等。

（2）查询指标。

在确定要对比的项目后，确定要对比的指标，对比指标的选择可以通过指标列表选择指标及该指标的层级（第几级指标）。需要说明的是，对于查询生成的前后对比分析指标表，具体对比到哪一级指标，根据后评价分析需要确定。项目自身的纵向对比分为两种情况，一种是总体指标的前后对比，即可行性研究（批复开发方案或开发调整方案）与后评价的对比，对于海外项目可能分为最低义务工作量、总体方案和后评价之间的对比；另一种是项目自身时间序列的纵向对比。

（3）生产表图。

对于项目自身总体指标的前后对比，通过查询后生成具体样表（表15-1）。依据查询结果，可生成柱状图、饼图等，根据评价的需要确定。

表15-1 常规油气开发项目总体指标的前后对比样表

序号	指标名称	对比阶段	指标值	备注
1	新增动用石油地质储量（万吨）	可行性研究		
		后评价		
2	新增动用石油可采储量（万吨）			后评价时点前或评价期内
3	……			

对于具体指标的时间序列前后对比，通过查询后生成的具体样表和样图见表15-2和图15-5。至于根据查询结果表具体生成什么样式的图形，建议程序设计人员给出多种选择，供评价人员选择，如柱状图、折线图等。

表15-2 油气开发项目年产油量前后对比样表

项目	单位	2011年	2012年	2013年	2014年	2015年	2016年	2017年	2018年	2019年	2020年
开发方案预测年产油量	万吨										
调整方案预测年产油量	万吨										
实际（预测）年产油量	万吨										
指标	单位	2021年	2022年	2023年	2024年	2025年	2026年	2027年	2028年	2029年	2030年
开发方案预测年产油量	万吨										
调整方案预测年产油量	万吨										
实际（预测）年产油量	万吨										

2) 项目间或与行业标准等的横向对比分析

横向对比分析是就某一个指标或几个指标与中国石油同类项目间、行业标准、国内外同行业先进指标等的对比分析。横向对比分析关键是要确定与中国石油同类项目、行业标准及国内外同行业先进指标对比分析的指标能否得到，只有能够得到的指标才能进行横向对比分析。横向对比分析流程具体如图 15-6 所示。

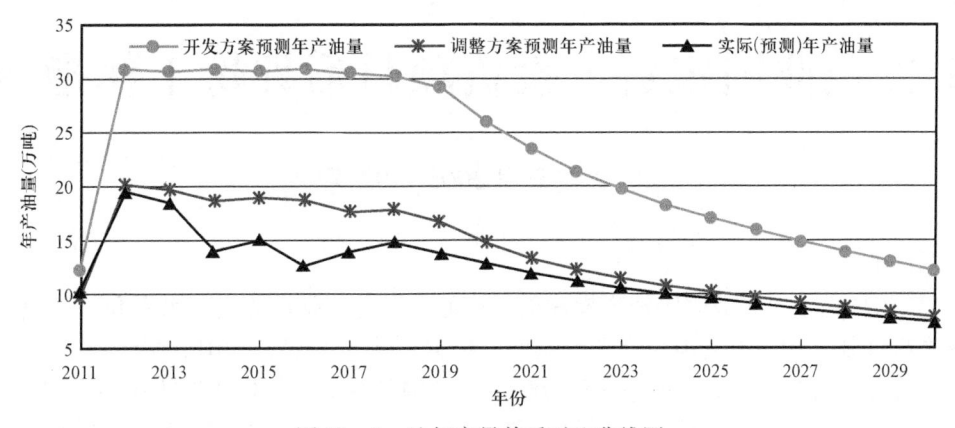

图 15-5　油气产量前后对比曲线图

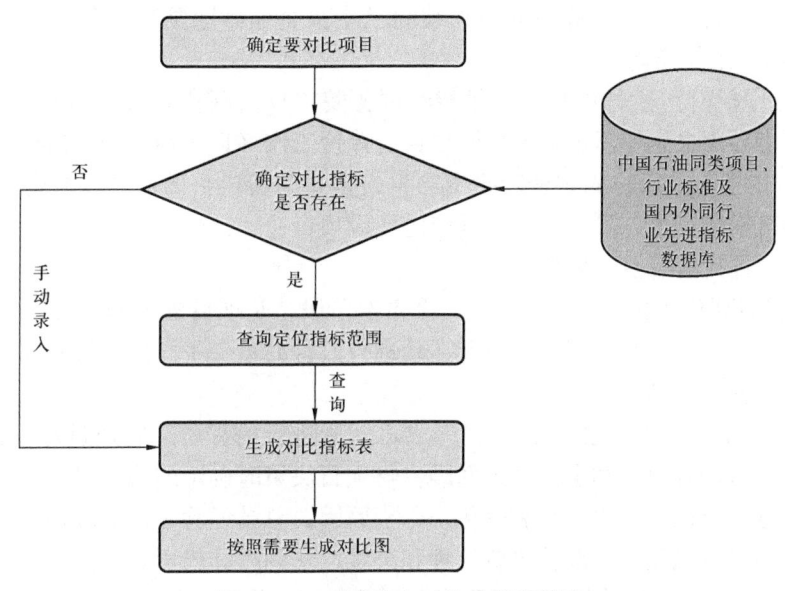

图 15-6　项目横向对比分析流程图

类似统计对比分析，效益评价、综合评分和风险分析等基础研究，也需要结合海外项目后评价实践、海外项目的发展动态及今后信息系统建设完善等建立、改进完善。

附件1

中央企业固定资产投资项目后评价工作指南

国资规划〔2005〕92号

一、总则

（一）为加强中央企业固定资产投资项目管理，提高企业投资决策水平和投资效益，完善投资决策机制，建立投资项目后评价制度，根据《中华人民共和国公司法》、《企业国有资产监督管理暂行条例》（国务院令第378号）、《国务院关于投资体制改革的决定》（国发〔2004〕20号）以及《国务院办公厅关于印发国务院国有资产监督管理委员会主要职责内设机构和人员编制规定的通知》（国办发〔2003〕28号）赋予国资委的职责，国务院国有资产监督管理委员会（以下简称国资委）编制《中央企业固定资产投资项目后评价工作指南》（以下简称《工作指南》）。

（二）《工作指南》所称中央企业是指经国务院授权由国资委履行出资人职责的企业。本指南适用于指导中央企业固定资产投资项目后评价工作（以下简称项目后评价）。

（三）《工作指南》所称固定资产投资项目，是指为特定目的而进行投资建设，并含有一定建筑或建筑安装工程，且形成固定资产的建设项目。

二、项目后评价概念及一般要求

（一）项目后评价是投资项目周期的一个重要阶段，是项目管理的重要内容。项目后评价主要服务于投资决策，是出资人对投资活动进行监管的重要手段。项目后评价也可以为改善企业经营管理提供帮助。

（二）项目后评价一般是指项目投资完成之后所进行的评价。它通过对项目实施过程、结果及其影响进行调查研究和全面系统回顾，与项目决策时确定的目标以及技术、经济、环境、社会指标进行对比，找出差别和变化，分析原因，总结经验，汲取教训，得到启示，提出对策建议，通过信息反馈，改善投资管理和决策，达到提高投资效益的目的。

（三）按时点划分，项目后评价又可分为项目事后评价和项目中间评价。项目事后评价是指对已完工项目进行全面系统的评价；项目中间评价是指从项目开工到竣工验收前的阶段性评价。

（四）项目后评价应坚持独立、科学、公正的原则。

（五）项目后评价要有畅通、快捷的信息流系统和反馈机制。项目后评价的结果和信息应用于指导规划编制和拟建项目策划，调整投资计划和在建项目，完善已建成项目。项目后评价还可用于对工程咨询、施工建设、项目管理等工作的质量与绩效进行检验、监督和评价。

（六）中央企业的项目后评价应注重分析、评价项目投资对行业布局、产业结构调整、企业发展、技术进步、投资效益和国有资产保值增值的作用和影响。

三、项目后评价内容

（一）项目全过程的回顾。

1. 项目立项决策阶段的回顾，主要内容包括：项目可行性研究、项目评估或评审、项目决策审批、核准或批准等。

2. 项目准备阶段的回顾，主要内容包括：工程勘察设计、资金来源和融资方案、采购招投标（含工程设计、咨询服务、工程建设、设备采购）、合同条款和协议签订、开工准备等。

3. 项目实施阶段的回顾，主要内容包括：项目合同执行、重大设计变更、工程"三大控制"（进度、投资、质量）、资金支付和管理、项目管理等。

4. 项目竣工和运营阶段的回顾，主要内容包括：工程竣工和验收、技术水平和设计能力达标、试生产运行、经营和财务状况、运营管理等。

（二）项目绩效和影响评价。

1. 项目技术评价，主要内容包括：工艺、技术和装备的先进性、适用性、经济性、安全性，建筑工程质量及安全，特别要关注资源、能源合理利用。

2. 项目财务和经济评价，主要内容包括：项目总投资和负债状况；重新测算项目的财务评价指标、经济评价指标、偿债能力等。财务和经济评价应通过投资增量效益的分析，突出项目对企业效益的作用和影响。

3. 项目环境和社会影响评价，主要内容包括：项目污染控制、地区环境生态影响、环境治理与保护；增加就业机会、征地拆迁补偿和移民安置、带动区域经济社会发展、推动产业技术进步等。必要时，应进行项目的利益群体分析。

4. 项目管理评价，主要内容包括：项目实施相关者管理、项目管理体制与机制、项目管理者水平；企业项目管理、投资监管状况、体制机制创新等。

（三）项目目标实现程度和持续能力评价。

1. 项目目标实现程度从以下四个方面进行判断：

项目工程（实物）建成，项目的建筑工程完工、设备安装调试完成、装置和设施经过试运行，具备竣工验收条件。

项目技术和能力，装置、设施和设备的运行达到设计能力和技术指标，产品质量达到国家或企业标准。

项目经济效益产生，项目财务和经济的预期目标，包括运营（销售）收入、成本、利税、收益率、利息备付率、偿债备付率等基本实现。

项目影响产生，项目的经济、环境、社会效益目标基本实现，项目对产业布局、技术进步、国民经济、环境生态、社会发展的影响已经产生。

2. 项目持续能力的评价，主要分析以下因素及条件：

持续能力的内部因素，包括财务状况、技术水平、污染控制、企业管理体制与激励机制等，核心是产品竞争能力。

持续能力的外部条件，包括资源、环境、生态、物流条件、政策环境、市场变化及其趋势等。

（四）经验教训和对策建议。

项目后评价应根据调查的真实情况认真总结经验教训，并在此基础上进行分析，得出启示和对策建议，对策建议应具有借鉴和指导意义，并具有可操作性。项目后评价的经验教训和对策建议应从项目、企业、行业、宏观 4 个层面分别说明。

上述内容是项目后评价的总体框架。大型和复杂项目的后评价应该包括以上主要内容，进行完整、系统的评价。一般项目应根据后评价委托的要求和评价时点，突出项目特点等，选做一部分内容。项目中间评价应根据需要有所区别、侧重和简化。

四、项目后评价方法

（一）项目后评价方法的基础理论是现代系统工程与反馈控制的管理理论。项目后评价亦应遵循工程咨询的方法与原则。

（二）项目后评价的综合评价方法是逻辑框架法。逻辑框架法是通过投入、产出、直接目的、宏观影响四个层面对项目进行分析和总结的综合评价方法。《项目后评价逻辑框架表》见附件 1。

（三）项目后评价的主要分析评价方法是对比法，即根据后评价调查得到的项目实际情况，对照项目立项时所确定的直接目标和宏观目标，以及其它指标，找出偏差和变化，分析原因，得出结论和经验教训。项目后评价的对比法包括前后对比、有无对比和横向对比。

1. 前后对比法是项目实施前后相关指标的对比，用以直接估量项目实施的相对成效。

2. 有无对比法是指在项目周期内"有项目"（实施项目）相关指标的实际值与"无项目"（不实施项目）相关指标的预测值对比，用以度量项目真实的效益、作用及影响。

3. 横向对比是同一行业内类似项目相关指标的对比，用以评价企业（项目）的绩效或竞争力。

（四）项目后评价调查是采集对比信息资料的主要方法，包括现场调查和问卷调查。后评价调查重在事前策划。

（五）项目后评价指标框架。

1. 构建项目后评价的指标体系，应按照项目逻辑框架构架，从项目的投入、产出、直接目的 3 个层面出发，将各层次的目标进行分解，落实到各项具体指标中。

2. 评价指标包括工程咨询评价常用的各类指标，主要有：工程技术指标、财务和经济指标、环境和社会影响指标、管理效能指标等。不同类型项目后评价应选用不同的重点评价指标。项目后评价通用的参考指标可参阅附件 2。

3. 项目后评价应根据不同情况，对项目立项、项目评估、初步设计、合同签订、开工报告、概算调整、完工投产、竣工验收等项目周期中几个时点的指标值进行比较，特别应分析比较项目立项与完工投产（或竣工验收）两个时点指标值的变化，并分析变化原因。

五、项目后评价的实施

（一）项目后评价实行分级管理。中央企业作为投资主体，负责本企业项目后评价的组织和管理；项目业主作为项目法人，负责项目竣工验收后进行项目自我总结评价并配合企业具体实施项目后评价。

1. 项目业主后评价的主要工作有：完成项目自我总结评价报告；在项目内及时反馈评价信息；向后评价承担机构提供必要的信息资料；配合后评价现场调查以及其他相关事宜。

2. 中央企业后评价的主要工作有：制订本企业项目后评价实施细则；对企业投资的重要项目的自我总结评价报告进行分析评价；筛选后评价项目；制订后评价计划；安排相对独立的项目后评价；总结投资效果和经验教训，配合完成国资委安排的项目后评价工作等。

（二）中央企业投资项目后评价的实施程序。

1. 企业重要项目的业主在项目完工投产后 6~18 个月内必须向主管中央企业上报《项

目自我总结评价报告》（简称自评报告）。

2. 中央企业对项目的自评报告进行评价，得出评价结论。在此基础上，选择典型项目，组织开展企业内项目后评价。

（三）中央企业选择后评价项目应考虑以下条件：

1. 项目投资额巨大，建设工期长、建设条件较复杂，或跨地区、跨行业；
2. 项目采用新技术、新工艺、新设备，对提升企业核心竞争力有较大影响；
3. 项目在建设实施中，产品市场、原料供应及融资条件发生重大变化；
4. 项目组织管理体系复杂（包括境外投资项目）；
5. 项目对行业或企业发展有重大影响；
6. 项目引发的环境、社会影响较大。

（四）中央企业内部的项目后评价应避免出现"自己评价自己"，凡是承担项目可行性研究报告编制、评估、设计、监理、项目管理、工程建设等业务的机构不宜从事该项目的后评价工作。

（五）项目后评价承担机构要按照工程咨询行业协会的规定，遵循项目后评价的基本原则，按照后评价委托合同要求，独立自主认真负责地开展后评价工作，并承担国家机密、商业机密相应的保密责任。受评项目业主应如实提供后评价所需要的数据和资料（详见附件3），并配合组织现场调查。

（六）《项目自我总结评价报告》和《项目后评价报告》要根据规定的内容和格式编写（详见附件3和附件5），报告应观点明确、层次清楚、文字简练，文本规范。与项目后评价相关的重要专题研究报告和资料可以附在报告之后。

（七）项目后评价所需经费原则上由委托单位支付。

六、项目后评价成果应用

（一）中央企业投资项目后评价成果（经验、教训和政策建议）应成为编制规划和投资决策的参考和依据。《项目后评价报告》应作为企业重大决策失误责任追究的重要依据。

（二）中央企业在新投资项目策划时，应参考过去同类项目的后评价结论和主要经验教训（相关文字材料应附在立项报告之后，一并报送决策部门）。在新项目立项后，应尽可能参考项目后评价指标体系，建立项目管理信息系统，随项目进程开展监测分析，改善项目日常管理，并为项目后评价积累资料。

七、附则

各中央企业可参照本《工作指南》，制订本企业的项目后评价实施细则。《工作指南》也可供其他不同类型、不同形式的投资项目后评价参考。

附件：

1. 项目后评价逻辑框架表（略）
2. 项目后评价参考指标集（略）
3. 项目后评价需要提供的资料目录（略）
4. 《项目自我总结评价报告》编写提纲（略）
5. 《投资项目后评价报告》标准格式（略）

附件2

中央政府投资项目后评价管理办法

发改投资〔2014〕2129号

第一章 总 则

第一条 为健全政府投资项目后评价制度，规范项目后评价工作，提高政府投资决策水平和投资效益，加强中央政府投资项目全过程管理，根据《国务院关于投资体制改革的决定》要求，制定本办法。

第二条 本办法所称项目后评价，是指在项目竣工验收并投入使用或运营一定时间后，运用规范、科学、系统的评价方法与指标，将项目建成后所达到的实际效果与项目的可行性研究报告、初步设计（含概算）文件及其审批文件的主要内容进行对比分析，找出差距及原因，总结经验教训、提出相应对策建议，并反馈到项目参与各方，形成良性项目决策机制。

根据需要，可以针对项目建设（或运行）的某一问题进行专题评价，可以对同类的多个项目进行综合性、政策性、规划性评价。

第三条 国家发展改革委审批可行性研究报告的中央政府投资项目的后评价工作，适用本办法。

国际金融组织和外国政府贷款项目后评价管理办法另行制定。

第四条 项目后评价应当遵循独立、客观、科学、公正的原则，保持顺畅的信息沟通和反馈，为建立和完善政府投资监管体系服务。

第五条 国家发展改革委负责项目后评价的组织和管理工作。具体包括：确定后评价项目，督促项目单位按时提交项目自我总结评价报告并进行审查，委托承担后评价任务的工程咨询机构，指导和督促有关方面保障后评价工作顺利开展和解决后评价中发现的问题，建立后评价信息管理系统和后评价成果反馈机制，推广通过后评价总结的成功经验和做法等。

项目行业主管部门负责加强对项目单位的指导、协调、监督，支持承担项目后评价任务的工程咨询机构做好相关工作。

项目所在地的省级发展改革部门负责组织协调本地区有关单位配合承担项目后评价任务的工程咨询机构做好相关工作。

项目单位负责做好自我总结评价并配合承担项目后评价任务的工程咨询机构开展相关工作。

承担项目后评价任务的工程咨询机构负责按照要求开展项目后评价并提交后评价报告。

第二章 工作程序

第六条 本办法第三条第一款规定范围内的项目，项目单位应在项目竣工验收并投入使用或运营一年后两年内，将自我总结评价报告报送国家发展改革委。其中，中央本级项目通过项目行业主管部门报送同时抄送项目所在地省级发展改革部门，其他项目通过省级发展改革部门报送同时抄送项目行业主管部门。

第七条 项目单位可委托具有相应资质的工程咨询机构编写自我总结评价报告。项目单位对自我总结评价报告及相关附件的真实性负责。

第八条 项目自我总结评价报告应主要包括以下内容：

（一）项目概况：项目目标、建设内容、投资估算、前期审批情况、资金来源及到位情况、实施进度、批准概算及执行情况等；

（二）项目实施过程总结：前期准备、建设实施、项目运行等；

（三）项目效果评价：技术水平、财务及经济效益、社会效益、资源利用效率、环境影响、可持续能力等；

（四）项目目标评价：目标实现程度、差距及原因等；

（五）项目总结：评价结论、主要经验教训和相关建议。

项目自我总结评价报告可参照项目后评价报告编制大纲进行编制。

第九条 项目单位在提交自我总结评价报告时，应同时提供开展项目后评价所需要的以下文件及相关资料清单：

（一）项目审批文件。主要包括项目建议书、可行性研究报告、初步设计和概算、特殊情况下的开工报告、规划选址和土地预审报告、环境影响评价报告、安全预评价报告、节能评估报告、重大项目社会稳定风险评估报告、洪水影响评价报告、水资源论证报告、水土保持报告、金融机构出具的融资承诺文件等相关的资料，以及相关批复文件。

（二）项目实施文件。主要包括项目招投标文件、主要合同文本、年度投资计划、概算调整报告、施工图设计会审及变更资料、监理报告、竣工验收报告等相关资料，以及相关的批复文件。

（三）其他资料。主要包括项目结算和竣工财务决算报告及资料，项目运行和生产经营情况，财务报表以及其他相关资料，与项目有关的审计报告、稽察报告和统计资料等。

第十条 项目自我总结评价报告内容不完整或深度达不到相应要求的，项目行业主管部门或者省级发展改革部门应当要求项目单位限期补充完善。

第十一条 国家发展改革委根据本办法第十二条规定，结合项目单位自我总结评价情况，确定需要开展后评价工作的项目，制定项目后评价年度计划，印送有关项目行业主管部门、省级发展改革部门和项目单位。

第十二条 列入后评价年度计划的项目主要从以下项目中选择：

（一）对行业和地区发展、产业结构调整有重大指导和示范意义的项目；

（二）对节约资源、保护生态环境、促进社会发展、维护国家安全有重大影响的项目；

（三）对优化资源配置、调整投资方向、优化重大布局有重要借鉴作用的项目；

（四）采用新技术、新工艺、新设备、新材料、新型投融资和运营模式，以及其他具有特殊示范意义的项目；

（五）跨地区、跨流域、工期长、投资大、建设条件复杂，以及项目建设过程中发生重大方案调整的项目；

（六）征地拆迁、移民安置规模较大，可能对贫困地区、贫困人口及其他弱势群体影响较大的项目，特别是在项目实施过程中发生过社会稳定事件的；

（七）使用中央预算内投资数额较大且比例较高的项目；

（八）重大社会民生项目；

（九）社会舆论普遍关注的项目。

第十三条 国家发展改革委根据项目后评价年度计划，委托具备相应资质的工程咨询机构承担项目后评价任务。

国家发展改革委不得委托参加过同一项目前期、建设实施工作或编写自我总结评价报告的工程咨询机构承担该项目的后评价任务。

第十四条 承担项目后评价任务的工程咨询机构，在接受委托后，应组建满足专业评价要求的工作组，在现场调查、资料收集和社会访谈的基础上，结合项目自我总结评价报告，对照项目的可行性研究报告、初步设计（概算）文件及其审批文件的相关内容，对项目进行全面系统地分析评价。

第十五条 承担项目后评价任务的工程咨询机构，应当按照国家发展改革委的委托要求和投资管理相关规定，根据业内应遵循的评价方法、工作流程、质量保证要求和执业行为规范，独立开展项目后评价工作，在规定时限内完成项目后评价任务，提出合格的项目后评价报告。

第十六条 国家发展改革委制定项目后评价编制大纲，指导和规范项目后评价报告的编制工作。

第十七条 项目后评价应采用定性和定量相结合的方法，主要包括：逻辑框架法、调查法、对比法、专家打分法、综合指标体系评价法、项目成功度评价法。

具体项目的后评价方法应根据项目特点和后评价的要求，选择一种或多种方法对项目进行综合评价。

第十八条 项目后评价应按照适用性、可操作性、定性和定量相结合原则，制定规范、科学、系统的评价指标。

承担项目后评价任务的工程咨询机构，应根据项目特点和后评价的要求，在充分调查研究的基础上，确定具体项目后评价指标及方案。

第十九条 工程咨询机构在开展项目后评价的过程中，应当采取适当方式听取社会公众和行业专家的意见，并在后评价报告中设立独立篇章予以客观反映。

第三章 成 果 应 用

第二十条 国家发展改革委通过项目后评价工作，认真总结同类项目的经验教训，后评价成果应作为规划制定、项目审批、资金安排、项目管理的重要参考依据。

第二十一条 国家发展改革委应及时将后评价成果提供给相关部门、省级发展改革部门和有关机构参考，加强信息沟通。

第二十二条 对于通过项目后评价发现的问题，有关部门、地方和项目单位应认真分析原因，提出改进意见，并报送国家发展改革委。

第二十三条 国家发展改革委会同有关部门，定期以适当方式汇编后评价成果，大力推广通过项目后评价总结出来的成功经验和做法，不断提高投资决策水平和政府投资效益。

第四章 监 督 管 理

第二十四条 列入后评价年度计划的项目，项目单位应当根据后评价工作需要，积极配合承担项目后评价任务的工程咨询机构开展相关工作，及时、准确、完整地提供开展后评价工作所需要的相关文件和资料。

第二十五条 工程咨询机构应对项目后评价报告质量及相关结论负责，并承担对国家秘密、商业秘密等的保密责任。

第二十六条 国家发展改革委委托中国工程咨询协会，定期对有关工程咨询机构和人员承担项目后评价任务的情况进行执业检查，并将检查结果作为工程咨询资质管理及工程咨询成果质量评定的重要依据。

第二十七条 国家发展改革委委托的项目后评价所需经费由国家发展改革委支付，取费标准按照《建设项目前期工作咨询收费暂行规定》（计价格〔1999〕1283号）关于编制可行性研究报告的有关规定执行。承担项目后评价任务的工程咨询机构及其人员，不得收取项目单位的任何费用。

项目单位编制自我总结评价报告的费用在投资项目不可预见费中列支。

第二十八条 项目单位存在不按时限提交自我总结评价报告，隐匿、虚报瞒报有关情况和数据资料，或者拒不提交资料、阻挠后评价等行为的，根据情节轻重给予通报批评，在一定期限内暂停安排该单位其他项目的中央投资。

第五章 附 则

第二十九条 各地方、各项目行业主管部门可参照本办法，制定本地区、本部门的政府投资项目后评价办法和实施细则。

第三十条 本办法由国家发展改革委负责解释。

第三十一条 本办法自发布之日起施行，《中央政府投资项目后评价管理办法（试行）》（发改投资〔2008〕2959号）同时废止。

参 考 文 献

陈志莉，2005．电网建设项目后评价理论及应用研究 [D]．北京：华北电力大学（北京）．
方兴君，张书通，2017．项目后评价基础理论及其应用研究 [J]．中国石油企业（4）：78-80．
黄德春，2003．投资项目后评价理论、方法及应用研究 [D]．南京：河海大学．
姜伟新，张三力，2002．投资项目后评价 [M]．北京：中国石化出版社．
李传高，柴君，2005．试论政府投资项目管理方式的改革 [J]．嘉应学院学报，23（1）：47-49．
宋国光，张书通，徐东，2017．油气田开发项目后评价指标体系改进探讨 [J]．国际石油经济，25（3）：85-96．
王瑷玲，2006．区域土地整理时空配置及其项目后评价研究与应用 [D]．泰安：山东农业大学．
王广浩，周坚，2004．项目后评价方法探析 [J]．科技进步与对策，21（1）：97-99．
王建军，2003．公路建设项目后评价理论研究 [D]．西安：长安大学．
张书通，2019．后评价视角下中国石油高质量发展的几点建议 [J]．中国石油企业（3）：20-23．